부모님과 함께 하는

초등 영재의 첫걸음

과학·수학편

81가지 실험과 활동으로 재미있게 시작하는 영재교육
부모님과 함께 하는 초등 영재의 첫걸음: 과학·수학편

초 판 발 행	2025년 07월 15일
발 행 인	박영일
책 임 편 집	이해욱
저 자	김학민, 김솔지, 신나라, 장혜림, 조민국, 진서영
편 집 진 행	이예은
표 지 디 자 인	조혜령
내 지 디 자 인	김세연
삽 화	기도연
발 행 처	시대인
공 급 처	(주)시대고시기획
출 판 등 록	제 10-1521호
주 소	서울시 마포구 큰우물로 75 [도화동 538 성지 B/D] 9F
전 화	1600-3600
홈 페 이 지	www.edusd.co.kr

I S B N	979-11-383-9462-8 (73400)
정 가	25,000원

※이 책은 저작권법에 의해 보호를 받는 저작물이므로, 동영상 제작 및 무단전재와 복제, 상업적 이용을 금합니다.
※이 책의 전부 또는 일부 내용을 이용하려면 반드시 저작권자와 (주)시대고시기획·시대인의 동의를 받아야 합니다.
※잘못된 책은 구입하신 서점에서 바꾸어 드립니다.

시대인은 종합교육그룹 (주)시대고시기획·시대교육의 단행본 브랜드입니다.

8가지 실험과 활동으로 재미있게 시작하는 영재교육

부모님과 함께 하는

초등 영재의 첫걸음

과학·수학편

들어가며

무한한 가능성을 지닌 우리 아이를 위한 첫걸음

초등학교 저학년이나 중학년 자녀가 있으신가요? 이 시기는 아이들이 세상을 탐구하고 호기심을 키우기에 가장 적절한 때입니다. 학년이 올라갈수록 배우는 과목이 많아지고, 학교와 학원의 과제도 늘어납니다. 상급학교 진학을 준비해야 하는 시기가 다가오면, 마음은 조급해지고 해야 할 일들은 점점 쌓이게 됩니다. 하루하루 바쁘게 지내다 보면 자칫 우리 아이의 특별한 가능성이 묻혀 버릴 수도 있습니다.

아이들은 무한한 발달 잠재력을 가지고 있으며, 다양한 경험과 탐구 활동을 통해 그 가능성을 키울 수 있습니다. 이 책에는 18개의 과학 주제와 16개의 수학 주제가 수록되어 있습니다. 단순한 흥미 위주의 활동이 아니라 과학과 수학의 다양한 영역을 균형 있게 경험할 수 있는 활동들로 구성했습니다. 활동에는 대부분 가정에서 구할 수 있는 준비물을 활용했고, 몇 가지 준비물은 온라인을 통해 쉽게 구매할 수 있습니다. 부모님께서 함께 준비해 주시면 더욱 효과적인 학습이 될 것입니다.

이 책은 단순히 영재학급이나 영재교육원 입학만을 위한 준비서가 아닙니다. 아이들이 영재교육에서 다루는 다양한 주제를 자연스럽게 접하고, 스스로 탐구하고 배울 수 있도록 돕기 위해 만들어진 책입니다. 부모님과 함께 실험을 수행하고 사고력을 확장하는 과정을 통해, 아이들은 과학적 사고력과 수학적 논리력을 키우고 학습의 흥미를 발견할 수 있을 것입니다.

부모님의 역할이 중요한 이유

아이에게 문제집을 건네며 "공부는 스스로 하는 거야!", "채점은 엄마가 해줄게."라고 하지는 않으셨나요? 식물 한 그루를 건강하게 키우려 해도 햇빛, 물, 온도 등 세심한 관리가 필요합니다. 하물며 사랑하는 우리 아이의 성장을 위해서는 더욱 많은 관심과 노력이 필요하지 않을까요?

특히 초등학교 저학년은 학습을 본격적으로 시작하는 시기이므로 부모님의 역할이 더욱 중요합니다. 이 시기에는 학습의 내용에만 집중하기보다는 다양한 경험을 통해 사고를 확장하며 초등학교 고학년과 중·고등학교 단계로 나아가기 위한 기초를 다져야 합니다.

그렇다면 아이들의 학습을 어떻게 시작해야 할까요? 여러 방법이 있지만, 심리학자 비고츠키의 '근접 발달 영역' 개념이 좋은 출발점이 될 수 있습니다. 이 개념에 따르면 아이들은 혼자서는 해결하기 어려운 문제도 적절한 조력자의 도움을 받으면 성공적으로 수행할 수 있으며, 이러한 과정을 통해 점진적으로 독립적인 학습자로 성장하게 됩니다. 부모님은 단순히 문제의 정답을 가르쳐 주는 것이 아니라, 아이들이 스스로 사고하고 발견할 수 있도록 돕는 조력자의 역할을 해야 합니다. 처음에는 100%의 도움을 주더라도, 아이들이 스스로 해결할 수 있도록 90%, 80%, 70%로 점차 줄여 나가는 것이 중요합니다. 최종적으로는 부모님의 도움이 0%가 되어 스스로 학습하고 탐구할 수 있는 학생으로 성장해야 합니다. 이러한 방식은 자기 주도적 학습 습관을 형성하는 데에도 큰 도움이 됩니다.

이 책을 통해 아이들과 부모님이 함께 배우며 성장하는 기쁨을 느낄 수 있기를 바랍니다. 다양한 실험과 활동을 통해 아이의 호기심을 자극하고 문제 해결 능력을 키우는 과정에서, 부모님과 아이가 더욱 친밀한 유대감을 형성할 수 있을 것입니다.

영재교육은 단순한 학습을 넘어, 아이의 미래를 위한 소중한 투자입니다. 우리 아이의 무한한 가능성을 키우는 여정에 이 책이 든든한 동반자가 되기를 바랍니다.

『부모님과 함께 하는 초등 영재의 첫걸음: 과학·수학편』, 어떻게 활용할까요?

- 부모님과 아이가 함께 학습해야 합니다. 개념을 탐구하고 실험을 수행하며 결과를 정리하는 모든 과정에 부모님이 참여해야 합니다. 앞서 언급했듯이, 어린 시기의 학습은 혼자 해결하기보다 함께 경험하며 익히는 것이 더욱 효과적입니다.

- 아이와 함께 주제를 선정하세요. 목차에는 각 주제의 영역과 난이도가 표시되어 있습니다. 부모님이 보기에 유익해 보이는 주제가 있더라도, 아이와 함께 이야기를 나누고 아이가 흥미를 느끼는 주제부터 시작하는 것이 좋습니다. 한 가지 주제를 마치면 부록의 진도 스티커를 활용해 아이의 성취감을 높여 주세요. 모든 주제를 마쳤다면, 단순히 해야 할 일을 끝냈다고 생각하지 말고 아이가 큰 성취를 이루었다고 격려해 주세요.

- [정리하기] 파트의 정답을 맞추는 것에 집착하지 마세요. 이 파트에는 실험과 활동이 끝난 뒤 내용을 정리하고 사고를 확장하는 질문들이 있습니다. 정답이 하나인 질문도 있지만, 두 개 이상이거나 정해진 답이 없는 질문도 있습니다. 중요한 것은 맞고 틀림이 아니라, 학습에 대한 관심을 높이고 창의적 사고를 확장하는 것입니다. '예시 답안'은 말 그대로 참고용일 뿐, 아이들의 답이 다르다고 해서 틀린 것은 아닙니다. 아이가 자신의 생각을 자유롭게 표현할 수 있도록 격려해 주세요.

목차

진도 점검표 … 8

1장 과학: 과학적 사고력을 키우는 나만의 실험

1. 빛의 성질: 레이저로 빛의 경로 관찰하기 ★★ … 12
2. 소리의 전달: 컵 전화기 만들기 ★ … 20
3. 작용과 반작용: 풍선 로켓 날려 보내기 ★★ … 27
4. 에너지 하베스팅: 진동으로 빛을 내는 장난감 만들기 ★★★★ … 33
5. 전기와 자기: 간이 전동기 만들기 ★★★★★ … 42
6. 전기회로: 전도성 잉크펜으로 전기회로 그리기 ★★ … 49
7. 물질의 구성: 원자와 분자 모형 만들기 ★★★ … 55
8. 혼합물의 분리: 소금물과 잉크 속 물질 분리하기 ★★★ … 62
9. 열의 방출과 흡수: 손난로 만들기 ★★★★ … 70
10. 산과 염기: 천연 지시약으로 산과 염기 구별하기 ★★★★ … 78
11. 세포와 유전자: 딸기의 DNA 추출하기 ★★★★★ … 87
12. 인체의 소화 과정: 음식물의 이동 과정 알아보기 ★★ … 95
13. 식물의 성장을 위한 조건: 조건에 따른 식물의 성장 비교하기 ★★ … 102
14. 생태계의 순환: 테라리움 만들기 ★★★ … 111
15. 지층의 형성: 지층 모형 만들기 ★ … 118
16. 풍속과 풍향: 종이컵 풍속계 만들기 ★★ … 125
17. 달의 운동: 밤하늘에서 달 관찰하기 ★★★★ … 133
18. 별자리와 별의 운동: 스마트폰으로 별자리 관찰하기 ★★★★ … 140

2장　수학: 수학적 논리력을 키우는 창의 활동

1	약수와 배수: 약수와 배수 게임하기 ★★	150
2	소수와 합성수: 에라토스테네스의 체로 소수 구하기 ★★★	162
3	사칙연산과 방정식: 계산으로 문제 해결하기 ★★	170
4	분수: 이집트 분수로 초코파이 나누기 ★★★★★	179
5	수리 퍼즐: 여러 가지 스도쿠 풀기 ★★★★	188
6	십진법과 이진법: 이진법으로 암호 만들기 ★★★	197
7	평면도형: 성냥개비로 평면도형의 성질 알아보기 ★★★	207
8	다각형: 테셀레이션 만들기 ★★★★	215
9	입체도형: 원근법으로 그림 그리기 ★★★★	224
10	자료와 그래프: 여러 가지 그래프 그리기 ★★	234
11	경우의 수: 동전과 주사위로 경우의 수 알아보기 ★★	243
12	확률: 가위바위보로 확률 이해하기 ★★★★	250
13	피보나치수열: 스티커로 피보나치수열 모양 만들기 ★★★	260
14	프랙털: 평면과 입체 프랙털 만들기 ★★★★	268
15	한붓그리기: 여러 가지 도형의 한붓그리기 ★★★★	277
16	암호: 두 가지 암호로 비밀 메시지 보내기 ★★★	286
	답안과 부록	303

진도 점검표

※ 주제별로 학습을 완료한 뒤 진도 스티커(부록 407p)를 붙이세요.

1장 과학: 과학적 사고력을 키우는 나만의 실험

1. 빛의 성질: 레이저로 빛의 경로 관찰하기
2. 소리의 전달: 컵 전화기 만들기
3. 작용과 반작용: 풍선 로켓 날려 보내기
4. 에너지 하베스팅: 진동으로 빛을 내는 장난감 만들기
5. 전기와 자기: 간이 전동기 만들기
6. 전기회로: 전도성 잉크펜으로 전기회로 그리기

7. 물질의 구성: 원자와 분자 모형 만들기
8. 혼합물의 분리: 소금물과 잉크 속 물질 분리하기
9. 열의 방출과 흡수: 손난로 만들기
10. 산과 염기: 천연 지시약으로 산과 염기 구별하기
11. 세포와 유전자: 딸기의 DNA 추출하기
12. 인체의 소화 과정: 음식물의 이동 과정 알아보기

13. 식물의 성장을 위한 조건: 조건에 따른 식물의 성장 비교하기
14. 생태계의 순환: 테라리움 만들기
15. 지층의 형성: 지층 모형 만들기
16. 풍속과 풍향: 종이컵 풍속계 만들기
17. 달의 운동: 밤하늘에서 달 관찰하기
18. 별자리와 별의 운동: 스마트폰으로 별자리 관찰하기

2장 수학: 수학적 논리력을 키우는 창의 활동

1. 약수와 배수: 약수와 배수 게임하기
2. 소수와 합성수: 에라토스테네스의 체로 소수 구하기
3. 사칙연산과 방정식: 계산으로 문제 해결하기
4. 분수: 이집트 분수로 초코파이 나누기
5. 수리 퍼즐: 여러 가지 스도쿠 풀기
6. 십진법과 이진법: 이진법으로 암호 만들기

7. 평면도형: 성냥개비로 평면도형의 성질 알아보기
8. 다각형: 테셀레이션 만들기
9. 입체도형: 원근법으로 그림 그리기
10. 자료와 그래프: 여러 가지 그래프 그리기
11. 경우의 수: 동전과 주사위로 경우의 수 알아보기
12. 확률: 가위바위보로 확률 이해하기

13. 피보나치수열: 스티커로 피보나치수열 모양 만들기
14. 프랙털: 평면과 입체 프랙털 만들기
15. 한붓그리기: 여러 가지 도형의 한붓그리기
16. 암호: 두 가지 암호로 비밀 메시지 보내기

1장

과학: 과학적 사고력을 키우는 나만의 실험

1 빛의 성질
: 레이저로 빛의 경로 관찰하기

난이도 ★★☆☆

영역
물리

과학적 개념
빛과 파동

과학적 원리
빛, 반사, 굴절

 과학 원리 탐구하기

빛의 세 가지 성질

- **빛의 직진**: 빛은 항상 직선으로 이동해요.
- **빛의 반사**: 빛은 거울과 같이 매끄러운 곳에 부딪히면 원래의 방향이나 각도에 따라 다른 방향으로 튕겨 나가요.
- **빛의 굴절**: 빛은 다른 물질로 들어가면 방향이 꺾여요.

생활 속 예시

빛의 직진: 손전등

밤에 손전등을 켜 본 적이 있나요? 손전등에서 나오는 빛은 곧게 뻗어 나가서 길을 밝게 비춰 줘요. 이것이 바로 '빛의 직진'이에요.

빛의 반사: 거울

아침에 세수하기 위해 거울을 본 적이 있나요? 거울은 빛을 튕겨 내어 내 모습을 되돌려 줘요. 이렇게 빛이 튕겨 나오는 현상을 '빛의 반사'라고 해요. 빛이 얼굴에서 거울로 갔다가 다시 눈으로 돌아오기 때문에 내 얼굴을 볼 수 있는 것이랍니다.

빛의 굴절: 물속의 빨대

물에 빨대를 넣어 본 적이 있나요? 물속에 들어간 빨대가 꺾여 보여요. 이것은 빛이 공기에서 물로 들어가면서 꺾이기 때문이에요. 이렇게 빛이 다른 물질로 들어가면서 방향이 꺾이는 현상을 '빛의 굴절'이라고 해요.

이렇게 도와주세요

- 빛의 반사와 빛의 굴절을 '빛이 거울에 닿았다가 튕겨 나가는 것', '빛이 물속으로 들어가면서 방향이 꺾이는 것'처럼 쉬운 말로 설명해 주세요.
- 빛이 이동하는 경로나 각도의 변화 같은 과학적 원리는 설명하지 않아도 괜찮습니다. 대신, 빛이 거울에서 반사되거나 물속에서 굴절되는 현상을 아이가 직접 관찰하며 체험할 수 있도록 도와주세요.

 **실험하기**

실험 I - 빛의 직진과 빛의 반사 실험하기

거울을 활용하여 빛의 원리를 체험해 보세요. 빛을 반사하는 도구인 거울을 이용해 빛의 경로를 눈으로 관찰하고, 빛의 직진과 빛의 반사 개념을 이해할 수 있어요.

준비물: 분무기, 물, 거울, 레이저 포인터

이렇게 도와주세요

- 레이저의 빛이 눈을 비추지 않도록 주의시켜 주세요.
- 거울이 여러 개 있다면 다양한 각도에 위치시켜 여러 번 반사가 되도록 도와주세요.

01 방을 어둡게 하고 거울을 향해 레이저를 쏘세요.

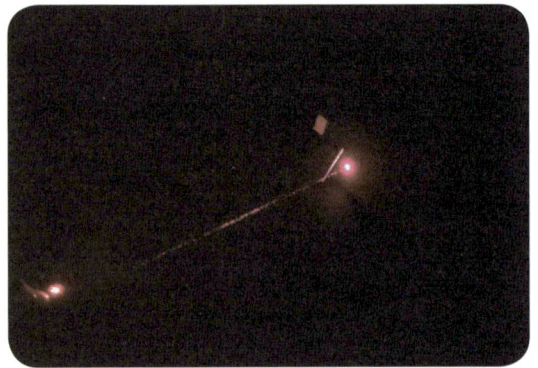

02 레이저의 경로에 분무기로 물을 뿌려 빛의 직진을 확인해 보세요.

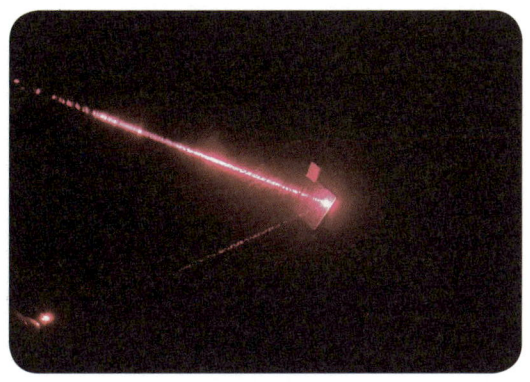

03 거울에 쏘는 각도를 바꾸어 가며 빛의 반사를 확인해 보세요.

실험 II - 빛의 굴절 실험하기

레이저가 물 표면을 통과하며 꺾이는 모습을 관찰해 보세요. 빛이 다른 물질을 만나면 속도가 변화하며 꺾이는 빛의 굴절 현상을 체험할 수 있어요. 투명한 반찬통에 물과 우유를 넣고 방을 어둡게 한 뒤, 레이저 포인터를 물 표면에 비스듬히 쏘아 보세요. 물과 우유 혼합물이 레이저의 경로를 더 뚜렷하게 만들어 준답니다.

준비물: 물, 우유, 레이저 포인터, 투명한 반찬통

이렇게 도와주세요

- 레이저의 빛이 눈을 비추지 않도록 주의시켜 주세요.
- 우유는 최대한 적게 넣어야 레이저의 경로를 잘 관찰할 수 있습니다.

01 투명한 반찬통에 물을 절반 채우고 우유를 한 숟가락 넣어 뿌옇게 만드세요.

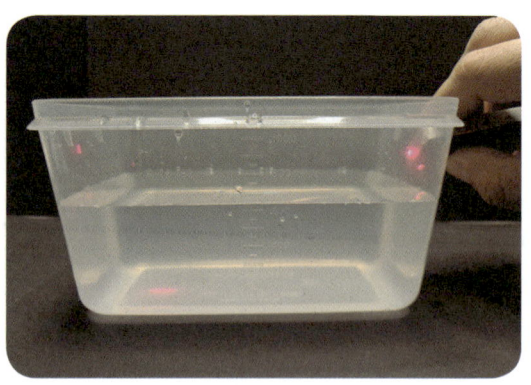

02 물 표면에 레이저를 비스듬히 쏘세요.

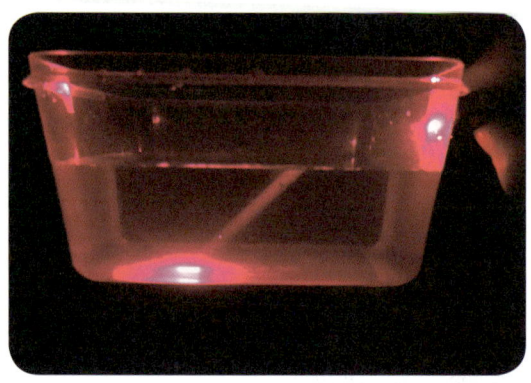

03 방을 어둡게 하고 사진을 찍어 빛의 굴절을 확인해 보세요.

※ 레이저가 물 표면에 닿기 전과 닿은 후의 경로가 어떻게 다른지 확인해 보세요.

정리하기

관찰 및 분석하기

01 [실험 Ⅰ, 실험 Ⅱ] 다음 실험에서 각각 어떤 빛의 현상이 관찰되었나요?

- 레이저 빛의 경로에 분무기로 물을 뿌려 관찰하기:

- 거울에 레이저를 쏘고 반사된 빛 관찰하기:

- 물과 우유를 넣은 반찬통에 레이저를 쏘고 빛이 꺾이는 모습 관찰하기:

02 [실험 Ⅰ, 실험 Ⅱ] 실험 Ⅰ에서 분무기로 물을 뿌리고, 실험 Ⅱ에서 물에 우유를 넣은 이유는 무엇일까요?

03 [실험 Ⅱ] 레이저가 물 표면에 닿기 전과 닿은 후의 경로는 어떻게 달랐나요? 빛의 굴절 개념과 연결 지어 설명해 보세요.

04 빛의 직진, 빛의 반사, 빛의 굴절의 뜻과 그 예시를 적어 보세요.

- 빛의 직진
  뜻:
  예시:

- 빛의 반사
  뜻:
  예시:

- 빛의 굴절
  뜻:
  예시:

상상하기

01 만약 빛이 직진하지 않고 모든 방향으로 구부러져 움직인다면, 우리의 일상은 어떻게 달라질까요?

02 거울이 없던 옛날 사람들은 빛의 반사를 이용해 자신의 모습을 보기 위해 어떤 방법을 사용했을까요? 그리고 오늘날 거울이 없다면 어떤 물건을 사용할 수 있을까요?

03 레이저가 다음 그림과 같이 정확히 서로를 향해 비추어 빛끼리 만난다면 어떤 일이 일어날지 상상해서 적어 보세요.

04 우리 주변에서 볼 수 있는 빛의 굴절 현상에는 무엇이 있는지 조사해서 적어 보세요.

> **이렇게도 해 보세요!**

사라지는 그림 만들기

빛의 굴절을 활용하여 물속에 넣었을 때 특정한 그림이나 글자가 사라지게 만들어 보세요.

준비물: 네임펜, 지퍼백, 종이, 투명한 컵, 물

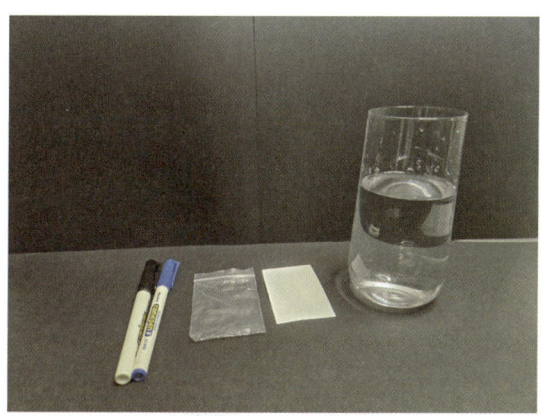

01 물에 넣었을 때 사라질 그림을 종이에 그린 후 지퍼백에 넣으세요.

02 물에 넣었을 때 사라지지 않을 그림이나 글자를 지퍼백 바깥쪽에 그리거나 쓰세요.

03 지퍼백을 물속에 넣으면 종이에 그린 그림이 사라진 것을 확인할 수 있어요.

2 소리의 전달
: 컵 전화기 만들기

난이도 ★☆☆☆☆

영역
물리

과학적 개념
빛과 파동

과학적 원리
진동, 파동

 **과학 원리 탐구하기**

소리의 진동
소리는 물체가 진동할 때 발생해요. 손을 목에 갖다 대고 '아~' 소리를 내면 손에서 진동을 느낄 수 있어요. 이를 통해 소리와 진동이 관계가 있다는 것을 알 수 있지요.

소리의 전달
소리는 공기, 물, 딱딱한 물건 등을 통해 전달돼요. 과학적인 용어로 공기는 '기체', 물은 '액체', 딱딱한 물건은 '고체'라고 불러요. 진동이 기체나 액체, 고체 등의 물질을 통해 이동하며 소리가 전달되는 것이지요. 또한, 소리는 물체의 종류와 상태에 따라 전달 속도가 달라져요. 종이컵 전화기의 실이 팽팽할 때 소리가 더 잘 들리고, 물속에서는 소리가 잘 들리지 않는 것이 그 예랍니다.

소리의 파동

소리는 파동의 형태로 이동해요. 잔잔한 물에 돌을 던지면 물에 동그란 물결이 생기고 점점 멀리 퍼져 나가는 것을 관찰할 수 있어요. 이 물결을 '파동'이라고 해요. 우리의 입에서 나온 소리도 공기 속에서 이러한 파동의 형태로 움직여 다른 사람의 귀까지 전달되는 거예요.

〈물의 파동〉

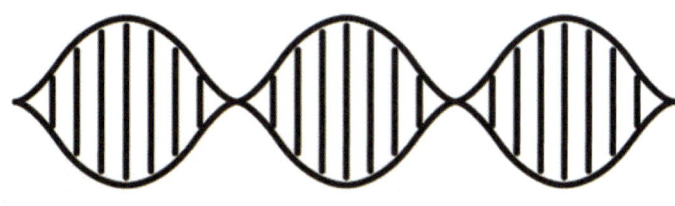
〈소리의 파동〉

생활 속 예시

소리를 전해 주는 전화기

전화기로 통화할 때, 어떻게 멀리 있는 사람의 목소리를 들을 수 있을까요? 우리가 전화기에 말을 하면, 전화기 속에 있는 마이크가 소리의 진동을 감지해요. 이 진동을 전기 신호로 변환하면, 신호가 상대방의 전화기로 빠르게 전송돼요. 그리고 전달된 전기 신호가 다시 진동으로 바뀌어 상대방의 스피커에서 소리로 들리게 되는 것이랍니다.

땅의 움직임을 알려 주는 지진계

지진계는 땅의 움직임을 감지하여 우리에게 중요한 정보를 제공하는 대표적인 진동 측정 장치예요. 지진계는 지진이 일어나면 진동을 감지하고 기록할 뿐만 아니라 지진 경보 시스템, 화산 활동 감지, 건물의 내진 설계에도 활용돼요.

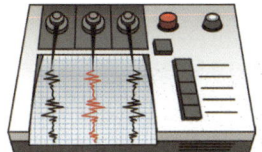

이렇게 도와주세요

- 소리의 진동과 소리의 파동을 '소리가 떨리면서 생기는 움직임', '소리가 물결처럼 퍼져나가는 것'처럼 쉬운 말로 설명해 주세요.
- 소리가 전달되는 과정이나 과학적 원리는 자세히 설명하지 않아도 괜찮습니다. 대신, 소리가 물체를 울리면서 떨리는 모습(진동)을 관찰하도록 도와주세요.

 **실험하기**

컵 전화기 만들기

소리의 진동이 실을 따라 전달되는 방식을 확인하는 실험이에요. 다양한 종류의 컵과 실로 전화기를 만들어 어떤 재질이 소리를 더 잘 전달하는지 비교하며 소리의 진동과 소리의 전달 개념을 체험해 보세요.

준비물: 플라스틱 컵 2개(크기별), 종이컵 2개(크기별), 실(바느질실, 낚싯줄 등), 클립, 핀셋

이렇게 도와주세요

- 실을 사용할 때 손이 베이거나 긁히지 않도록 주의시켜 주시고, 어려운 부분은 도와주세요.
- 다양한 종류의 컵과 실로 여러 가지 전화기를 만들고 소리의 전달 정도를 비교해 보도록 해 주세요.
- 소리를 확인할 때는 실이 팽팽해야 하고, 소리가 새어 나가지 않도록 컵을 입에 밀착해서 말해야 합니다.

01 컵 2개의 바닥면 가운데에 핀셋으로 작은 구멍을 각각 뚫으세요.

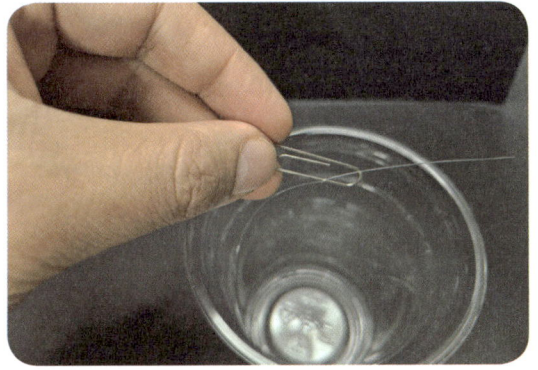

02 실을 적당한 길이로 잘라 두 컵의 구멍에 넣고 클립에 묶어 고정하세요.

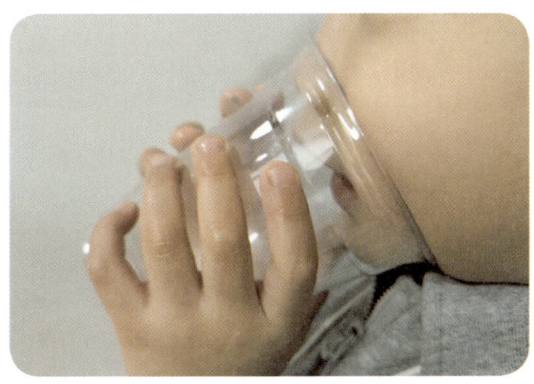

03 컵에 입을 밀착시켜 소리를 전달하세요.

※ 실을 팽팽하게 했을 때와 느슨하게 했을 때의 소리를 비교해 보세요.
※ 컵과 실의 크기와 종류를 바꾸어서 실험하고, 각각의 결과를 비교해 보세요. (예시: 플라스틱 컵 – 낚싯줄, 플라스틱 컵 – 바느질실, 종이컵 – 낚싯줄, 종이컵 – 바느질실)

정리하기

관찰 및 분석하기

01 다음 실험에서 소리의 전달은 각각 어떻게 나타났나요?

- 종이컵 전화기의 실을 팽팽하게 한 후 소리 전달하기:

- 종이컵 전화기의 실을 느슨하게 한 후 소리 전달하기:

02 어떤 종류의 실로 전화기를 만들었을 때 소리가 더 잘 들렸나요? 그리고 그 이유는 무엇일까요? 소리의 진동과 소리의 전달 개념으로 설명해 보세요.

03 어떤 크기와 종류의 컵으로 전화기를 만들었을 때 소리가 더 잘 들렸나요? 그리고 작은 크기의 컵의 소리와 보통 크기의 컵의 소리는 어떻게 달랐나요?

04 소리의 진동, 소리의 전달, 소리의 파동의 뜻과 그 예시를 적어 보세요.

- 소리의 진동
  뜻:
  예시:

- 소리의 전달
  뜻:
  예시:

- 소리의 파동
  뜻:
  예시:

상상하기

01 만약 세상에 공기가 없어서 소리가 전달되지 않는다면 친구와 어떤 방법으로 이야기해야 할까요?

02 만약 소리가 색깔을 가지고 있다면, 높은 소리와 낮은 소리는 각각 어떤 색일까요? 그리고 우리가 말할 때마다 공기 중에 색이 퍼진다면 어떤 일이 생길까요?

03 소리를 잘 듣지 못하는 친구가 있어요. 이 친구가 소리를 더 잘 듣게 하기 위해서는 어떤 장비가 필요할까요? '소리의 진동' 또는 '소리의 파동'이라는 단어를 사용해서 설명해 보세요.

04 만약 우리가 손으로 소리를 만질 수 있다면 소리는 어떤 느낌일까요?

05 소리의 진동이 활용되는 악기나 기술을 가족과 함께 조사해서 적어 보세요.

이렇게도 해 보세요!

소리의 진동을 활용한 악기 만들기

유리컵에 물의 양을 각각 다르게 채우고 쇠젓가락으로 두드려 보세요. 물의 양에 따라 서로 다른 소리가 나는데, 이것은 소리의 진동수와 관련이 있답니다. 소리의 높낮이를 비교해 보며 진동수에 따라 소리가 어떻게 달라지는지 직접 느껴 보세요.

준비물: 유리컵 3개(같은 종류), 물, 쇠젓가락, 스마트폰

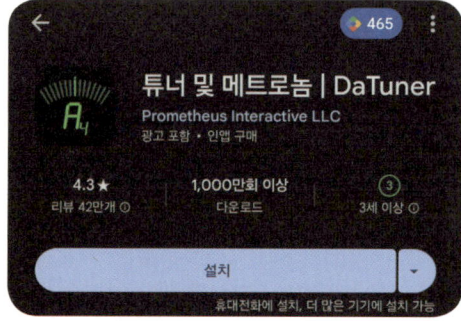

01 기타 튜닝 앱을 스마트폰에 설치하세요.

02 유리컵에 물을 채우고 젓가락으로 치면서 '도', '레', '미' 음을 만드세요.

※ 물을 많이 채우면 낮은음, 적게 채우면 높은음이 나요. 물이 많으면 소리의 진동이 줄어들어 소리가 낮아져요.

03 가족과 함께 다양한 음악을 연주해 보세요.

♪<비행기>♪
미레도레 미미미
레레레 미미미
미레도레 미미미
레레 미레도

3 작용과 반작용
: 풍선 로켓 날려 보내기

난이도 ★★☆☆

영역
물리

과학적 개념
운동과 에너지

과학적 원리
뉴턴의 제3법칙
(작용과 반작용 법칙)

 **과학 원리 탐구하기**

로켓이 하늘로 날아갈 수 있는 이유

로켓이 공중으로 솟아오르려면 무엇이 필요할까요? 로켓이 위로 솟아오르려면, 바닥 쪽으로 강한 힘을 내보내야 해요. 이 힘을 통해 로켓이 위로 올라가는 것은 '뉴턴의 제3법칙(작용과 반작용 법칙)' 때문이에요.

뉴턴의 제3법칙: 작용과 반작용 법칙

뉴턴의 제3법칙은 물리학의 기본 원리 중 하나로, 우리가 일상생활에서도 쉽게 관찰할 수 있는 현상이에요. 이 법칙은 다음과 같이 설명할 수 있어요. "모든 작용에는 크기는 같고 방향은 반대인 반작용이 있다." 즉, 어떤 물체에 힘을 가하면 그 물체도 똑같은 크기의 힘을 반대 방향으로 가한다는 거예요.

반작용
내뿜어진 가스가 로켓을 미는 힘

작용
로켓에서 가스를 빠르게 내뿜는 힘

생활 속 예시

수영장에서 벽을 밀 때 몸이 앞으로 나아가는 이유

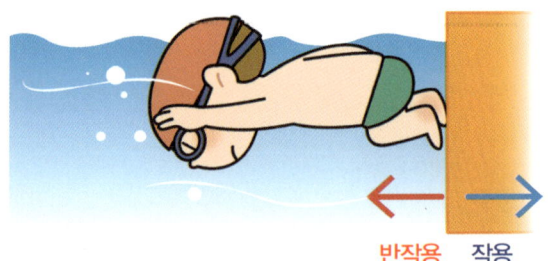

수영장에서 벽을 발로 강하게 밀면 몸이 앞으로 빠르게 나아가는 경험을 해 본 적이 있나요? 이것은 작용과 반작용 법칙의 대표적인 사례 중 하나예요. 벽을 밀 때, 우리의 발은 벽에 강하게 미는 힘을 가해요. 이때 벽도 반대 방향으로 우리 몸을 미는 힘을 줘요. 벽을 강하게 밀수록 몸은 더 멀리, 더 빠르게 나아가게 돼요. 만약 벽을 살짝만 밀면, 몸이 앞으로 나아가는 힘도 약해져요. 여기서 작용은 벽을 발로 미는 힘이고, 반작용은 벽이 우리 몸을 앞으로 미는 힘이에요. 이처럼 물속에서도 뉴턴의 제3법칙은 변함없이 적용된답니다.

이렇게 도와주세요

- 아이에게는 '뉴턴의 제3법칙'이라는 이름이 생소할 수 있습니다. 학년이나 수준에 따라 '힘 반사', '받은 만큼 되돌려 주기'처럼 쉬운 말로 알려 주세요.
- 벽 밀기나 손뼉 치기 등으로 아이가 해당 원리를 몸으로 직접 체험할 수 있도록 해 주세요. "네가 벽을 밀면, 벽도 너를 반대 방향으로 밀고 있어!"라고 이야기하며 작용과 반작용의 원리를 자연스럽게 익힐 수 있도록 도와주세요.

 ## 실험하기

풍선 로켓 만들기

풍선을 이용해 간단한 로켓을 만들어 작용과 반작용의 원리를 직접 체험하는 실험이에요. 실험을 통해 뉴턴의 제3법칙이 실제로 어떻게 적용되는지 확인할 수 있어요.

준비물: 실, 풍선, 테이프, 빨대, 가위

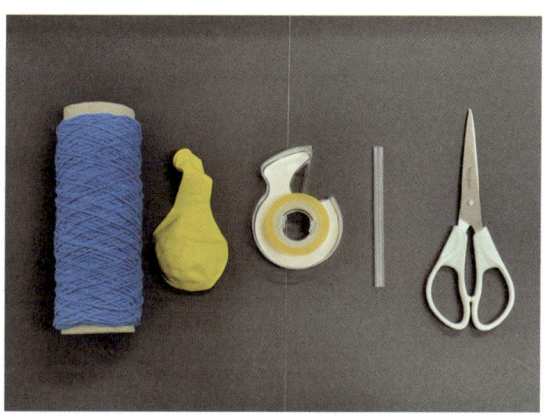

이렇게 도와주세요

- 실을 팽팽하게 묶어야 풍선이 제대로 움직일 수 있어요. 아이가 실을 묶을 때 어려워하면 도와주고, 실이 너무 처지지 않도록 조절해 주세요.
- 실을 고정할 곳이 없다면 보호자가 실의 양 끝을 잡아 주어도 좋습니다.
- 풍선을 너무 크게 불면 터질 위험이 있어요. 적당한 크기로 불도록 지도해 주세요.

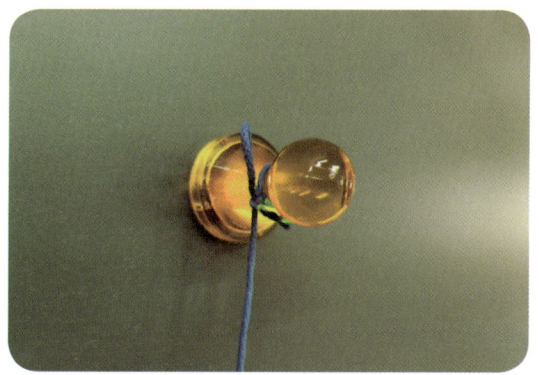

01 가위를 이용해 실을 길게 자르세요. 자른 실의 한쪽을 고정된 지점에 묶으세요.

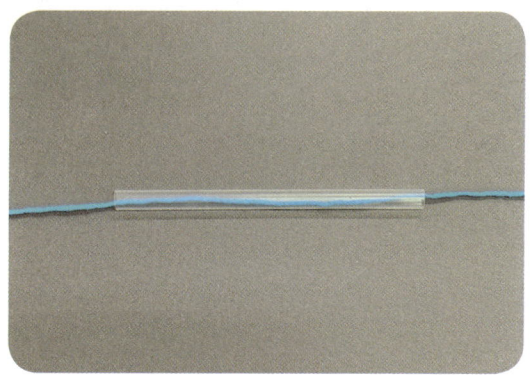

02 가위를 이용해 빨대를 적당한 길이로 자른 다음 실에 끼우세요.

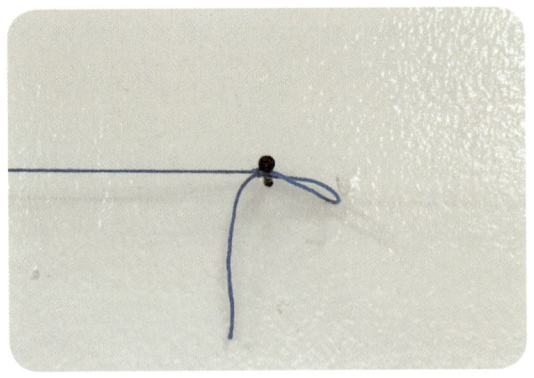

03 실의 나머지 한쪽을 반대 지점에 팽팽하게 묶으세요.

04 풍선을 불어 공기를 채운 후, 입구를 묶지 말고 손으로 잡거나 집게로 집어 놓으세요.

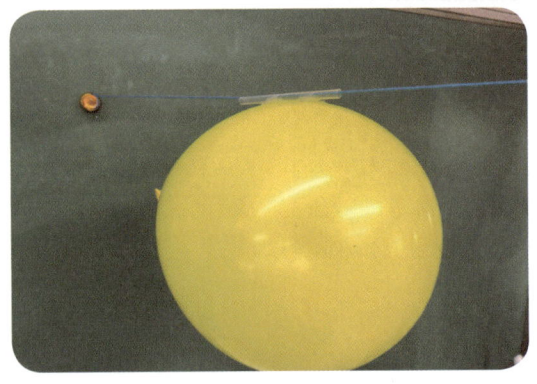

05 테이프로 풍선을 빨대에 고정하세요.

06 풍선을 잡고 있던 손이나 집게를 놓아 공기가 빠지게 하세요.

07 풍선이 움직이는 모습을 관찰해 보세요. 풍선을 여러 번 날리며 풍선을 크게 불었을 때와 작게 불었을 때 이동 속도와 이동 거리의 차이를 비교해 보세요.

※ 길쭉한 풍선, 하트 모양 풍선, 작은 풍선 등 다양한 모양의 풍선으로도 실험하며 움직임을 비교해 보세요.

 **정리하기**

관찰 및 분석하기

01 풍선 입구를 놓았을 때, 풍선은 어떤 방향으로 움직였나요?

02 풍선이 앞으로 나아가는 동안 풍선 입구에서는 어떤 일이 일어났나요?

03 실험 중 풍선이 멈춘 순간은 언제인가요? 왜 그 순간에 멈추었을까요?

04 실제 로켓이 우주로 가는 과정과 이 실험은 어떻게 비슷한가요?

05 풍선이 앞으로 나아가는 원리를 '작용'과 '반작용'이라는 용어를 사용해 설명해 보세요.

상상하기

01 만약 풍선이 더 크다면, 풍선 로켓은 더 멀리 나아갈 수 있을까요? 나아갈 수 있다면 그 이유는 무엇일까요?

02 풍선 로켓을 이용해 더 멀리 나아가는 장치를 설계한다면, 어떤 방법을 추가하거나 변경하고 싶은가요?

03 실생활에서 풍선 로켓의 원리가 사용된 예시를 찾아 보세요.

04 작용과 반작용 법칙을 이용해 재미있는 놀이기구를 구상해 보세요.

05 우주에는 중력과 공기가 거의 존재하지 않아요. 만약 우주에서 풍선 로켓을 만든다면 어떤 결과가 나올까요?

이렇게도 해 보세요!

풍선 로켓 시합하기

가족, 친구와 함께 누구의 풍선 로켓이 더 멀리까지 가는지 시합해 보세요.

	이름:	이름:	이름:	이름:
예시)	10cm	15cm	17cm	20cm
1차				
2차				
3차				

4 에너지 하베스팅
: 진동으로 빛을 내는 장난감 만들기

난이도 ★★★☆

영역
물리

과학적 개념
운동과 에너지

과학적 원리
에너지 하베스팅
(Energy Harvesting)

 과학 원리 탐구하기

에너지 하베스팅(Energy Harvesting)

내 방의 형광등에서 나오는 열에너지, 우리가 매일 타는 자동차에서 나오는 진동 에너지 등 수많은 에너지가 우리도 모르게 버려지고 있다는 것을 알고 있나요?

에너지 하베스팅은 열, 진동, 빛, 마찰 등 일상에서 버려지는 에너지를 모아 전기 에너지로 바꿔 유용하게 사용하는 기술이에요. 바람, 태양광 같은 자연에너지는 물론, 사람이 움직일 때 생기는 진동이나 자동차에서 나오는 열도 전기로 바꿔 재활용할 수 있어요.

에너지 하베스팅의 종류

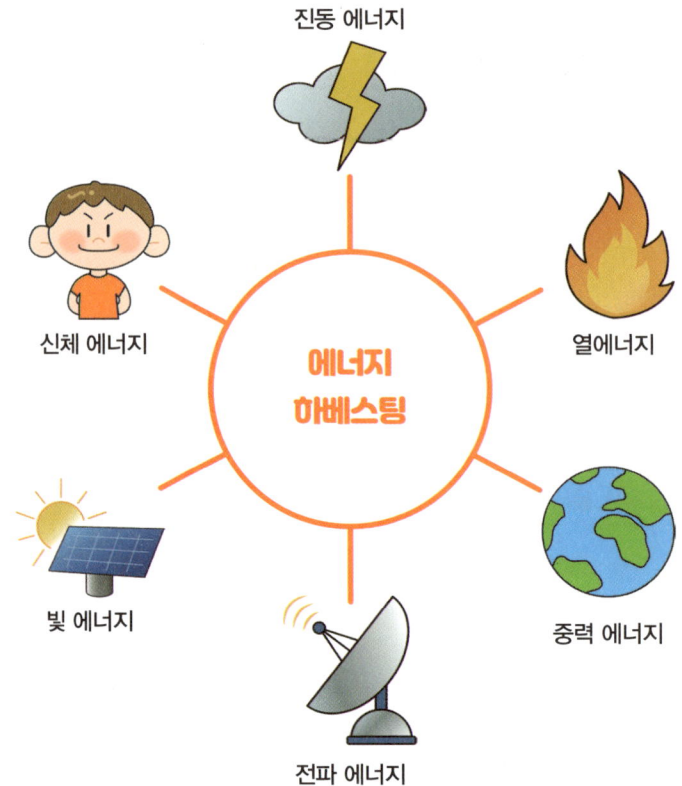

- **신체 에너지 하베스팅**: 우리가 움직일 때 발생하는 열, 정전기, 운동 에너지를 이용해요.
- **진동 에너지 하베스팅**: 물체의 진동, 압력에서 발생하는 에너지를 이용해요.
- **열에너지 하베스팅**: 뜨거운 물체와 차가운 물체 사이의 온도 차이에서 발생하는 에너지를 이용해요.
- **중력 에너지 하베스팅**: 높은 곳에 있던 물체가 아래로 움직일 때 생기는 에너지를 이용해요.
- **전파 에너지 하베스팅**: 라디오, TV, 와이파이 등에서 공기 중으로 퍼져 나오는 전자파의 에너지를 이용해요.
- **빛 에너지 하베스팅**: 태양광이나 인공 빛의 에너지를 이용해요.

생활 속 예시

걸으면서 전기를 만드는 운동화

우리가 뛰거나 걸을 때 생기는 압력, 진동을 이용해 전기 에너지를 만드는 운동화가 있어요. 이 운동화 속에는 압력이나 진동을 전기 에너지로 변환하는 압전소자가 들어 있어요. 발을 디딜 때마다 생기는 압력이나 진동이 압전소자를 거치며 전기 에너지로 바뀌어 배터리에 저장돼요.

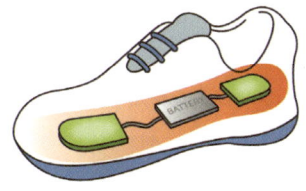

아프리카 아이들을 학교로 이끄는 태양광 배터리

소 모양의 태양광 충전 시스템인 '솔라카우'는 학교에 온 아이들이 우유병 모양의 배터리를 충전할 수 있도록 만들어졌어요. 솔라카우는 태양에서 얻은 빛 에너지를 전기 에너지로 바꾸는 에너지 변환 장치인 태양광 패널을 사용해 전기를 만들어요. 이렇게 충전된 배터리는 집에서 조명을 켜거나 휴대폰을 충전하는 데 사용할 수 있답니다. 이 기술은 아이들이 태양광 충전기가 있는 학교에 오도록 동기를 부여하고, 그 가족들에게도 실질적인 전기를 제공하는 멋진 방법이에요.

출처: YOLK 공식 블로그

이렇게 도와주세요

- 우리 주변에서 버려지는 에너지들을 찾아보며 에너지 하베스팅 기술의 필요성에 대해 느낄 수 있도록 도와주세요.

 ## 실험하기

진동으로 빛을 내는 압전소자 장난감 만들기

압전소자는 특정 재료가 진동이나 압력을 받을 때 전기를 발생시키는 특성을 이용한 장치예요. 이 실험에서는 압전소자를 활용해 진동 에너지를 전기 에너지로 변환하여 LED 전구를 점등시키는 장난감을 만들어 보아요.

준비물: 테이프, 압전소자, 캐릭터 도안, LED 전구, 송곳
※ 압전소자와 LED 전구는 인터넷에서 쉽게 구입할 수 있어요.

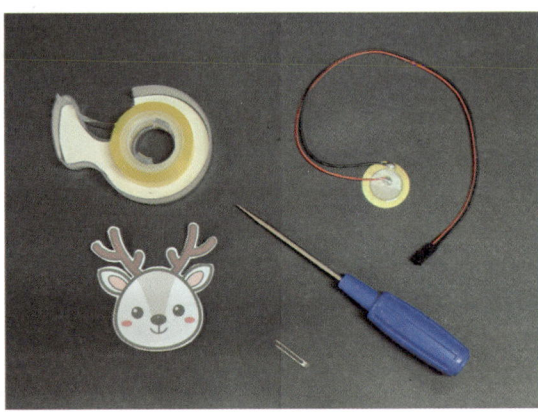

이렇게 도와주세요

- 송곳으로 캐릭터 도안을 뚫을 때는 안전하게 뚫도록 도와주세요.
- 밝게 빛나는 LED 전구를 이용한 창의적인 캐릭터 도안을 직접 그려서 만들 수도 있어요.

01 송곳을 이용해 캐릭터 도안에 LED 전구를 꽂을 구멍을 2개 뚫으세요.

02 구멍에 LED 전구를 꽂으세요.

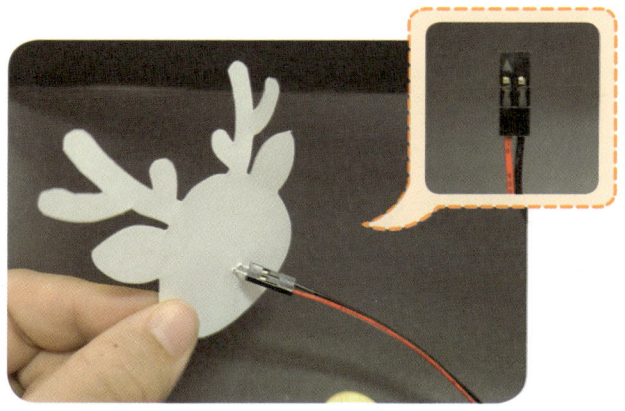

03 압전소자의 2핀 커넥터 전선에 LED 전구를 끼우세요. 전구의 (+)핀이 빨간색 전선 쪽으로, (−)핀이 검은색 전선 쪽으로 향하도록 끼우세요.

※ 둘 중 길이가 더 긴 것이 (+)핀이에요.

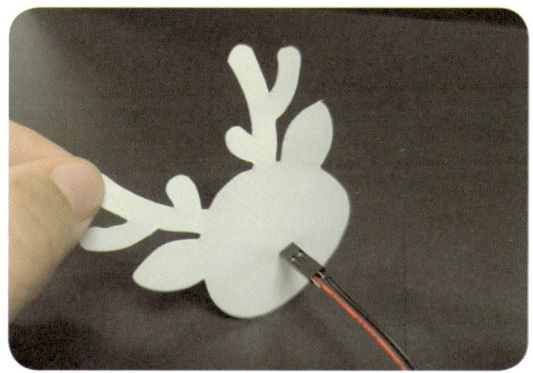

04 LED 전구를 2핀 커넥터의 끝까지 끼우세요.

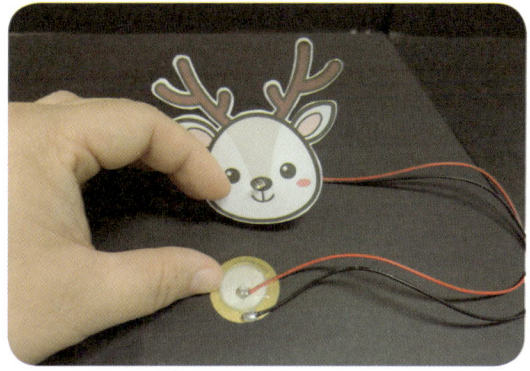

05 압전소자를 두드려서 LED 전구에 불을 밝혀 관찰해 보세요.

※ 두드리는 힘을 조금씩 강하게 해 보면서 불의 밝기가 어떻게 변하는지 관찰해 보세요.

정리하기

관찰 및 분석하기

01 LED 전구가 빛을 낸 이유는 무엇인가요?

02 압전소자를 두드리는 힘을 더 강하게 했을 때, LED 전구의 밝기는 어떻게 달라졌나요?

03 에너지 하베스팅을 하기 위해서는 무엇보다 재활용할 수 있는 에너지를 찾는 것이 중요해요. 우리 주변에서 재활용할 수 있는 에너지는 어떤 것들이 있을까요?

04 태양광 에너지는 어떤 방법으로 전기를 만들까요?

상상하기

01 에너지 하베스팅을 위한 피구공을 구상해 보세요. 피구공을 어떻게 제작할지, 만들어진 전기는 어디에 사용할지 생각해 보세요.

02 솔라카우가 학교에 더 많이 설치된다면 어떤 점이 더 편리해질까요? 아이들과 가족들의 생활을 상상해 보세요.

03 진동 에너지를 수집해 전기 에너지를 만드는 새로운 장치를 구상해 보세요.
예시) 덜컹하면 전기가 생기는 과속방지턱: 자동차가 과속방지턱을 지나갈 때마다 생기는 진동을 모아 전기 에너지를 만들 수 있어요.

04 에너지 하베스팅은 우리 사회에 어떤 영향을 미칠까요?

05 놀이터에서 버려지는 에너지를 모아 에너지를 만드는 장치를 구상해 보세요.
놀이터에서 버려지는 에너지의 예시) 놀이터에 내리쬐는 햇빛, 미끄럼틀을 타고 내려올 때의 마찰, 놀이터를 뛰어다니는 아이들의 압력과 진동 등

이렇게도 해 보세요!

풍력을 이용한 에너지 하베스팅 실험

풍력(바람의 힘)을 이용해 프로펠러를 돌리고, 이를 통해 전기를 발생시켜 LED 전구를 켜는 실험을 해 보세요. 우리가 풍차나 풍력 발전소에서 에너지를 얻는 원리를 직접 체험할 수 있어요.

준비물: 투명한 플라스틱 컵, 칼, 송곳, 빨대, 프로펠러, 발전 모터, LED 전구, 테이프

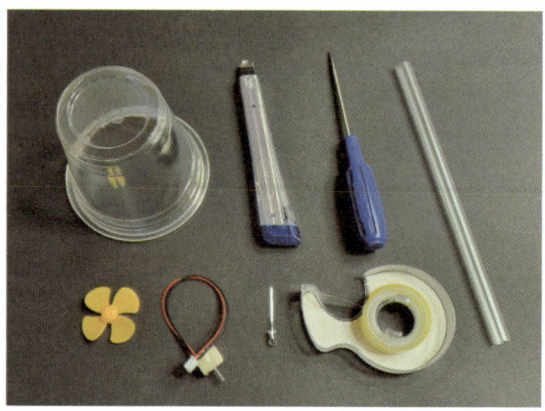

이렇게 도와주세요

• 칼과 송곳으로 구멍을 뚫을 때는 안전하게 사용하도록 도와주세요.

01 칼을 이용해 투명한 플라스틱 컵의 측면에 발전 모터가 끼워질 크기의 구멍을 뚫으세요.

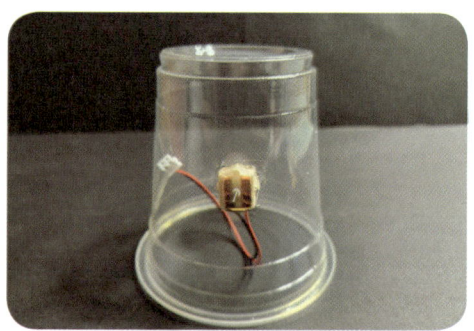

02 뚫은 구멍에 발전 모터를 끼우세요.

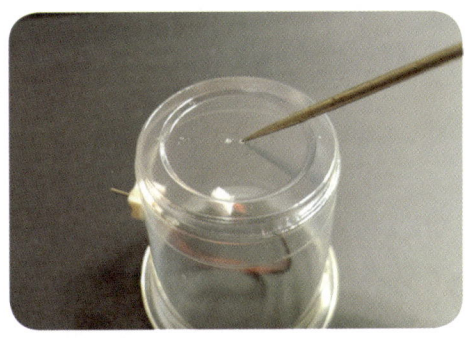

03 송곳을 이용해 컵의 바닥면에 LED 전구를 꽂을 구멍을 2개 뚫으세요.

04 컵의 안쪽에서 발전 모터 커넥터에 LED 전구의 핀을 끼우세요. 전구의 (+)핀을 빨간색 전선 쪽으로, (−)핀을 검은색 전선 쪽으로 향하도록 끼우세요.

※ 둘 중 길이가 더 긴 것이 (+)핀이에요.

05 발전 모터의 회전축에 프로펠러를 끼우세요.

06 빨대로 프로펠러에 바람을 불어 LED 전구에 불을 켜 관찰해 보세요.

※ 프로펠러의 속도를 조절해 가면서 전구의 밝기가 어떻게 변하는지 관찰해 보세요.

01 프로펠러가 빠르게 돌 때와 느리게 돌 때, LED 전구의 밝기는 각각 어떻게 변했나요?

02 이 실험과 비교하여 풍력 발전소의 발전 원리를 설명해 보세요.

5 전기와 자기
: 간이 전동기 만들기

난이도 ★★★★★

영역
물리

과학적 개념
전기와 자기

과학적 원리
전자기력, 전동기

 과학 원리 탐구하기

도체와 부도체

도체는 전기나 열을 잘 전달하는 물질이에요. 도체의 예로는 구리, 철, 금, 알루미늄 등이 있어요. 도체는 전기가 잘 통하기 때문에 전선의 재료로 주로 사용되고, 스마트폰, 전기자동차 등 전기를 사용하는 다양한 기기에도 널리 활용돼요.

부도체는 전기나 열을 잘 전달하지 않는 물질이에요. 부도체의 예로는 고무, 유리, 플라스틱 등이 있어요. 전선에서는 고무와 같은 부도체가 구리와 같은 도체 부분을 감싸고 있어서 전기가 외부로 흐르는 것을 막아 주지요.

에나멜선

에나멜선은 도체인 구리선을 부도체인 에나멜로 코팅한 선이에요. 따라서 코팅된 부분을 사포로 벗겨내면 전기가 통하는 구리선이 드러난답니다.

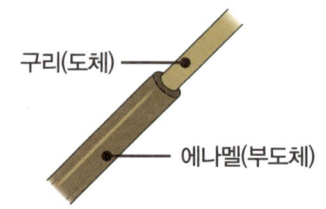

전기와 자기

전기는 '전자'라는 아주 작은 입자들이 움직이면서 생기는 에너지예요. 우리는 TV를 보거나 불을 켤 때 전기 에너지를 사용해요.

자기는 자석이 가지는 성질이에요. 자석은 'N극'과 'S극'이라는 두 개의 극을 가지고 있어요. 같은 극끼리는 서로 밀어내고, 다른 극끼리는 서로 끌어당기는 성질이 있어요.

전자기력

자석(자기) 옆에서 전선에 전류(전기)가 흐를 때, 전선이 받는 힘이 전자기력이에요. 전동기는 전자기력에 의해서 작동되는 장치로, 회전하는 힘을 발생시켜요.

〈전동기〉

생활 속 예시

생활 속의 다양한 전동기(전기 모터)

 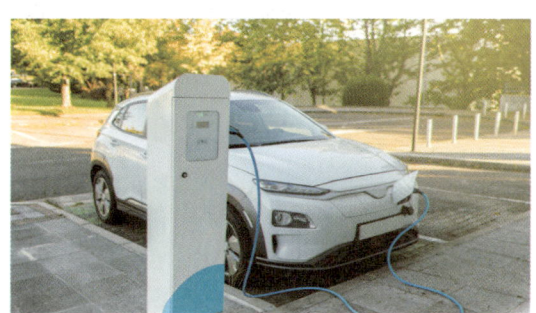

전동기(전기 모터)는 더운 여름날 사용하는 선풍기, 바퀴가 돌아가는 장난감 자동차, 벽에 구멍을 뚫는 전동 드릴, 전기를 충전해 움직이는 전기 자동차 등에 사용돼요. 전기 자동차는 화석연료 대신 전기 에너지를 이용하여 자동차의 바퀴를 회전시키기 때문에, 배출되는 가스가 없어 대기 오염을 유발하지 않는다는 장점이 있어요.

이렇게 도와주세요

- 과학적 개념을 완벽하게 이해하기보다는, 실생활 속 예시를 통해 전기와 자기에 대한 개념을 자연스럽게 익힐 수 있도록 도와주세요. 전기는 'TV나 냉장고 같은 가전제품을 작동시키는 에너지', 자기는 '자석이 가지는 성질', 전자기력은 '자석 옆에서 전선에 전류가 흐를 때 전선이 받는 힘'이라고 설명해 주세요.

실험하기

간이 전동기 만들기

간이 전동기 만들기는 전기와 자기의 원리를 활용한 대표적인 실험이에요. 자석 옆에서 전선에 전기가 흐를 때, 전선이 회전하는 힘이 생긴다는 것을 학습할 수 있어요.

준비물: 양면테이프, 에나멜선, AA 건전지, AA 건전지 끼우개, 구리판 2개, 볼펜, 자석, 사포
※ 간이 전동기 만들기 1인용 키트를 구매해도 좋아요.

이렇게 도와주세요

- 둥글게 감은 에나멜선의 균형을 잘 맞추는 것이 쉽지 않습니다. 아이가 끈기를 가지고 과제를 수행할 수 있도록 독려해 주세요.
- 뾰족한 에나멜선의 끝에 찔리지 않도록 주의시켜 주세요.
- 전동기가 회전하는 원리를 완벽히 이해하지 못하더라도, 자석 옆에서 전선에 전기가 흐를 때 회전하는 힘이 생긴다는 것을 알 수 있도록 지도해 주세요.

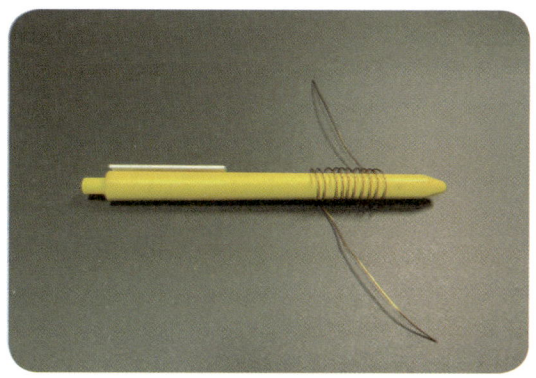

01 에나멜선을 볼펜에 10바퀴 정도 둥글게 감으세요.

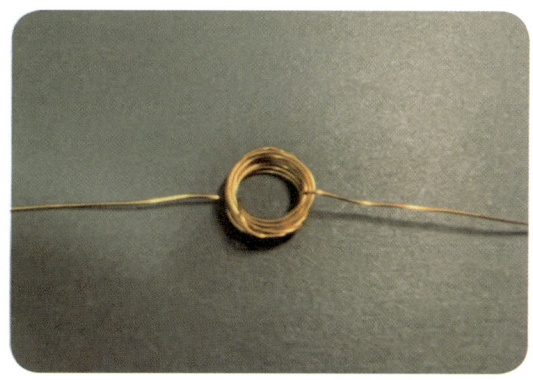

02 에나멜선을 볼펜에서 빼내 동전처럼 납작하게 누른 다음 선의 한쪽은 위로, 반대쪽은 아래로 빼내세요.

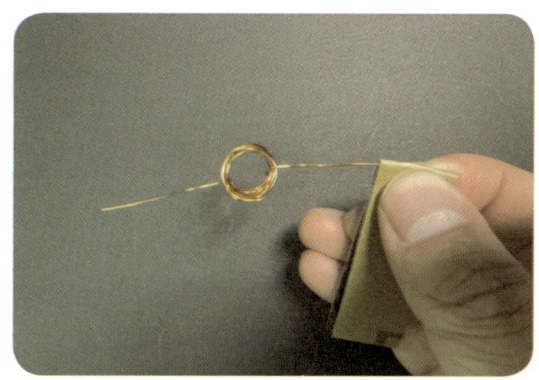

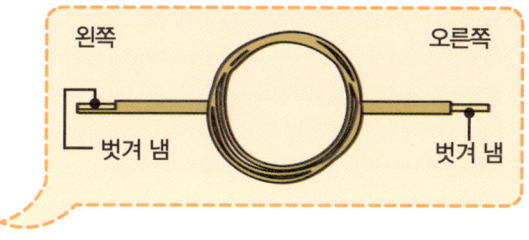

03 사포를 이용해 에나멜선의 양쪽 피복을 긁어서 벗겨 내세요. 이때 오른쪽은 사포로 둘러싸서 피복 전체를 벗겨 내고, 왼쪽은 에나멜선을 바닥에 두고 윗면만 벗겨 내세요.

04 건전지 끼우개에 건전지를 넣고, 건전지 끼우개와 건전지의 양쪽 극 사이에 구리판을 끼우세요. 건전지 위에 양면테이프로 자석을 붙이세요.

05 에나멜선을 자석 위에 배치하고 균형을 잡은 뒤 에나멜선이 회전하는 모습을 관찰해 보세요.

정리하기

관찰 및 분석하기

01 에나멜선에 전기를 흐르게 하고 자석을 가까이 두어 간이 전동기를 만들었더니 어떤 현상이 관찰되었나요?

02 도체와 부도체의 뜻을 설명하고 각각의 예시를 3가지 이상 적어 보세요.

- 도체
  뜻:
  예시:

- 부도체
  뜻:
  예시:

03 에나멜선이 무엇인지 설명해 보세요.

04 '전자'라는 아주 작은 입자들이 움직이면서 생기는 에너지는 무엇인가요?

| | | 에 | 너 | 지 |

05 전동기의 작동 원리가 되는 힘으로, 자석 옆에서 전선에 전류가 흐를 때 전선이 받는 힘은 무엇인가요?

| | | | 역 |

상상하기

01 간이 전동기 만들기 실험에서 더 강한 자석을 이용하면 에나멜선의 회전은 어떻게 될까요?

02 전동기를 만들 때 회전하는 힘을 강하게 할 수 있는 방법에는 어떤 것이 있을까요?

03 전동기를 활용한 장치에는 어떤 것이 있는지 조사해서 적어 보세요.

04 전동기를 활용한 나만의 작품이나 발명품을 구상해 보세요. (전동기의 크기를 늘리거나 줄여도 좋아요.)

05 전동기를 만드는 것은 결코 어려운 일이 아니었어요. 그런데도 전동기(모터)를 이용한 전기 자동차가 엔진을 이용한 내연 자동차보다 일상에서 늦게 사용되기 시작한 이유는 무엇일까요? 내 생각과 조사한 내용을 적어 보세요.

• 내 생각:

• 조사한 내용:

이렇게도 해 보세요!

간이 전동기의 에나멜선을 더 많이 감기

간이 전동기 만들기 실험에서 에나멜선을 감는 횟수를 늘려 보세요. 10바퀴, 20바퀴 등으로 더 많이 감으면서 에나멜선이 회전하는 모습을 관찰해 보세요.

01 에나멜선을 감는 횟수가 늘어나면 간이 전동기에는 어떤 변화가 생길까요? 내가 예상한 결과와 직접 실험한 결과를 적어 보세요.

- 내 예상:

- 실험한 결과:

호모폴라 전동기 만들기

다음 사진과 같은 호모폴라 전동기를 만들어 보세요. 구리선이 빙글빙글 회전하는 신기한 현상을 관찰할 수 있어요.

준비물: 구리선, 건전지, 기둥 모양 자석, 동전 모양 자석

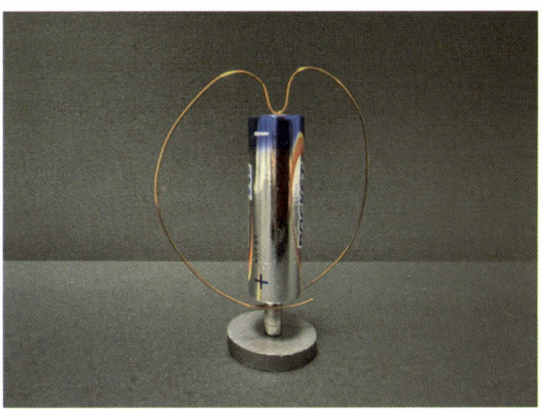

01 평평한 바닥에 밑에서부터 동전 모양 자석, 기둥 모양 자석, 건전지를 순서대로 쌓으세요. 건전지의 (−)극이 위로 오게 하세요.

02 구리선을 구부려서 건전지의 (−)극 위에 올려 중심을 잡으세요.

03 구리선의 양 끝이 기둥 모양 자석에만 닿도록 한 뒤 구리선이 회전하는 모습을 관찰해 보세요.

6
난이도
★★☆☆☆

전기회로
: 전도성 잉크펜으로 전기회로 그리기

영역
물리

과학적 개념
전기와 자기

과학적 원리
전기가 흐르는 물질, 전기 회로

 **과학 원리 탐구하기**

전도성 잉크펜

전도성 잉크는 전기가 잘 통하는 물질로 만든 잉크예요. 전도성 잉크가 들어간 펜을 이용하면 그림을 그려서 전기가 흐르는 회로를 만들 수 있어요.

LED(발광다이오드)

LED는 전기가 흐를 때 빛이 나는 장치예요. 전기는 흐르는 방향이 정해져 있고, LED는 전기가 올바른 방향으로 흘러야 불이 켜져요. LED에는 두 개의 발이 있는데, 불을 켜려면 긴 발을 (+)극과 연결하고 짧은 발을 (−)극과 연결해야 해요.

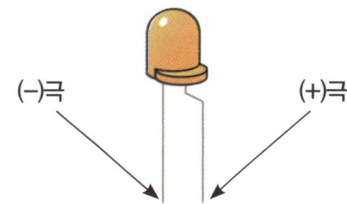

49

전기회로

전기회로는 전선, 스위치, LED 등의 부품들을 연결해서 서로 상호작용할 수 있도록 만든 전기가 흐르는 길이에요. 전기가 흐르기 위해서는 전기회로의 시작점과 끝점이 완전히 연결되어 있어야 해요. 이렇게 연결되어 전기가 흐르는 회로를 '닫힌회로'라고 해요. 예를 들어, 전구와 배터리를 연결할 때 배터리의 한쪽 끝에서 전기가 나와서 전구를 지나고, 다시 배터리의 다른 쪽 끝으로 돌아오면 이 회로는 닫힌회로가 되어 전구의 불이 켜진답니다.

〈닫힌회로〉

생활 속 예시

밝고 효율적인 LED 조명

집 안의 조명으로 많이 사용되는 LED는 에너지를 적게 소모하면서도 밝고 수명이 길어서 환경에도 좋고, 경제적이라는 장점이 있어요. 실내조명, 전자 기기, 자동차, 신호등 등 다양한 곳에서 LED가 활용되고 있어요.

전기를 전달하는 콘센트

전기가 필요한 장치를 사용하기 위해 콘센트에 플러그를 연결해 본 경험이 있나요? 콘센트는 전기를 안전하게 전달하는 길이에요. 집 안 곳곳에 설치되어 있는 콘센트로 전기를 전달할 수 있는 것은 전기가 공급되도록 전기회로가 구성되어 있기 때문이에요.

이렇게 도와주세요

- 집에서 TV, 냉장고 등 전기가 필요한 다양한 장치를 찾아보며 아이가 전기의 개념을 자연스럽게 이해할 수 있도록 도와주세요.
- 전기를 설명할 때는 '전류', '전자'와 같은 어려운 용어보다는 '배터리나 콘센트에서 공급되는 에너지가 바로 전기'라는 정도만 알려 주어도 충분합니다.

 ## 실험하기

전도성 잉크펜을 이용한 회로 만들기

LED 전구의 불을 켜기 위한 회로도를 구상하고, 전도성 잉크펜을 이용하여 회로를 완성해 보세요. 잉크펜으로 그린 전선을 통해 전기가 흘러 전구가 밝게 빛난답니다.

준비물: 종이, AA 건전지 끼우개, LED 전구, AA 건전지 2개, 전도성 잉크펜, 테이프
※ 전도성 잉크펜은 인터넷에서 쉽게 구매할 수 있어요.

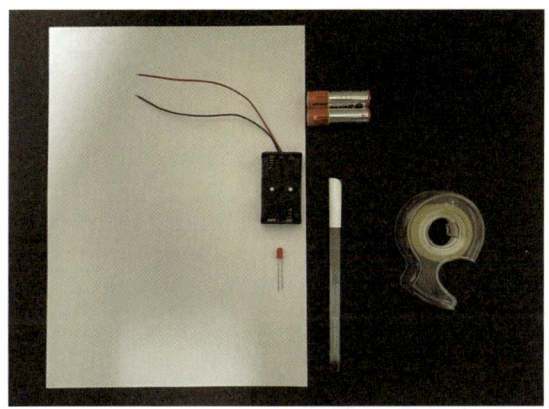

이렇게 도와주세요

- LED 전구에 불빛이 들어오지 않을 때는 연결되지 않은 지점이 있는지 점검하도록 도와주세요.
- 책에 제시된 것과 같은 간단한 형태의 회로를 먼저 만들어 본 후, 창의적인 형태의 회로를 구상해 보도록 지도해 주세요.

01 제작할 회로도를 구상하고 종이에 밑그림을 그리세요.

02 전도성 잉크펜으로 회로를 색칠하세요.

03 구상한 회로도에 맞게 건전지를 연결하세요. 빨간색 선은 (+)극에, 검은색 선은 (−)극에 연결하세요. 테이프를 이용해 선을 회로에 고정하세요.

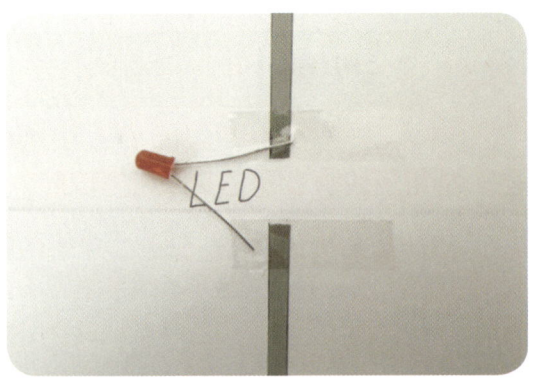

04 LED 전구의 긴 발이 (+)극에 오도록 연결하고 테이프를 이용해 발을 회로에 고정하세요.

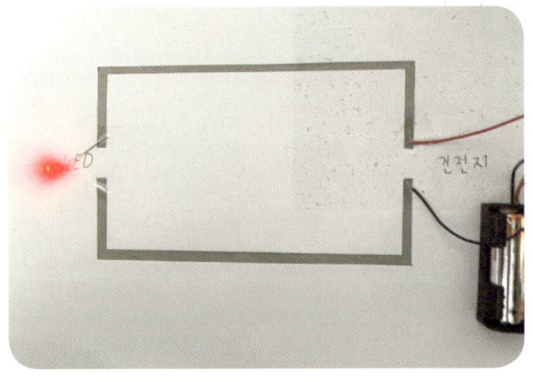

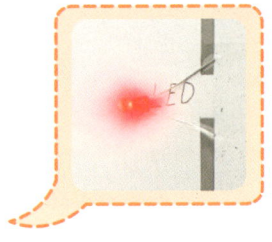

05 LED 전구의 짧은 발이 (−)극에 오도록 연결하고 테이프를 이용해 발을 회로에 고정하세요. 불빛이 잘 들어오는지 확인해 보세요.

정리하기

관찰 및 분석하기

01 건전지의 (+)극과 (−)극을 표시해 보세요.

( )극  ( )극

02 LED의 (+)극과 (−)극을 표시해 보세요.

( )극　　　( )극

03 우리 주변에서 LED가 활용되는 사례를 3가지 이상 적어 보세요.

04 전도성 잉크펜이란 무엇인지 설명해 보세요.

05 LED에 불이 켜지기 위해서는 전기회로가 어떻게 연결되어야 하나요?

상상하기

01 LED 전구와 건전지의 종류 등 다른 조건은 같고, 전도성 잉크펜으로 그린 전선의 두께를 더 얇게 그리거나 두껍게 그린다면 LED 전구의 밝기는 어떻게 될까요?

02 전기회로에서 LED 전구의 불빛을 더 밝게 하기 위해서는 어떤 조건을 바꾸어야 할까요?

03 전도성 잉크펜처럼 전기가 통하는 전도성 실이나 전도성 종이도 있습니다. 이러한 재료를 이용해서 어떤 작품을 만들어 볼 수 있을까요?

이렇게도 해 보세요!

전도성 잉크펜을 이용하여 창의적인 작품 만들기

전도성 잉크펜을 이용한 새로운 작품을 만들어 보세요. 예시와 같이 종이를 접으면 LED 전구의 불이 켜지는 작품을 만들거나, 인터넷에서 전도성 잉크펜을 이용한 작품을 찾아보고 참고해 만들어도 좋아요.

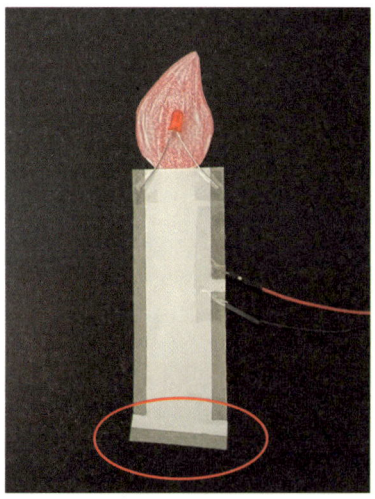 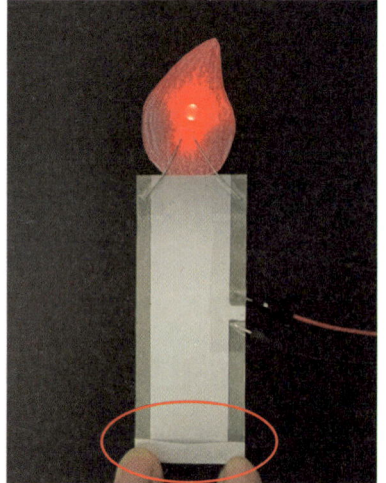

7 물질의 구성
: 원자와 분자 모형 만들기

난이도 ★★★☆☆

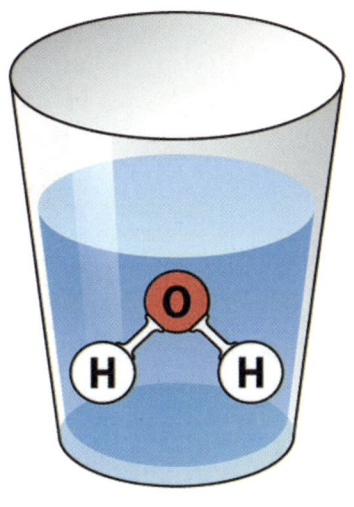

영역
화학

과학적 개념
물질의 구성

과학적 원리
원자, 분자, 원소, 원소 기호

 과학 원리 탐구하기

물질의 구성

− 원자: 물질을 이루는 아주 작은 기본 단위예요.
예시) 물은 아주 작은 물 알갱이(원자)들이 모여서 만들어져 있어요.

⟨산소 원자⟩ ⟨수소 원자⟩

− 분자: 원자들이 모여서 만들어진 더 큰 단위예요.
예시) 물은 원자 3개가 모여 만들어진 분자예요. 산소 원자 1개와 수소 원자 2개가 모여 물이 되지요.

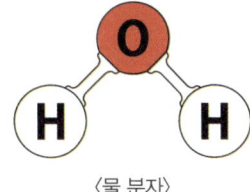
⟨물 분자⟩

− 원소: 원자의 이름이에요.
예시) 산소(O), 수소(H), 탄소(C), 질소(N), 금(Au) 등

생활 속 예시

원자
- 연필심: 공부할 때 쓰는 연필심 속에는 탄소 원자(C)가 있어요.
- 공기: 우리가 숨 쉬는 공기에는 산소 원자(O)가 있어요. 숨을 쉬면 산소 원자가 우리 몸속으로 들어와요.

분자
- 물(H_2O): 물은 수소 원자(H) 2개와 산소 원자(O) 1개가 손을 잡고 있어요.
- 산소(O_2): 산소는 숨을 쉴 때 필요한 기체예요. 산소 원자(O) 2개가 손을 잡고 있어요.
- 이산화탄소(CO_2): 이산화탄소는 숨을 내쉴 때 나오는 기체예요. 탄소 원자(C) 1개와 산소 원자(O) 2개가 손을 잡고 있어요.

원소 이름표 (원소 주기율표)

원소 이름	기호	생활 속 예시
수소	H	물(H_2O), 수소 전기차
산소	O	숨 쉬는 공기
탄소	C	연필심, 이산화탄소(CO_2)
질소	N	봉지 과자 포장
헬륨	He	목소리 변조 가스, 하늘로 날아가는 풍선
나트륨	Na	소금
마그네슘	Mg	비타민, 불꽃놀이
칼슘	Ca	뼈
철	Fe	못
금	Au	반지, 목걸이
은	Ag	숟가락, 장신구

이렇게 도와주세요

- 아이에게 '원자', '분자', '원소'라는 용어는 어려울 수 있습니다. '아주 작은 알갱이', '아주 작은 알갱이들이 손잡고 있는 것', '알갱이의 이름'처럼 쉬운 말로 설명해 주세요.
- 원자를 이어 주는 화학결합의 형태는 원자의 '손잡이'로 설명하거나, 저학년의 경우에는 설명하지 않아도 괜찮습니다. 화학결합의 형태보다 원자와 분자의 구조에 초점을 맞추어 주세요.

 **실험하기**

색깔 초콜릿으로 분자 구조 만들기

색깔 초콜릿을 활용하여 원자와 분자의 기본 개념을 탐구해 보세요. 각각의 초콜릿은 특정 원소를 나타내요. 초콜릿을 배치하고 다양한 색으로 조합하여 원자와 분자를 표현하면서 물질의 기본 구조를 창의적으로 이해할 수 있어요.

준비물: 색깔 초콜릿 또는 사탕(M&Ms, 스키틀즈 등), 스파게티 면, 접시

이렇게 도와주세요

- [생활 속 예시]에 나온 분자 구조를 참고하거나, 인터넷으로 다양한 분자 구조를 조사해서 참고해 만들어 보도록 도와주세요. 인터넷으로 조사할 때는 '과산화수소 분자 모형' 등으로 검색하면 됩니다.
- 아이와 함께 색별로 원소 이름을 정해 보세요.

01 초콜릿을 색별로 분리하고 각 색의 원소 이름을 정해 보세요.

02 원자의 연결선을 만들기 위해 스파게티 면을 적당한 크기로 자르세요.

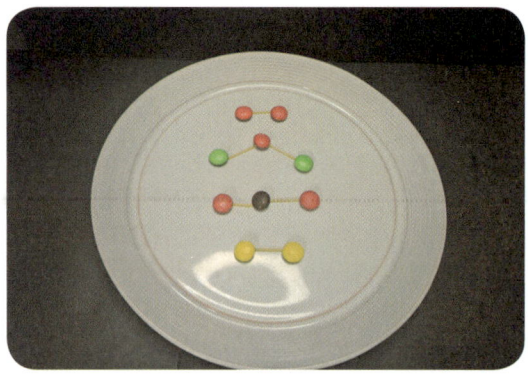

03 다양한 분자 구조의 형태를 만들어 보세요.

※ 인터넷에 다양한 분자 구조를 검색해서 참고해 만들어 보세요.
– 과산화수소(H_2O_2): 상처를 소독하는 약으로 쓰여요.
– 암모니아(NH_3): 가정용 세제에 쓰여요.
– 질소(N_2): 우리가 먹는 봉지 과자가 부서지거나 변질되지 않도록 봉지를 채우는 데 쓰여요.
– 탄산(H_2CO_3): 콜라와 사이다 같은 탄산음료의 기포예요.

정리하기

관찰 및 분석하기

01 초콜릿의 색별로 정한 원소의 이름을 기호와 함께 적어 보세요.
예시) 빨간색– 산소(O)

02 초콜릿으로 만든 물(H_2O)과 이산화탄소(CO_2) 분자의 구조를 설명해 보세요.

03 다음 분자에 각각 몇 개의 원자가 들어 있는지 적어 보세요.
- 이산화탄소:
- 오존:
- 과산화수소:
- 탄산:
- 질소:
- 암모니아:

04 제자리에서 혼자 5바퀴를 돌아 보세요. 그런 다음 가족과 손을 잡고 5바퀴를 돌아 보세요. 그리고 '원자'와 '분자'라는 단어를 사용해서 방금 한 행동을 설명해 보세요.

05 원자, 분자, 원소의 뜻과 그 예시를 적어 보세요.

- 원자
뜻:
예시:

- 분자
뜻:
예시:

- 원소
뜻:
예시:

상상하기

01 만약 원자들의 크기가 지금보다 훨씬 크게 보인다면 어떻게 될까요?
(예를 들어, 지금은 공기 중의 산소가 눈에 보이지 않아요.)

02 원자와 분자를 초콜릿 대신 다른 재료로 만들어 본다면 어떤 것을 사용하고 싶은가요? 그 이유는 무엇인가요?

03 먼 미래에 우주여행을 떠났습니다. 그런데 우주에 도착하고 난 뒤, 물을 가져오지 않았다는 것을 깨달았어요. 우주선에는 다음과 같은 분자가 있습니다. 어떤 방법으로 물을 만들 수 있을까요?
(분자를 분리하거나, 화학반응을 일으키거나, 원자를 분자로 결합할 수 있는 모든 장비는 갖추어져 있습니다.)

> 수소(H_2), 산소(O_2), 질소(N_2), 이산화탄소(CO_2)

> **이렇게도 해 보세요!**

초콜릿으로 나만의 분자 만들기

색깔 초콜릿 원소로 나만의 분자를 만들어 보세요. 그리고 만든 분자를 인터넷에 검색하여 실제로 존재하는 분자인지 확인해 보세요. 내가 임의로 만든 분자가 실제로 있는 분자일 수도 있어요. 실제 이름과 상관없이 새롭게 이름을 만드는 활동을 해 보세요.

예시) 분자: H_3O
　　　실제 이름: 하이드로늄 이온
　　　내가 만든 이름: 다수소물
　　　(H_3O^+가 하이드로늄 이온입니다. 양이온, 음이온 개념은 여기서 다루지 않습니다.)

사용한 원소	내가 만든 분자	내가 지은 이름
예시) 수소(H), 산소(O), 질소(N)	$H_2\ O_2\ N_3$	수산질소

8 혼합물의 분리
: 소금물과 잉크 속 물질 분리하기

난이도 ★★☆☆

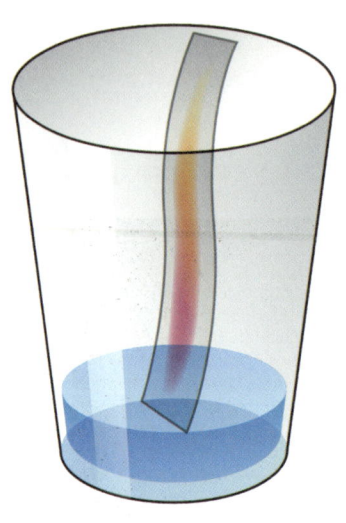

영역
화학

과학적 개념
물질의 구성

과학적 원리
혼합물, 증발, 여과, 크로마토그래피

 과학 원리 탐구하기

혼합물

혼합물은 두 가지 이상의 물질이 섞여 있는 물질이에요.
예시) 소금 + 물 = 소금물(혼합물)

물질의 분리 원리

- **증발**: 물과 같은 액체가 공기 중으로 사라지고, 딱딱한 소금과 같은 고체만 남는 현상이에요.
- **여과**: 액체와 고체가 섞인 혼합물에서 고체를 빼고 액체만 통과시키는 방법이에요.
- **크로마토그래피**: 각 물질이 이동하는 속도의 차이를 이용하여 혼합물을 분리하는 방법이에요.

생활 속 예시

증발: 염전

염전은 소금을 얻기 위해 바닷물을 들여서 논처럼 만든 곳이에요. 바닷물을 염전에 부어 놓고 기다리면, 물은 햇빛에 의해 공기 중으로 천천히 사라지고 바닥에는 소금이 남아요. 물은 가벼워서 공기 중으로 쉽게 올라가지만, 소금은 무거워서 바닥에 남아 있는 것이랍니다.

여과: 커피

어른들이 거름종이에 커피를 내리는 모습을 본 적이 있나요? 커피 가루에 물을 부으면 고체인 커피 가루는 거름종이 위에 남고, 물과 같은 액체만 아래로 떨어져요.

크로마토그래피: 환경 오염 조사

강이나 호수에서 물을 검사할 때, 물에 섞여 있던 오염 물질은 크로마토그래피 기법을 통해 분리할 수 있어요. 오염된 물에 포함된 다양한 물질들은 서로 다른 속도로 이동하기 때문이에요.

이렇게 도와주세요

- 아이가 '증발', '여과'라는 용어를 어렵게 느낀다면 증발은 '물이 없어지는 것', 여과는 '물만 빠져나오는 것'처럼 쉬운 말로 설명해 주세요.
- 실험을 마친 후 아이와 함께 결과에 대해 이야기해 보세요. 접시에 소금이 어떻게 다시 나타났는지, 종이에 어떤 색이 나왔는지 등 아이가 발견한 점을 자연스럽게 질문하며 대화를 나누는 것이 중요합니다.

 **실험하기**

실험 1 - 소금물 증발 실험

물과 소금이 분리되는 과정을 확인할 수 있는 실험이에요. 물과 소금을 섞어 소금물을 만든 뒤, 접시에 부어 햇빛이 잘 들거나 건조한 곳에 놓아두세요. 시간이 지나면 물이 증발하고 접시 바닥에 소금이 남는 것을 관찰할 수 있어요.

준비물: 물, 접시, 소금, 티스푼

이렇게 도와주세요

- 소금물을 만들 때는 컵이 깨지지 않도록 조심해서 살살 저어 주세요.
- 접시에 소금물을 부을 때는 바닥을 살짝 덮을 정도의 양만 부어 주세요.
- 햇빛에 증발시키는 대신, 프라이팬에 소금물을 얇게 펼쳐 가열해도 됩니다. 이때 아이가 화상을 입지 않도록 주의시켜 주세요.

01 컵에 물 200mL와 소금 세 티스푼을 넣은 뒤 잘 저어 녹이세요.

02 접시에 소금물이 바닥을 살짝 덮을 정도로 부으세요.

03 햇빛이 잘 드는 곳이나 건조한 곳에 접시를 두고 2~3일간 관찰해 소금이 생기는지 확인해 보세요.

실험 II – 크로마토그래피 실험

거름종이에 수성펜으로 점을 찍어 보세요. 그런 다음, 거름종이의 아랫부분을 물에 닿게 고정하고 잉크가 움직이는 모습을 관찰해 보세요. 잉크가 분리되는 과정을 통해 다양한 색이 섞여 있다는 것을 알 수 있어요. 물과 잘 섞이는 색은 빠르게 이동하고, 그렇지 않은 색은 천천히 이동해요.

준비물: 나무젓가락, 수성펜, 거름종이 또는 커피 필터, 투명한 컵, 물

이렇게 도와주세요

- 거름종이나 커피 필터는 실험에 사용할 수 있도록 긴 직사각형 모양으로 잘라 주세요.
- 스마트폰의 타임랩스(하이퍼랩스) 기능으로 잉크가 분리되는 과정을 촬영한 뒤 결과를 확인해 보세요.

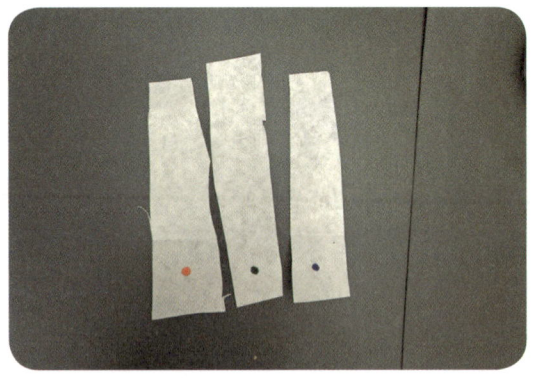

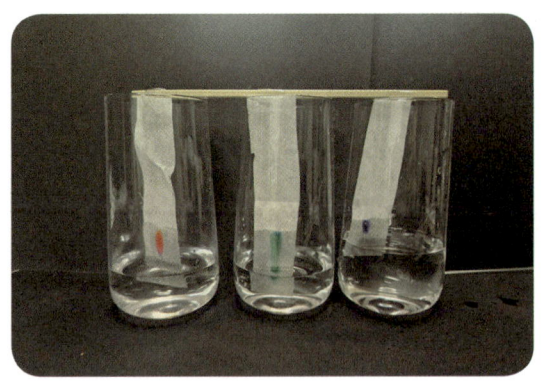

01 거름종이에 수성펜으로 점을 2~3번 찍으세요. 한 번 점을 찍은 뒤 30초 정도 마르기를 기다렸다가 같은 자리에 다시 찍어 진하게 표현해 주세요. 이때 하나의 거름종이에는 한 가지 색깔만 찍으세요.

02 물이 담긴 컵에 거름종이의 아랫부분이 살짝 젖도록 넣으세요.

※ 나무젓가락을 살짝 벌려 종이를 고정한 다음 컵 입구에 걸어 두면 편리해요.

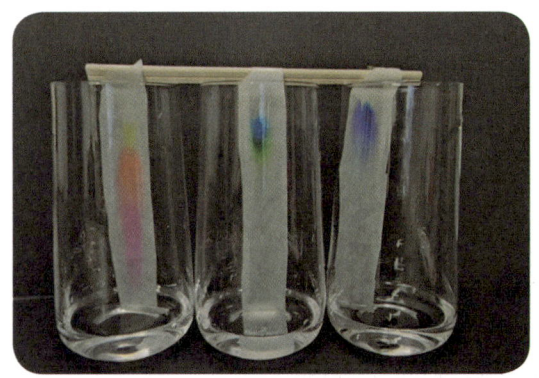

03 시간을 두고 잉크가 분리되는 모습을 관찰해 보세요. 스마트폰의 타임랩스 기능으로 촬영한 뒤 확인해 봐도 좋아요.

정리하기

관찰 및 분석하기

01 [실험 Ⅰ] 시간이 지난 뒤 접시에는 어떤 변화가 있었나요?

02 [실험 Ⅰ] 소금과 물을 분리할 수 있는 이유를 '혼합물', '증발'이라는 단어를 사용해서 설명해 보세요.

03 [실험 Ⅱ] 물이 종이를 따라 올라가는 동안, 잉크의 색은 어떻게 변했나요?

04 [실험 Ⅱ] 잉크의 색이 분리되는 현상을 '혼합물', '속도'라는 단어를 사용해서 설명해 보세요.

상상하기

01 [실험 I] 만약 소금물이 아닌 설탕물을 증발시킨다면, 접시 위에 남는 것은 무엇일까요?

02 [실험 I] 소금물을 자연 증발시킬 때, 더 빨리 증발시키는 방법은 무엇이 있을까요?

03 [실험 II] 만약 거름종이가 아니라 A4용지나 도화지로 실험하면 잉크의 색이 분리될 수 있을까요? 왜 그럴까요?

04 [실험 II] 크로마토그래피가 실제로 사용되는 사례를 조사해서 적어 보세요.

이렇게도 해 보세요!

소금의 결정화 알아보기

소금물이 증발해 소금이 나타날 때 규칙적인 모양(결정)을 이루는 것과 같은 과정을 '결정화'라고 합니다. 자연 증발과 프라이팬 가열, 두 가지 방법으로 소금물을 증발시킨 뒤 소금의 결정화를 관찰해 보세요. 만들어진 소금 결정의 모양을 글이나 그림으로 기록한 후 비교해 보세요.

	자연 증발	프라이팬 가열
소금 결정의 모양		

색깔 초콜릿으로 크로마토그래피 미술 작품 만들기

다음 사진처럼 색깔 초콜릿을 접시 가장자리에 배치한 뒤, 따뜻한 물을 접시 바닥에 깔릴 정도로 부어 보세요. 다양한 색이 나타나는 멋진 미술 작품을 만들 수 있습니다. 가족과 함께 누가 더 멋진 작품을 만드는지 시합해 보세요.

준비물: 색깔 초콜릿 또는 사탕(M&Ms, 스키틀즈 등), 따뜻한 물, 접시

이렇게 도와주세요

- 물을 부을 때는 초콜릿이 움직이지 않도록 접시의 가운데에서부터 살짝 부어 주세요.

9 열의 방출과 흡수
: 손난로 만들기

난이도 ★★★★☆

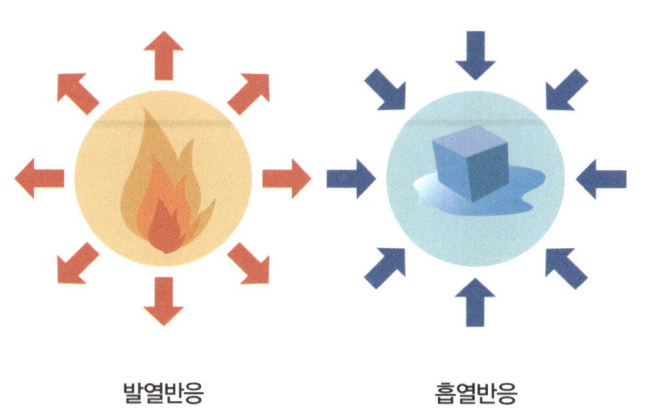

발열반응   흡열반응

영역
화학

과학적 개념
물질의 변화

과학적 원리
화학반응, 에너지 변화

 과학 원리 탐구하기

발열반응

발열반응은 화학반응이 일어날 때, 에너지가 열의 형태로 물질의 주변으로 방출되는 과정이에요. 이 반응이 일어나면 주변의 온도가 높아져서 따뜻해져요. 예를 들어, 겨울철에 손난로를 사용하면 손난로 안에 있는 철가루가 공기 중의 산소와 만나 반응하면서 열을 내요. 촛불이 탈 때도 초 안의 물질이 산소와 반응하면서 열이 나와 우리가 따뜻함을 느낄 수 있어요.

이처럼 발열반응은 에너지를 방출하기 때문에 주변의 온도를 높이는 특징이 있어요. 발열반응은 불꽃놀이처럼 빠르게 에너지를 방출하기도 하고, 손난로처럼 천천히 열을 내며 실생활에서 유용하게 쓰이기도 해요.

흡열반응

흡열반응은 화학반응이 일어날 때 물질이 주변의 열에너지를 흡수하는 과정이에요. 이 반응이 일어나면 물질이 열을 빨아들여 주변이 차가워져요. 대표적인 예로 냉찜질 팩을 들 수 있어요. 냉찜질 팩 속의 화학 물질이 물에 녹아 반응하며 주변에서 열을 빼앗아 가기 때문에 팩 안에 들어 있는 물이 차가워지고, 팩을 피부에 대면 시원하게 느껴지지요. 얼음이 녹는 것도 흡열반응의 한 가지 예시예요. 얼음은 녹으면서 주변의 열을 흡수해 물로 변하기 때문에 얼음이 있는 곳이 차가워지는 것을 느낄 수 있어요. 흡열반응은 더운 여름날 음료를 차갑게 유지하거나 몸의 통증을 완화하는 등 생활 속에서 실용적으로 활용돼요.

이렇게 도와주세요

- 발열반응과 흡열반응을 설명할 때는 아이가 이해하기 쉽도록 일상적인 예시를 들어 주세요. 예를 들어, 발열반응은 '촛불이 탈 때 화학반응으로 열이 방출되어 주변이 따뜻해지는 것'이라고 설명해 주세요. 흡열반응은 '얼음이 녹기 위해 주변의 열을 흡수해 주변이 차가워지는 것'이라고 설명해 주세요.
- 아이가 직접 그림을 그리며 화학반응의 과정을 시각적으로 표현해 보도록 도와주세요. 예를 들어, 발열반응에서는 물질 바깥쪽을 향하는 화살표로 열이 방출되는 모습을, 흡열반응에서는 물질 안쪽을 향하는 화살표로 열이 흡수되는 모습을 그리도록 도와주세요.

 실험하기

손난로를 만들어 발열반응 관찰하기

손난로를 만들어서 발열반응을 직접 관찰하고, 화학반응에 따른 열 변화를 탐구하는 실험이에요.

준비물: 종이컵, 부직포 봉투, 일회용 숟가락, 스테이플러, 숯가루, 소금, 질석, 철가루

이렇게 도와주세요

- 실험 중 철가루 등의 가루 재료가 날리거나 가루에 물이 튀지 않도록 주의하고, 실험 후 반드시 손을 깨끗이 씻도록 지도해 주세요.
- 발열반응이 일어나면 부직포 봉투가 뜨거워질 수 있으므로 피부에 너무 오래 닿지 않도록 주의시켜 주세요. 실험 후 열이 얼마나 나는지 손으로 가볍게 만져 보고, 너무 뜨겁다면 바로 놓도록 알려 주세요.
- 실험에서 각 재료들이 일으키는 화학반응을 간단히 설명해 주세요. 철은 공기 중의 산소와 만나면서 산화철이 되어 녹이 습니다. 이때 화학반응을 일으켜 열을 방출하는 발열반응을 관찰할 수 있습니다. 숯가루는 반응속도를 조절해 열이 한꺼번에 발생하지 않도록 하고, 소금은 반응을 촉진하여 열이 더 잘 발생하도록 합니다. 질석은 발생한 열이 오래 지속되도록 합니다.

01 종이컵에 철가루, 소금, 숯가루를 한 숟가락씩 넣으세요.

02 종이컵에 질석을 두 숟가락 넣고 섞으세요.

03 종이컵 안의 재료를 모두 부직포 봉투에 넣으세요.

04 부직포 봉투 안에 물을 한 숟가락 넣고, 입구를 두 번 접어 스테이플러로 밀봉하세요.

05 봉투를 살짝 흔들어 섞은 뒤 발열반응을 느껴 보세요.

정리하기

관찰 및 분석하기

01 부직포 봉투가 따뜻해진 이유는 무엇인가요?

02 질석과 숯가루, 소금은 각각 어떤 역할을 했나요?

03 냉찜질 팩과 손난로는 각각 어떤 원리를 이용하나요?

04 일상에서 발열반응과 흡열반응을 활용하는 사례를 적어 보세요.
- 발열반응:
- 흡열반응:

05 흡열반응과 발열반응의 차이점은 무엇인가요?

상상하기

01 발열반응을 이용해 스스로 따뜻해지는 의자를 만든다면, 어떻게 사용하면 좋을까요?

02 흡열반응을 이용한 아이스크림 스푼이 있다면, 어떤 점이 편리할까요?

03 열과 화학반응의 원리를 이용해 집을 따뜻하게 하거나 시원하게 하는 방법을 구상해 보세요.

04 발열반응을 이용해 생활에 유용한 장치를 구상해 보세요.

05 흡열반응을 이용해 생활에 유용한 장치를 구상해 보세요.

이렇게도 해 보세요!

흡열반응으로 슬러시 만들기

얼음의 흡열반응을 활용해 주스로 슬러시를 만들어 보세요. 원래 물은 0도에서 얼음이 되고, 0도보다 낮아지면 더 단단하게 얼어요. 하지만 얼음에 소금을 섞으면 소금이 얼음과 만나 녹으면서 주변의 열을 빼앗아가기 때문에 물이 0도보다 더 낮은 온도에서 얼어요. 이때 주스를 지퍼백에 넣고 소금 얼음 속에서 흔들면, 주스가 천천히 얼면서 슬러시처럼 변한답니다.

준비물: 소금, 얼음, 플라스틱 반찬통, 주스 또는 우유, 지퍼백

01 플라스틱 반찬통에 얼음을 2/3 정도 채우세요.

※ 온도계가 있다면 얼음의 온도를 재서 기록해 보세요.

02 얼음 위에 소금을 뿌려 섞으세요.

※ 온도계가 있다면 소금을 뿌린 얼음의 온도를 재서 기록해 보세요.

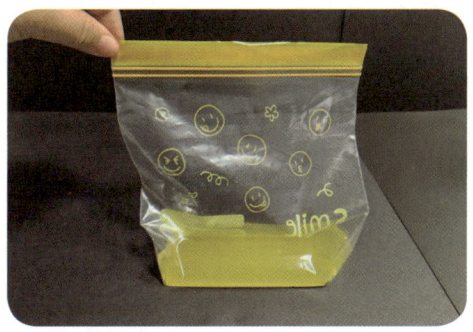

03 지퍼백에 주스를 넣고 공기를 최대한 뺀 후 밀봉하세요.

04 주스가 든 지퍼백을 얼음과 소금이 든 반찬통 안에 넣고 뚜껑을 닫으세요.

05 반찬통을 5~10분간 가볍게 흔든 뒤, 지퍼백을 꺼내 주스의 변화를 관찰해 보세요.

01 소금을 넣기 전과 넣은 후의 얼음의 온도는 어떻게 달라졌나요?

02 주스는 어떻게 되었나요?

10 산과 염기
: 천연 지시약으로 산과 염기 구별하기

난이도 ★★★★☆

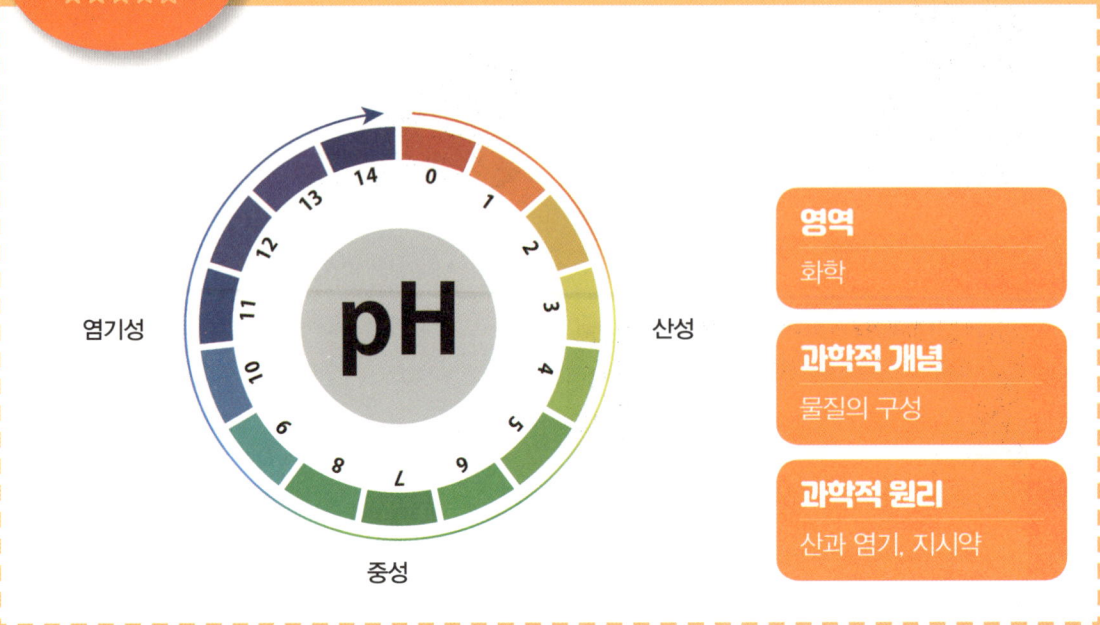

영역
화학

과학적 개념
물질의 구성

과학적 원리
산과 염기, 지시약

 **과학 원리 탐구하기**

산과 염기

산과 염기는 우리 주변에서 흔히 볼 수 있는 물질의 종류로, 물에 녹으면 서로 다른 성질을 나타내요. 산은 물에 녹으면 수소 이온(H^+)을 많이 만들어 신맛이 나고, 금속과 반응하여 기체를 생성해요. 식초나 레몬즙이 대표적인 산성 물질이에요. 반면, 염기는 물에 녹으면 수산화 이온(OH^-)을 많이 만들어 쓴맛이 나고, 만지면 미끈거려요. 베이킹 소다나 비누가 대표적인 염기성 물질이에요.

이러한 성질은 물질을 물에 녹인 용액의 pH 값에 따라 달라져요. pH는 물질의 산성 또는 염기성을 숫자로 나타낸 값이에요. 7보다 작으면 산성, 7보다 크면 염기성, 정확히 7이면 중성을 나타내요.

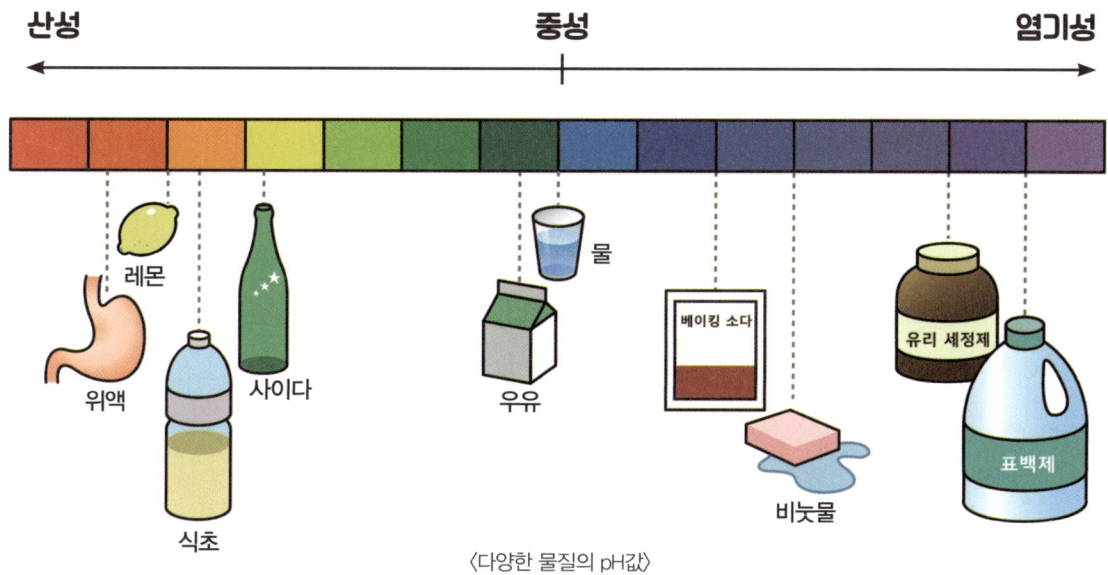
〈다양한 물질의 pH값〉

지시약의 작용 원리

지시약은 물질의 산성과 염기성을 구별하는 데 사용하는 도구예요. 용액에 지시약을 넣으면, 용액의 pH 값에 따라 색이 변해요.

천연 재료인 붉은 양배추에는 '안토시아닌'이라는 색소가 들어 있는데, 이 색소는 산성이나 염기성 물질을 만나면 특정한 색으로 변해요. 그래서 붉은 양배추 지시약을 사용하면 용액 속 물질의 성질을 확인할 수 있어요. 붉은 양배추 지시약은 산성 용액에서는 붉은색, 염기성 용액에서는 초록색이나 노란색, 중성 용액에서는 보라색으로 변해요.

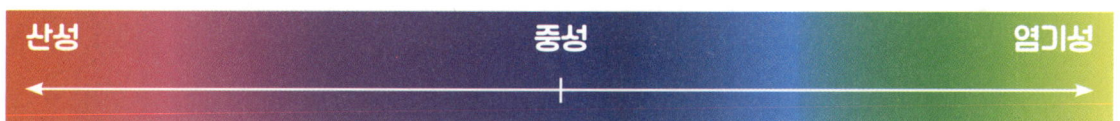
〈붉은 양배추 지시약에 의한 산성과 염기성 용액의 색 변화〉

생활 속 예시

식초와 베이킹 소다의 놀라운 힘

식초는 산성 물질로, 음식에 신맛을 더하거나 청소할 때 기름때를 제거하는 데 사용돼요. 또한 생선을 손질한 도마는 식초로 닦으면 비린내를 제거할 수 있어요. 생선의 비린내는 염기성이어서, 산성인 식초를 뿌리면 중화되기 때문이지요.

베이킹 소다는 염기성 물질로, 냄새를 없애거나 빵을 부풀게 하는 데 도움을 줘요. 또한 베이킹 소다를 물에 풀어서 설거지하면 그릇의 기름때를 제거하는 데도 유용해요. 이처럼 우리는 산과 염기의 성질을 이용해 생활 속 다양한 문제를 해결할 수 있답니다.

토양의 산도와 농작물

식물이 잘 자라려면 토양의 pH가 알맞아야 해요. 토양의 산성이나 염기성이 너무 강하면 식물이 필요로 하는 영양분을 흡수하기 어려워져 성장이 느려져요. 그래서 농부들은 토양의 pH를 조절해 작물이 건강하게 자라도록 돕는답니다.

이렇게 도와주세요

- 산성 물질과 염기성 물질의 특징을 알려줄 때, 주변에서 쉽게 찾을 수 있는 재료(예) 산성: 레몬, 염기성: 비누를 이용해 각각의 성질을 직접 보여 주세요.
- "어떤 물질이 산성인지, 염기성인지 우리가 어떻게 알 수 있을까?"와 같은 질문으로 아이들의 호기심을 유도해 보세요.

 **실험하기**

천연 지시약으로 산과 염기 구별하기

붉은 양배추를 사용해 천연 지시약을 만들어 산성과 염기성을 구별하는 실험이에요. 붉은 양배추 지시약은 산성 용액에서 붉은색으로, 염기성 용액에서 노란색이나 초록색으로 변해요.

준비물: 붉은 양배추 잎 3~4장, 투명한 컵 6개, 물, 식초, 비눗물, 베이킹 소다 용액, 레몬즙, 거름망, 가위, 냄비
※ 베이킹 소다 용액은 물 50mL에 베이킹 소다 3작은술 정도의 비율로 만드세요.

이렇게 도와주세요

- 붉은 양배추를 뜨거운 물에 넣을 때 아이가 안전하게 작업하도록 도와주세요.
- 각 용액에 지시약을 넣을 때 색이 변하는 이유를 간단히 설명하고, pH와 색 변화의 관계를 아이와 이야기해 보세요.
- 책에 나온 것 외의 용액으로 실험해 보아도 좋습니다.

01 붉은 양배추 잎 3~4장을 가위로 잘라 물에 넣고 끓이세요.

02 거름망을 이용해 액체만 걸러내어 붉은 양배추 지시약을 만드세요.

03 5개의 컵에 각각 식초, 레몬즙, 베이킹 소다 용액, 비눗물, 물을 넣으세요.

04 각각의 컵에 붉은 양배추 지시약을 넣으세요.

05 각 용액의 색이 어떻게 변하는지 관찰해 보세요.

정리하기

관찰 및 분석하기

01 붉은 양배추를 사용해 만든 지시약은 어떤 색인가요?

02 붉은 양배추 지시약을 식초에 넣었을 때와 베이킹 소다 용액에 넣었을 때, 지시약의 색은 각각 어떻게 변했나요?

03 산성 용액과 염기성 용액은 각각 어떤 특징이 있나요?

04 우리가 일상에서 자주 사용하는 산성 물질과 염기성 물질의 사례를 적어 보세요.

05 붉은 양배추 지시약으로 용액의 산과 염기를 구별하는 방법을 정리해 보세요.

상상하기

01 만약 붉은 양배추 지시약으로 옷을 만든다면, 그 옷은 어떤 특징을 가질까요?

02 산과 염기의 성질을 이용해 환경을 보호하는 방법은 무엇이 있을까요?

03 붉은 양배추 지시약에 적셔서 말린 종이에 그림을 그린다면, 어떤 용액으로 무엇을 그리고 싶은가요?

04 산성비가 내리는 것을 알려줄 수 있는 신기한 우산을 상상해 보세요. 우산을 어떻게 만들지, 만든 우산은 어떻게 활용할지 생각해 보세요.

이렇게도 해 보세요!

산과 염기를 활용한 비밀 편지 쓰기

레몬즙과 비눗물을 이용해 비밀 편지를 쓰고, 붉은 양배추 지시약으로 내용을 확인해 보세요.

준비물: 붉은 양배추 지시약, 비눗물, 레몬즙, 붓 또는 면봉 2개, 흰 종이

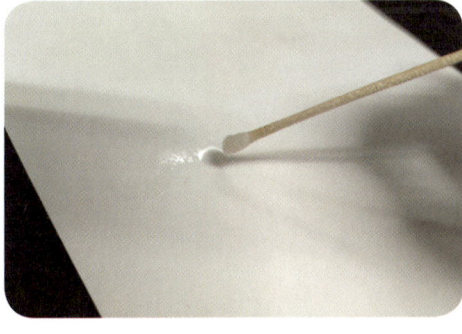

01 붓이나 면봉 2개에 레몬즙과 비눗물을 각각 묻힌 다음 편지를 쓰세요. 레몬즙으로 쓴 부분과 비눗물로 쓴 부분이 겹치지 않도록 여백을 잘 찾아 쓰세요.

02 편지의 용액을 말리세요.

03 마른 편지에 붉은 양배추 지시약을 발라 두 편지의 내용을 확인해 보세요.

01 레몬즙으로 쓴 편지의 글자 색깔은 어떻게 나타났나요?

02 비눗물로 쓴 편지의 글자 색깔은 어떻게 나타났나요?

03 레몬즙으로 쓴 편지와 비눗물로 쓴 편지의 글자가 각각 다른 색을 나타낸 이유는 무엇인가요?

11 세포와 유전자
: 딸기의 DNA 추출하기

난이도 ★★★★★

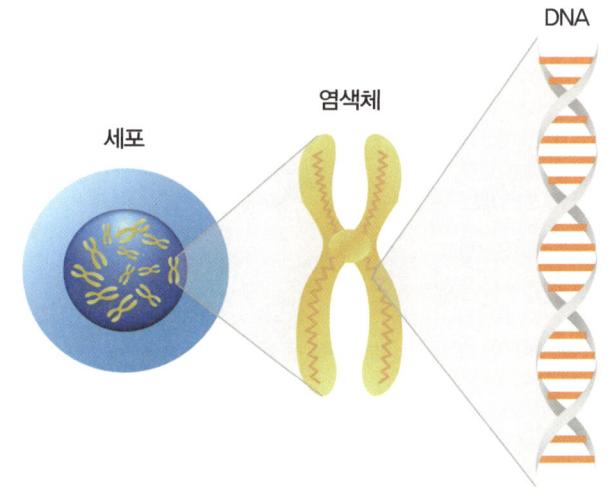

영역
생명과학

과학적 개념
생명

과학적 원리
세포의 구조, 유전자의 역할

 **과학 원리 탐구하기**

세포

세포는 생명체를 이루는 기본 단위로, 우리 몸에서 중요한 역할을 해요. 피부에 상처가 났을 때 새살이 돋는 이유는 세포가 스스로 복제해 새로운 세포를 만들어내기 때문이랍니다.

세포의 각 구조와 기능

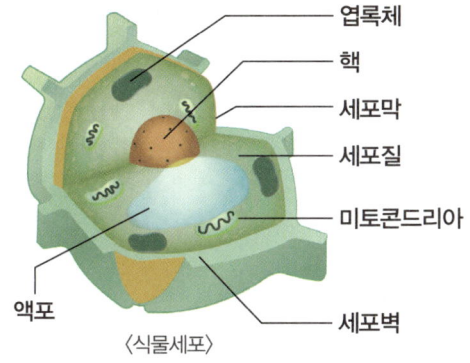
〈식물세포〉

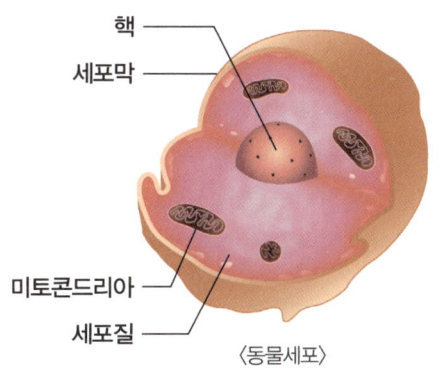
〈동물세포〉

- **핵**: 지휘 본부로서 세포의 활동을 조절하며, 유전 정보를 저장하는 중요한 공간이에요.
- **세포막**: 세포를 보호하고 물질의 출입을 조절해요.
- **세포질**: 세포 내부에서 다양한 화학반응이 일어나도록 도와요.
- **미토콘드리아**: 에너지를 생성해 세포가 활동할 수 있게 해 줘요.
- **엽록체**: 식물 세포에서 광합성을 통해 포도당을 만드는 기관이에요.
- **세포벽**: 식물 세포를 튼튼하게 보호하고 모양을 유지해 주는 단단한 벽이에요.
- **액포**: 식물 세포에서 물과 양분을 저장하고 세포를 빵빵하게 만들어 주는 물주머니예요.

세포의 핵 속에 숨겨진 DNA와 유전자

DNA는 세포의 핵 안에 들어 있는 구조로, 우리 몸의 설계도 같은 역할을 해요. DNA는 '유전자'라는 작은 단위로 구성되어 있는데, 유전자는 우리 몸의 특성을 결정하는 정보를 가지고 있어요. 키, 머리카락 색, 눈동자 색과 같은 특성들이 DNA에 의해 결정돼요. DNA는 두 줄의 긴 사슬이 나선형으로 꼬여 있는 이중나선 구조로 되어 있어요. 모든 생명체의 정보가 이렇게 복잡한 구조에 담겨 있다는 점이 놀랍지 않나요?

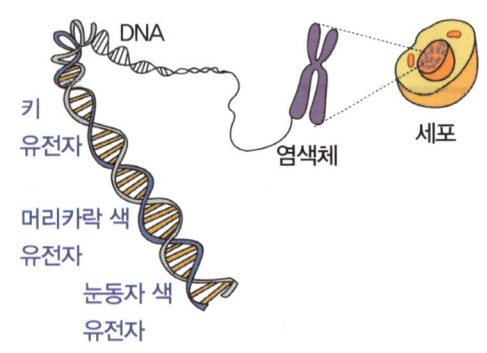

생활 속 예시

유전자를 변형시켜 만든 유전자 변형 농산물(GMO)

농작물이 병에 걸리거나 가뭄 때문에 잘 자라지 못하는 경우가 있어요. 이때 기존의 농작물 속에 다른 생물체의 유전자를 끼워 넣으면 병충해에 강한 쌀, 가뭄을 잘 견디는 옥수수 등 더 튼튼한 농작물을 만들어 이런 문제를 해결할 수 있답니다.

이렇게 도와주세요

- 세포와 DNA 구조를 설명할 때는 그림을 활용하여 시각적으로 이해할 수 있도록 도와주세요. 이때 핵, 세포막, 세포질 등 주요 부분의 역할을 간단히 설명해 주면 더욱 효과적입니다.
- DNA가 우리 몸에서 하는 역할을 설명할 때는 가족 간의 외모를 비교하며 유전에 대해 이야기해 보세요. 예를 들어, "왜 머리카락 모양(곱슬머리, 생머리 등)이 가족끼리 비슷할까?" 같은 질문을 던져 흥미를 유도하면 아이가 더욱 재미있게 배울 수 있습니다.

 **실험하기**

딸기 DNA 추출하기

딸기 속에 들어 있는 DNA를 눈으로 직접 확인할 수 있는 실험이에요. 주방 세제와 소금을 이용해 딸기에서 DNA를 분리해 보세요.

준비물: 에탄올(차갑게 준비), 물, 투명한 플라스틱 컵, 투명한 유리잔 또는 비커, 커피 필터 또는 거즈, 지퍼백, 딸기 2~3개, 소금, 주방 세제, 숟가락

※ 딸기 대신 바나나, 브로콜리를 사용할 수 있어요.

이렇게 도와주세요

- 실험을 진행하면서 각 과정의 이유를 간단히 설명해 주세요. 주방 세제 속 계면활성제는 세포막을 분해해 DNA가 세포 밖으로 나오게 하고, 소금은 DNA가 뭉치게 돕는 역할을 합니다. 에탄올은 물과 잘 섞이지 않아 DNA가 물과 분리되어 뭉치도록 만들어, 우리가 쉽게 관찰할 수 있게 도와줍니다.
- 에탄올을 천천히 부어 층이 생기도록 할 때, DNA 분리의 순간에 집중하도록 아이의 흥미를 끌어 주세요.
- 추출한 DNA를 손가락으로 만지거나 자세히 보면서 "이게 딸기 속에 숨겨진 정보야!"라고 말해 아이의 호기심을 자극해 보세요.

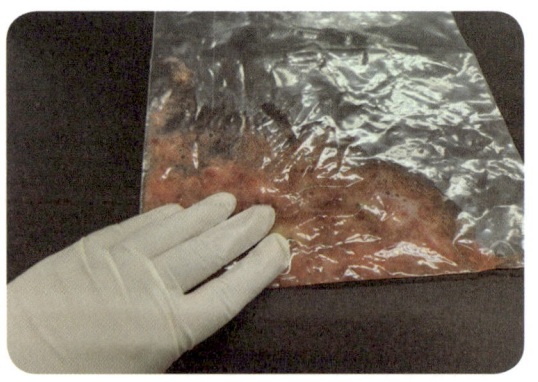

01 딸기를 지퍼백에 넣고 손으로 으깨세요.

02 투명한 유리잔이나 비커에 따뜻한 물 100mL, 소금 1큰술(4g), 주방 세제 1큰술(4mL)을 넣고 섞어 용액을 만드세요.

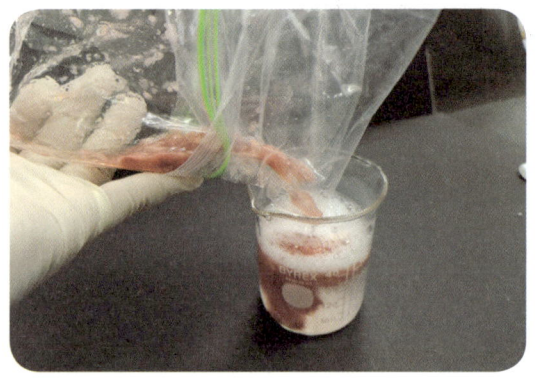

03 용액에 으깬 딸기를 넣고 숟가락으로 잘 섞은 뒤 10분간 기다리세요.

04 투명한 플라스틱 컵에 커피 필터나 거즈를 끼우고, 유리잔의 용액을 부어 액체만 거르세요.

05 거른 액체에 차가운 에탄올을 부으세요. 플라스틱 컵의 벽을 따라 천천히 부어 층이 생기도록 하세요.

※ 책에서는 현상이 잘 보이도록 유리 시험관을 사용했지만, 집에서는 투명한 플라스틱 컵을 사용하면 돼요.

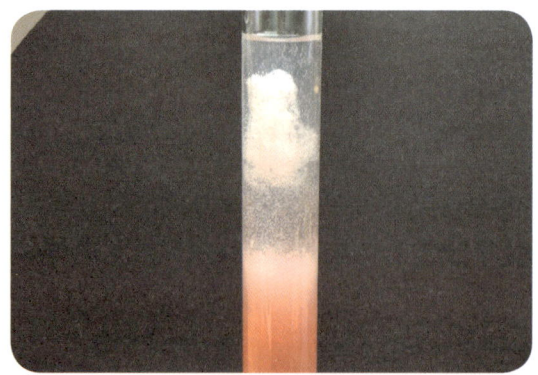

06 추출한 DNA를 관찰해 보세요. 층 사이에 하얗게 보이는 실 모양의 물질이 딸기 DNA랍니다.

정리하기

관찰 및 분석하기

01 딸기에서 DNA를 추출할 때 주방 세제와 소금, 에탄올은 각각 어떤 역할을 하나요?

02 추출한 딸기 DNA는 어떤 모습으로 보였나요? 관찰한 내용을 적어 보세요.

03 우리 몸속에서 DNA는 어떤 역할을 하나요?

04 DNA의 구조와 역할에 대해 설명해 보세요.

상상하기

01 유전자를 마음대로 바꿀 수 있다면 어떤 유전자를 가지고 싶은가요? 그 이유는 무엇인가요?

02 유전자를 마음대로 바꿀 수 있다면 생길 수 있는 긍정적, 부정적 영향에는 어떤 것이 있을까요?

- 긍정적 영향:

- 부정적 영향:

03 식물의 유전자를 바꾸어 더 강한 식물을 만든다면, 어떤 점이 좋을까요?

04 우리 몸의 DNA가 손상되면 어떤 일이 생길까요? 이를 막기 위해 우리는 무엇을 해야 할까요?

05 DNA 정보를 이용해 미래의 건강 문제를 예측할 수 있다면, 우리의 삶은 어떻게 달라질까요?

이렇게도 해 보세요!

클레이로 식물 세포 구조 만들기

클레이(점토)를 이용해 식물 세포의 구조를 만들어 보세요.

준비물: 클레이, 목공풀

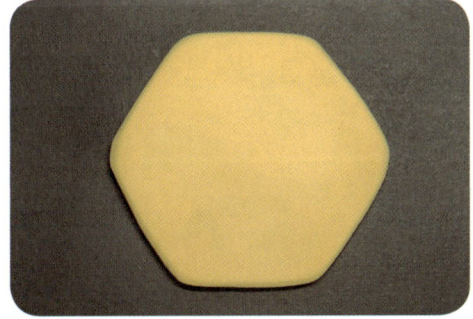

01 세포질이 될 육각형의 밑면을 만드세요.

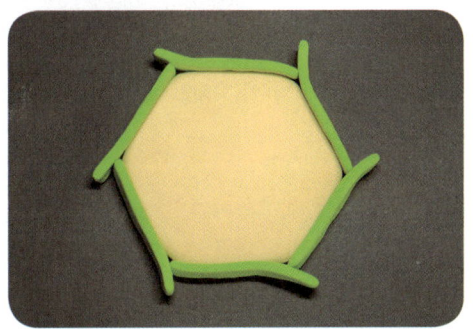

02 세포질을 둘러싼 세포벽을 만드세요.

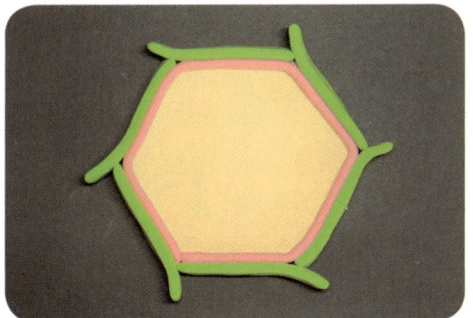

03 세포질과 세포벽 사이에 세포막을 만드세요.

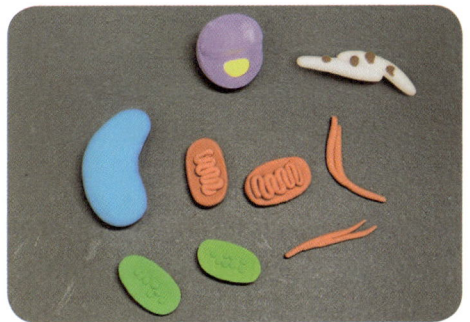

04 핵, 액포, 미토콘드리아, 엽록체, 골지체, 소포체를 만드세요.

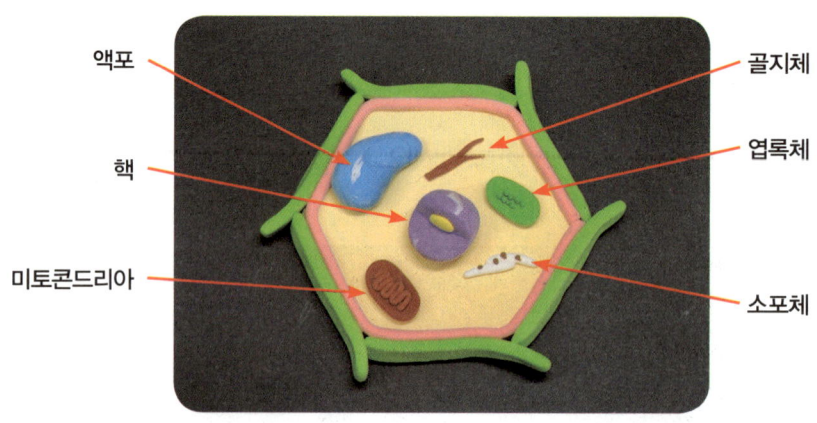

05 만든 세포 구조들을 세포질 위에 목공풀로 붙여 식물 세포를 완성해 보세요.

※ 소포체: 세포 안에서 단백질이나 지방을 만드는 곳이에요.
　골지체: 소포체에서 온 물질을 가공하고 분류하여 세포 내외로 운반하는 곳이에요.

가족과 함께 하는 세포 구조 퀴즈

한 사람이 세포 구조의 역할을 말하고, 다른 사람은 어떤 구조가 그 역할을 하는지 맞히는 퀴즈 게임을 해 보세요.

	퀴즈	정답
예시)	이 구조는 세포를 보호하고 물질의 출입을 조절해요. 무엇일까요?	세포막
1		
2		
3		
4		

12 인체의 소화 과정
: 음식물의 이동 과정 알아보기

난이도 ★★☆☆☆

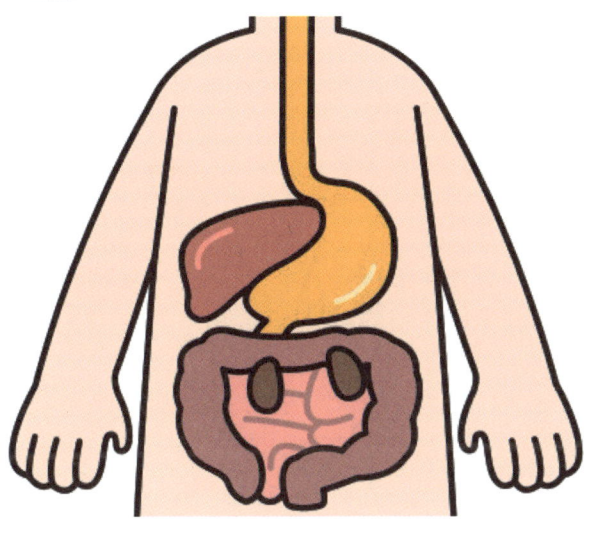

영역
생명과학

과학적 개념
생명

과학적 원리
소화, 영양소 흡수

 과학 원리 탐구하기

소화

소화는 우리가 먹은 음식이 몸속에서 작은 영양소로 분해되어 흡수되는 과정이에요. 이 과정에서 여러 소화기관이 함께 작용하여 음식물을 씹고, 분해하고, 몸에 필요한 영양소로 변환하는 역할을 하지요. 우리 몸속의 소화기관에는 입, 식도, 위, 소장(작은창자), 대장(큰창자)이 있으며 각 기관은 서로 다른 역할을 담당해요.

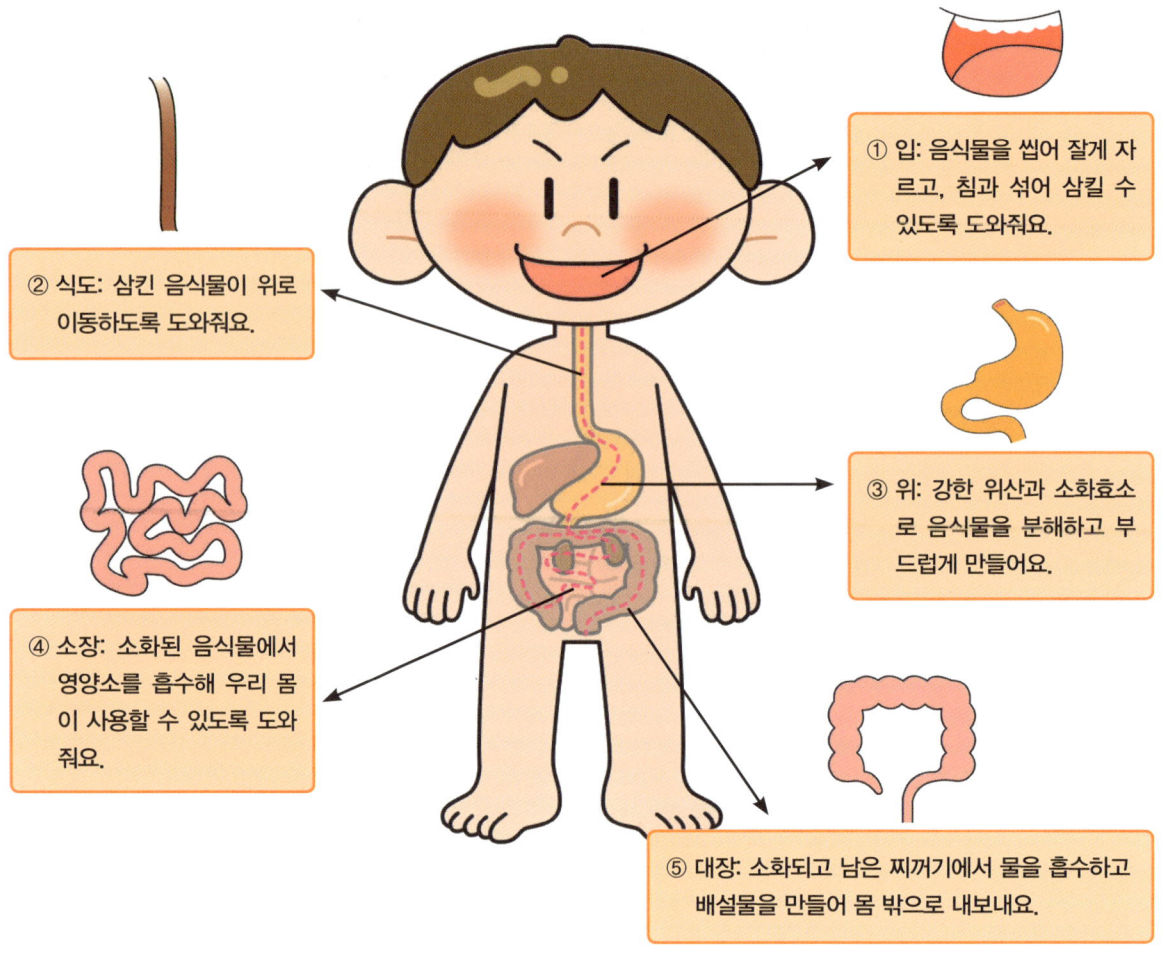

영양소의 분해 과정

음식 속에는 탄수화물, 단백질, 지방 같은 여러 영양소가 있어요. 이 영양소들은 우리 몸에서 바로 사용할 수 없어서, 소화기관에서 작은 조각으로 분해한 후 흡수해야 해요. 영양소는 종류에 따라 서로 다른 분해 과정을 거친 뒤, 소장에서 혈관을 통해 몸 곳곳으로 이동해 우리가 건강하게 성장하고 힘을 낼 수 있도록 도와준답니다.

- **탄수화물의 분해**: 밥, 빵, 국수 같은 음식에는 탄수화물이 많이 들어 있어요. 입에서 침 속의 '아밀레이스'라는 소화효소가 녹말을 분해하기 시작하고, 소장에서 더 작은 포도당으로 변해 혈액을 통해 우리 몸에 에너지를 줘요.
- **단백질의 분해**: 고기, 생선, 달걀 같은 음식은 단백질을 많이 포함해요. 위에서 강한 위산과 '펩신'이라는 소화효소가 단백질을 작은 조각으로 잘라 주고, 소장에서 아미노산으로 변해 몸의 근육과 피부를 만드는 데 사용돼요.
- **지방의 분해**: 버터, 치즈, 식용유처럼 기름진 음식에는 지방이 많아요. 소장에서 쓸개즙이 지방을 작은 방울로 만들고, 췌장에서 만들어진 '라이페이스'라는 소화효소가 지방을 더 작게 쪼개 에너지원으로 사용할 수 있게 해 줘요.

생활 속 예시

음식을 천천히 씹는 것이 왜 중요할까요?

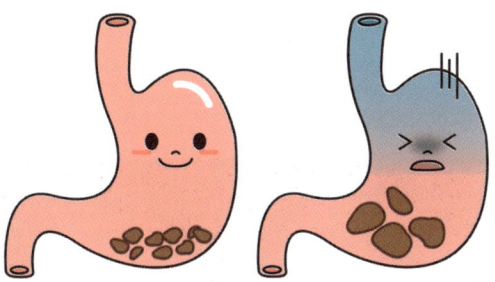

음식을 오래 씹으면 입에서 침과 잘 섞여 부드러워지고, 침 속에 있는 소화효소가 음식 속의 탄수화물을 분해하기 시작해요. 이렇게 하면 위에서 소화하기가 더 쉬워지고, 뱃속이 편안해져요. 만약 음식을 잘 씹지 않고 삼키면, 위에서 음식을 소화하기 위해 더 많은 일을 해야 해서 속이 더부룩해질 수 있어요.

배고프면 왜 꼬르륵 소리가 날까요?

위와 장은 음식이 있을 때뿐만 아니라 음식이 없을 때도 계속 움직이며 음식물을 이동시키는 역할을 해요. 그런데 배가 고플 때는 위 속에 음식이 없어서, 공기와 액체만 움직이며 꼬르륵 소리가 나는 거예요. 이 소리는 몸이 "이제 음식을 먹을 시간이에요!"라고 알려 주는 신호랍니다.

이렇게 도와주세요

- 아이와 함께 음식을 먹을 때, "이 음식은 우리 몸에서 어떻게 변할까?" 같은 질문을 던지며 소화 과정에 대해 자연스럽게 대화해 보세요.
- 입에서 시작해 위, 소장, 대장까지 음식이 이동하는 경로를 손가락으로 따라가며 학습하면 더욱 쉽게 이해할 수 있어요.

 **실험하기**

음식물의 이동과 소화 과정 알아보기

소화기관과 음식물 그림을 이용해 음식물이 몸속에서 어떻게 이동하는지 직접 체험하는 실험이에요.

준비물: 종이 접시, 소화기관 그림, 음식물 그림(부록 383p), 테이프, 풀, 클립, 자석, 아이스크림 막대

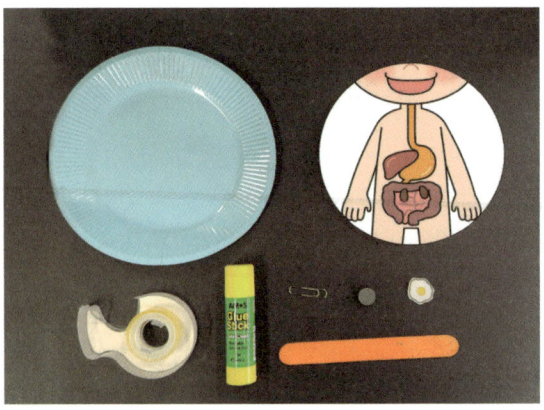

이렇게 도와주세요

- 음식물이 입에서 시작해 식도를 거쳐 위, 소장, 대장까지 가는 과정을 아이스크림 막대와 자석을 이용해 단계별로 이동시키도록 도와주세요.
- "위에서는 음식물이 어떻게 변할까?", "소장에서는 어떤 일이 일어날까?" 같은 질문을 하며 아이가 소화 과정을 스스로 정리할 수 있도록 지도해 주세요.

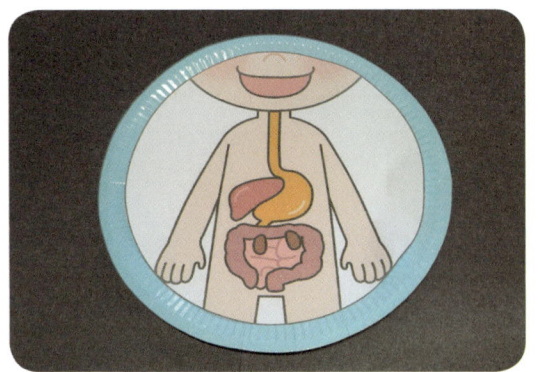

01 종이 접시의 앞면에 소화기관 그림을 잘라 풀로 붙이세요.

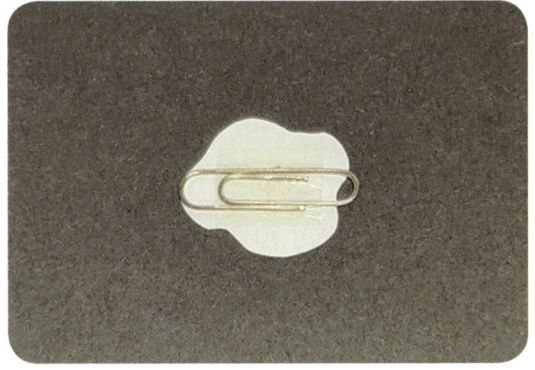

02 음식물 그림의 뒷면에 테이프로 클립을 붙이세요.

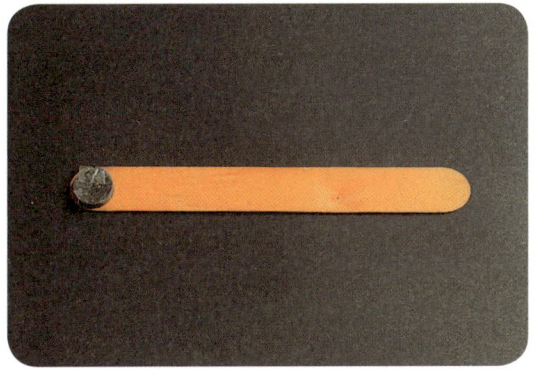

03 아이스크림 막대의 한쪽 끝에 자석을 붙이세요.

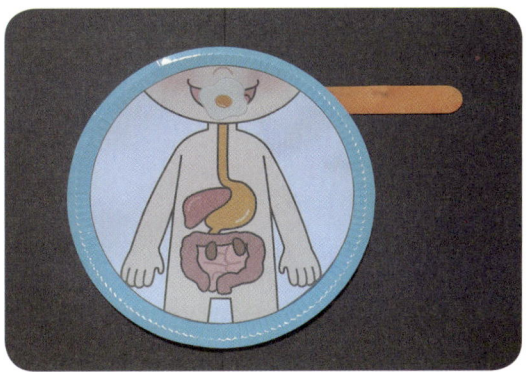

04 종이 접시의 앞면에는 음식물 그림을, 뒷면에는 자석을 붙인 아이스크림 막대를 가져가 음식물 그림이 아이스크림 막대의 자석을 따라 움직이도록 붙이세요.

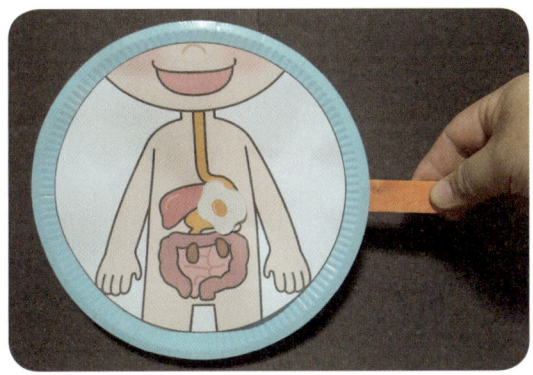

05 소화 과정을 따라 음식물 그림을 이동시켜 보세요.

정리하기

관찰 및 분석하기

01 우리 몸속의 소화기관에는 어떤 것들이 있는지 적어 보세요.

02 소화기관을 지나면서 음식물의 상태는 어떻게 변하나요?

03 소화된 음식물의 영양소는 어떻게 몸속으로 흡수되나요?

04 소화 과정에서 소화효소는 어떤 역할을 하나요?

05 우리가 음식을 먹지 않으면 어떤 일이 일어날까요?

상상하기

01 만약 우리가 음식물을 씹지 않고 그대로 삼킨다면 어떤 문제가 생길까요?

02 만약 우리 몸속의 소화기관이 고장 나면 우리 몸에는 어떤 영향을 줄까요?

03 소화기관이 말을 할 수 있다면, 나에게 어떤 이야기를 들려줄까요?

04 소화기관의 기능을 돕는 새로운 발명품을 상상해 보세요. 위가 제대로 작동하지 않는 사람이나 소장이 제대로 작동하지 않는 사람을 위해 어떤 발명품을 만들면 좋을까요?

이렇게도 해 보세요!

음식물의 몸속 여행 이야기 만들기

음식물이 입에서부터 대장까지 여행하는 과정을 짧은 동화로 만들어 보세요.

01 주인공(음식물)을 정하세요. 예를 들어, '빵 대장', '사과 공주', '국수 용사' 같은 캐릭터를 만들어 보세요.

02 주인공이 입에서부터 출발해 순서대로 소화기관을 지나면서 어떤 일들이 일어나는지 이야기해 보세요. 음식물이 분해되고 영양소로 흡수되는 등 각 기관에서 일어나는 일들을 상상해 재미있게 표현해 보세요.
   예시) "빵돌이는 입에서 침의 마법을 받아 조금 작아졌어요." "위에서는 거품 용사(위산)와 친구들이 빵돌이를 더 작게 만들어 주었어요."

03 친구나 가족 앞에서 직접 이야기하거나, 그림을 그려 이야기책을 만들어 보세요.

13 식물의 성장을 위한 조건
: 조건에 따른 식물의 성장 비교하기

난이도 ★★☆☆☆

영역
생명과학

과학적 개념
생태계

과학적 원리
식물의 성장과 환경 조건

 **과학 원리 탐구하기**

식물의 성장 조건

우리가 건강하게 성장하려면 음식과 물이 필요하듯이, 식물도 잘 자라기 위해 필요한 조건이 있어요. 식물이 잘 자라기 위해서는 햇빛, 물, 적절한 온도가 필요해요.

- **햇빛**: 우리가 밥을 먹고 힘을 내듯, 식물은 햇빛을 이용해 영양분을 만들어요. 이것을 과학적인 용어로 '광합성'이라고 해요.
- **물**: 식물도 사람과 마찬가지로 물이 있어야 잘 자라요. 물은 식물이 튼튼하게 서 있을 수 있도록 도와줘요.
- **온도**: 식물은 적절한 온도에서 가장 잘 자라며, 식물의 종류에 따라 잘 자라는 온도가 달라요. 온도가 너무 높거나 낮으면 식물이 잘 자라지 못해요.

생활 속 예시

날씨와 상관없이 식물을 기를 수 있는 스마트팜

스마트팜은 자연환경에 구애받지 않고 작물을 기를 수 있도록 돕는 첨단 농업 기술이에요. 스마트팜에서는 다양한 기술을 이용해 식물을 위한 최적의 조건을 만들어요. 예를 들면, 햇빛이 부족한 실내에서도 식물이 잘 자랄 수 있도록 LED 조명으로 빛을 공급해 줘요. 또한 온도 조절 시스템을 통해 여름에는 시원하게, 겨울에는 따뜻하게 유지해 사계절 내내 식물이 건강하게 자라도록 하지요. 또한 비가 너무 많이 오거나 가뭄이 들었을 때는 자동 급수 시스템이 작동해 식물이 필요한 만큼의 물을 안정적으로 공급받을 수 있답니다.

 **실험하기**

식물의 성장 조건 알아보기

이 실험에서는 식물이 자라기 위해 필요한 조건(햇빛, 물, 온도)이 식물의 성장에 어떤 영향을 미치는지 직접 관찰할 수 있어요. 같은 종류의 모종을 서로 다른 환경에 두고 비교하면서, 식물이 건강하게 자라기 위해 어떤 조건이 중요한지 알아보세요.

준비물: 같은 종류의 모종 6개, 상자 2개
※ 상자는 택배 상자처럼 외부의 빛을 차단할 수 있는 것으로 준비하세요.
※ 3개의 실험을 위해 모종을 2개씩 3쌍으로 나누어 두세요.

이렇게 도와주세요

- 꾸준한 관찰이 필요한 실험입니다. 매일 관찰일지에 기록하도록 지도해 주세요.
- 3쌍의 모종으로 3개의 실험을 동시에 진행합니다. 각각의 실험에서 같게 할 조건과 다르게 할 조건을 꼭 지킬 수 있도록 지도해 주세요.
- 아이들에게 '햇빛', '물', '온도'라는 개념은 익숙하겠지만, 그것이 식물의 생존과 어떻게 연결되는지를 이해하는 것이 중요합니다. 실험을 통해 직접 배울 수 있도록 준비물과 장소 등을 함께 준비해 주세요.
- 두 개의 모종을 서로 다른 조건에서 키우면서 변화를 관찰하고 아이에게 "식물이 자라려면 무엇이 필요할까?" 같은 질문을 해 보세요.

[실험 1]

01 햇빛이 잘 드는 장소에 모종 2개를 두세요. 모종 하나는 그대로 두고, 다른 하나는 상자를 씌워 두세요.
  • 같게 할 조건: 화분을 두는 장소, 물의 양
  • 다르게 할 조건: 햇빛의 양

	1일차	2일차	3일차
햇빛을 받은 모종			
상자 속 모종			

	4일차	5일차	6일차
햇빛을 받은 모종			
상자 속 모종			

	7일차	8일차	9일차
햇빛을 받은 모종			
상자 속 모종			

02 관찰한 내용을 그림이나 사진, 글로 기록해 보세요.

[실험 2]

01 같은 장소에 모종 2개를 두세요. 모종 하나는 하루에 한 번씩 물을 충분히 주고, 다른 하나는 물을 주지 마세요.
- 같게 할 조건: 화분을 두는 장소, 햇빛의 양
- 다르게 할 조건: 물의 양

	1일차	2일차	3일차
물을 준 모종			
물을 주지 않은 모종			

	4일차	5일차	6일차
물을 준 모종			
물을 주지 않은 모종			

	7일차	8일차	9일차
물을 준 모종			
물을 주지 않은 모종			

02 관찰한 내용을 그림이나 사진, 글로 기록해 보세요.

[실험 3]

01 모종 하나는 상자를 씌워 실온에 두고, 다른 하나는 냉장고에 넣으세요.
- 같게 할 조건: 물의 양, 햇빛의 양
- 다르게 할 조건: 화분을 두는 장소

	1일차	2일차	3일차
실온, 상자 속 모종			
냉장고 속 모종			

	4일차	5일차	6일차
실온, 상자 속 모종			
냉장고 속 모종			

	7일차	8일차	9일차
실온, 상자 속 모종			
냉장고 속 모종			

02 관찰한 내용을 그림이나 사진, 글로 기록해 보세요.

정리하기

관찰 및 분석하기

01 3개의 실험에서 같게 한 조건과 다르게 한 조건을 정리해 보세요.

	같게 한 조건	다르게 한 조건
실험 1		
실험 2		
실험 3		

02 관찰한 결과를 바탕으로 다음 질문에 답해 보세요.

- [실험 1] 햇빛을 받은 모종과 상자 속 모종은 어떤 차이를 보였나요?

- [실험 2] 물을 준 모종과 물을 주지 않은 모종은 어떤 차이를 보였나요?

- [실험 3] 실온의 상자 속 모종과 냉장고 속 모종은 어떤 차이를 보였나요?

03 집 안에서 식물이 가장 잘 자랄 수 있는 곳을 찾고, 이유를 설명해 보세요.

04 식물이 건강하게 자라는 데 필요한 조건을 적어 보세요.

상상하기

01 햇빛이 전혀 들지 않는 지하에서도 식물을 키울 수 있을까요?

02 햇빛 대신 LED 조명을 사용한다면 식물이 잘 자랄 수 있을까요?

03 매우 추운 남극이나 북극에서 식물을 키우려면 어떤 방법을 활용해야 할까요?

04 물이 부족한 지역에서 식물을 키우려면 어떤 방법을 활용해야 할까요?

05 우주에서 식물을 키우려면 어떤 방법을 활용해야 할까요?

이렇게도 해 보세요!

음료수로 식물 키우기

물이 아닌 음료수를 식물에 주면, 어떤 음료수를 주었을 때 가장 잘 자랄까요? 다양한 종류의 음료수와 여러 개의 모종을 준비해서 직접 실험하고, 약 2주 후에 결과를 비교해 보세요.

준비물: 다양한 종류의 음료수(탄산음료, 커피, 오렌지 주스, 이온 음료, 매실차, 우유 등), 음료수와 동일한 개수의 모종

음료수	실험 전의 식물 크기 (cm)	실험 후의 식물 크기 (cm)

14 생태계의 순환
: 테라리움 만들기

난이도 ★★★☆☆

영역
생명과학

과학적 개념
생태계

과학적 원리
테라리움, 순환, 생태계

 과학 원리 탐구하기

생태계
생태계는 동물, 식물 등의 생물들과 그 주변 환경이 서로 영향을 주고받으며 살아가는 공간이에요.

생태계의 순환
생태계에서는 공기, 물, 햇빛, 영양분이 끊임없이 돌고 돌아요. 예를 들면, 비가 내려 땅을 적시고, 땅에서 물이 증발해 구름이 되어 다시 비가 내리지요. 이렇게 자연 속에서 모든 것이 서로 연결되어 있답니다.

테라리움
테라리움은 작은 병이나 유리 용기 안에서 식물을 키우는 작은 정원이에요. 테라리움의 뚜껑을 닫고 식물을 키우면 생태계가 순환하면서 따로 신경을 쓰지 않아도 식물이 스스로 자라요. 흙, 물, 식물, 공기가 병 안에 있어서 스스로 살아갈 수 있는 것이지요.

생활 속 예시

호흡과 광합성의 순환

우리가 숨을 쉬면 어떤 일이 일어날까요? 사람과 동물은 숨을 내쉴 때 이산화탄소(CO_2)를 내보내고, 식물은 이 이산화탄소를 흡수해 빛의 도움을 받아 영양분을 만들어요. 이것을 '광합성'이라고 해요. 광합성을 통해 식물은 산소(O_2)를 만들어 다시 공기 중으로 내보내고, 우리는 그 산소를 마시며 살아가요. 이렇게 호흡과 광합성이 서로 연결되어 자연 속에서 끊임없이 순환하지요.

나무의 영양분이 되는 낙엽의 분해

가을이 되면 나무에서 잎이 떨어져요. 이 낙엽들은 어디로 갈까요? 땅에 떨어진 낙엽은 시간이 지나면서 미생물과 작은 벌레들에 의해 서서히 분해돼요. 분해된 낙엽은 흙 속으로 스며들어 식물에 영양분을 공급해 줘요. 이 영양분을 이용해 봄이 되면 새싹이 자라며, 시간이 지나 다시 커다란 나무가 되지요. 나무에서 떨어진 낙엽이 다시 나무의 영양분이 되는 현상 역시 생태계의 순환이랍니다.

 실험하기

유리병 테라리움 만들기

테라리움 속에서 어떻게 물과 공기가 순환하며 식물이 자라는지 직접 살펴보는 실험이에요. 밀폐된 유리병 안에서도 식물이 생존할 수 있는 이유를 탐구하고, 자연 생태계와 어떤 점이 비슷한지 비교해 보세요.

준비물: 식물, 유리병, 활성탄, 흙(배양토), 자갈

이렇게 도와주세요

- 테라리움은 유리병의 뚜껑을 닫으면 작은 생태계가 돼요. 물은 병 안에서 증발했다가 다시 내려오는 과정을 반복하며 순환하고, 식물은 산소와 이산화탄소를 교환하며 공기를 순환시킵니다. 이러한 과정을 아이에게 설명해 주세요.
- [13. 식물의 성장을 위한 조건을 학습했다면 식물이 자라는 데 물이 필요하다는 것을 알고 있을 것입니다. 테라리움을 만들면서 "식물이 물 없이 얼마나 오래 살 수 있을까?", "물이 증발하면 어디로 갈까?" 같은 질문을 던져 아이가 스스로 탐구할 수 있도록 도와주세요.
- 테라리움을 완성한 후, 잎의 색이나 물방울이 생겼는지 여부 등 매일 변화하는 모습을 함께 관찰하며 생태계에서 물과 공기가 어떻게 순환하는지 이야기를 나눠 보세요.

01 유리병 바닥에 물이 잘 빠질 수 있도록 자갈을 까세요.

02 자갈 위에 활성탄을 얇게 까세요.

※ 활성탄은 불순물을 거르고 물을 깨끗하게 유지해요. 또한 테라리움에서 나쁜 냄새가 나지 않게 해요.

03 활성탄 위에 흙을 덮으세요.

04 식물을 흙에 심고, 유리병 크기에 맞추어 적절한 크기로 잎을 자르세요.

05 물을 바닥에 깔릴 정도로 붓고 뚜껑을 닫으세요. 일주일 동안 테라리움의 변화와 물의 순환을 관찰해 보세요.

※ 뚜껑이 없거나 열려 있는 경우에는 물이 빠르게 증발하여 흙이 말라 버릴 수 있으므로 분무기로 가끔씩 물을 뿌려 주세요.

※ 이끼나 고사리처럼 습기를 좋아하는 식물은 뚜껑을 닫고 키워야 해요.

정리하기

관찰 및 분석하기

01 유리병 테라리움에 넣은 것들의 역할을 적어 보세요.

• 자갈:

• 활성탄:

• 흙:

02 테라리움 안의 흙은 시간이 지나면서 어떻게 되었나요?

03 [13. 식물의 성장을 위한 조건]에서 식물이 잘 자라려면 물이 꼭 필요하다고 했습니다. 뚜껑을 닫고 물을 주지 않았는데도 테라리움 속 식물이 계속 살아갈 수 있는 이유는 무엇인가요?

04 테라리움 안에서 물이 어떻게 이동했는지 설명해 보세요.

05 실험한 결과를 바탕으로 생태계의 순환에 대해 설명해 보세요.

상상하기

01 만약 테라리움을 아주 오랫동안 방치하면 어떤 일이 일어날까요?

02 테라리움 안에서는 물이 계속 순환합니다. 그런데 만약 시간이 지나면서 테라리움 속 식물이 시들어 버렸다면, 어떤 원인이 있었을까요?

03 어떤 친구는 테라리움을 만들 때 흙 대신 모래를 사용했습니다. 시간이 지나자 그 테라리움에서는 식물이 잘 자라지 않았어요. 이유가 무엇일까요?

04 한 친구는 테라리움을 만든 후 뚜껑을 닫았고, 다른 친구는 뚜껑을 열어 두었어요. 시간이 지나면서 두 친구의 테라리움에는 어떤 차이가 나타났을까요?

05 선인장처럼 물이 많이 필요하지 않은 식물을 키우기 위해 테라리움을 만든다면, 기존의 테라리움과는 무엇을 다르게 해야 할까요? 그 이유는 무엇인가요?

이렇게도 해 보세요!

생물을 추가한 미니 생태계 관찰하기

내가 만든 테라리움에 장수벌레, 사슴벌레 같은 곤충이나 달팽이를 넣고 변화를 관찰해 보세요. 테라리움 속에서 생태계의 순환이 어떻게 이루어지는지 생각하며 기록해 보세요.

01 식물의 잎이나 줄기가 줄어들거나 손상되었나요?

02 새로운 잎이 생기거나, 기존 잎이 빨리 시들었나요?

03 새로 넣은 생물은 주로 어디에서 시간을 보내나요?

04 새로 생물을 넣기 전과 비교했을 때, 유리에 맺히는 물방울의 양은 어떻게 변화하였나요?

15 지층의 형성
: 지층 모형 만들기

난이도
★☆☆☆☆

영역
지구과학

과학적 개념
지구의 구성과 변화

과학적 원리
지층

 **과학 원리 탐구하기**

지층

여러 가지 색의 흙이나 돌이 겹겹이 쌓여 있는 모습을 본 적이 있나요? 알갱이의 크기나 색 등이 달라서 위아래가 잘 구분되는 암석이나 토양의 층을 '지층'이라고 해요. 지층은 자갈, 모래, 진흙 등이 오랜 시간 동안 쌓여 형성되는데, 일반적으로 아래로 갈수록 더 오래된 층이에요. 지진이나 화산 활동 등으로 땅이 솟아오른 후, 파도나 바람 등에 의해 표면이 깎이면 층층이 쌓인 지층의 모습이 드러나요.
지층을 잘 관찰하면 과거의 환경이나 생물에 대한 정보를 알 수 있어요. 만약 어떤 지층에서 공룡의 뼈가 발견된다면, 그 지층은 공룡이 살던 시기에 형성된 것이라는 사실을 알 수 있지요.

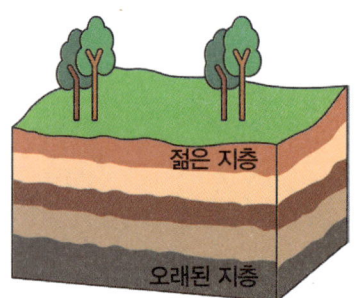

퇴적암

퇴적암은 흙과 모래가 쌓인 후, 오랜 시간 동안 압력을 받아 단단해지면서 형성된 암석이에요. 퇴적암은 암석을 이루는 입자(알갱이)의 크기에 따라 이암(입자가 매우 작은 퇴적암), 사암(모래 크기의 입자로 이루어진 퇴적암), 역암(자갈 크기의 입자로 이루어진 퇴적암) 등으로 구분돼요.

생활 속 예시

멋진 지질 구조를 보러 떠나는 지질 여행

〈제주도 주상절리〉

지질 여행에 대해 들어본 적이 있나요? '지질'은 우리가 사는 땅, 바위, 흙, 산, 강, 바다 등의 특징이에요. 이러한 지질의 구조가 만들어낸 멋진 경관을 보러 가는 여행을 '지질 여행'이라고 하지요. 층층이 쌓인 지층을 비롯해 주상절리, 판상절리 등 오랜 세월 동안 형성된 지질 구조들은 관광 명소로 인기가 많아요. 지구과학적으로 중요한 가치를 지니면서 경관이 우수한 지역들은 지질 공원으로 지정해 운영하기도 한답니다.

이렇게 도와주세요

- 지층에 대해 학습한 후, 실제로 지층을 관찰할 수 있는 장소를 방문하면 더욱 재미있게 배울 수 있습니다.
- 지층을 직접 볼 기회가 생긴다면, 학습했던 내용을 떠올리며 관찰할 수 있도록 도와주세요.

 **실험하기**

지층 모형 만들기

투명한 플라스틱 컵에 모래, 흙, 자갈 등을 차곡차곡 쌓아 지층 모형을 만들어요. 모형을 만들면서 실제 지층의 형성 과정도 생각해 보세요.

준비물: 투명한 플라스틱 컵 2개, 나무젓가락 또는 일회용 숟가락, 물풀, 종이컵 3개, 모래, 흙, 자갈

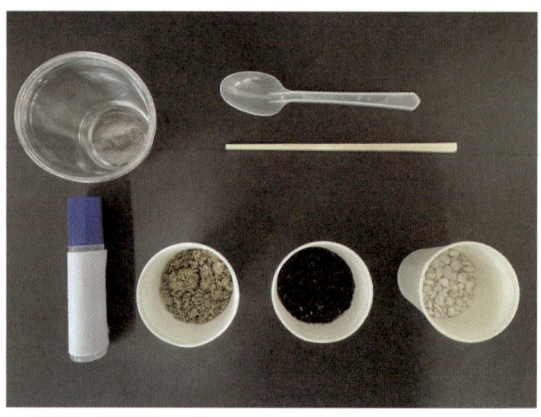

이렇게 도와주세요

- 기온과 같은 환경적 요인이나 사용한 물풀의 양에 따라 지층 모형이 완전히 마르는 데 일주일 이상 걸릴 수 있습니다. 지층 모형이 완전히 마른 후, 플라스틱 컵에서 조심스럽게 분리하도록 도와주세요.
- 아래쪽에 있는 지층은 바람이 통하지 않아 잘 마르지 않으므로, 플라스틱 컵에 송곳으로 작은 구멍을 뚫어 놓는 것도 좋은 방법입니다.

01 종이컵 3개에 각각 흙, 모래, 자갈을 넣으세요. 각각의 재료에 물풀을 적당량 붓고, 나무 젓가락으로 잘 섞으세요.

※ 자갈을 물풀과 섞을 때는 자갈의 빈틈을 채울 수 있도록 적당량의 흙도 함께 섞어 주세요.

02 투명한 플라스틱 컵에 물풀과 섞은 흙, 모래, 자갈 중 한 가지를 담으세요.

03 담은 재료를 여분의 플라스틱 컵으로 눌러 평평하고 단단하게 만드세요. 그 위에 다시 다른 재료 한 가지를 담고 누르기를 반복하며 지층 모형을 만드세요.

※ 원하는 순서대로 재료를 차곡차곡 담아 보세요.

04 세 가지 재료를 모두 담았다면 지층 모형이 잘 마르도록 일주일 정도 두세요.

05 지층 모형이 완전히 마르면 컵에서 조심스럽게 분리하세요. 완성된 지층 모형을 관찰해 보세요.

정리하기

관찰 및 분석하기

01 완성된 지층 모형의 아래쪽 지층과 위쪽 지층 중 어느 것이 먼저 만들어졌을까요?

02 지층 모형과 실제 지층에는 어떤 차이가 있을까요? 비교해서 설명해 보세요.

03 흙과 모래가 쌓이고, 오랜 시간 동안 압력을 받아 단단해져서 만들어진 암석은 무엇인가요?

04 지층은 지구의 과거에 대한 정보를 제공하기도 합니다. 지층으로부터 어떤 정보를 얻을 수 있을지 조사해서 적어 보세요.

05 퇴적암에는 이암, 사암, 역암 등이 있습니다. 이 암석들은 서로 어떻게 다른지 설명해 보세요.

상상하기

01 여러 가지 재료를 이용해서 지층 모형을 표현할 수 있는 새로운 방법을 생각해 보세요.

02 땅이 크게 흔들리는 지진이 발생하면 지층에는 어떤 변화가 생길까요? 내 생각과 조사한 내용을 적어 보세요.

- 내 생각:

- 조사한 내용:

03 위쪽에 있는 지층이 아래쪽에 있는 지층보다 더 오래된 경우도 있습니다. 이런 지층은 어떻게 생기는 걸까요? 내 생각과 조사한 내용을 적어 보세요.

- 내 생각:

- 조사한 내용:

04 지층에서 '암모나이트'라는 화석이 발견되었습니다. 이 지층은 어떤 시대에 만들어졌을까요? 조사해서 빈칸을 채워 보세요.

☐ ☐ 대

이렇게도 해 보세요!

새로운 재료를 이용해 지층 모형 표현하기

흙과 모래 외에도 아이클레이, 고무찰흙, 식빵 등 일상에서 흔히 접할 수 있는 재료를 활용해 지층 모형을 만들 수 있어요. 나만의 창의적인 방법으로 지층을 표현해 보세요.

※ 인터넷에서 다양한 지층 모형의 예시를 찾아 참고해서 만들어도 좋아요.

16 풍속과 풍향
: 종이컵 풍속계 만들기

난이도 ★★☆☆☆

영역
지구과학

과학적 개념
지구의 구성과 변화

과학적 원리
바람, 풍속, 풍향

 과학 원리 탐구하기

바람

더운 여름날, 솔솔 부는 바람이 더위를 식혀준 경험이 있을 거예요. 그렇다면 바람이란 무엇일까요? 바람은 공기의 움직임이에요. 우리가 숨을 들이쉬고 내쉴 때처럼, 한 곳에서 다른 곳으로 공기가 이동하는 현상이 바람이에요.

풍속

풍속은 바람의 속도를 뜻해요. 풍속은 보통 m/s(미터/초) 단위로 표현하는데, 이는 바람이 1초 동안 몇 미터를 이동하는지를 나타내요. 예를 들어 풍속이 5m/s라면 바람이 1초에 5미터를 이동한다는 뜻이지요. 풍속이 빠를수록 더 강한 바람이 부는 것이라고 볼 수 있어요.

풍향

풍향은 바람이 불어오는 방향을 뜻해요. 예를 들어 북풍이 분다면 바람이 북쪽에서 불어온다는 뜻이에요. 풍향은 기상 관측에서 매우 중요한 요소예요. 따뜻한 남쪽에서 바람이 불어오면 기온이 높아질 가능성이 커지고, 추운 북쪽에서 바람이 불어오면 기온이 낮아질 가능성이 커져요.

생활 속 예시

바람으로 전기를 얻는 풍력 발전

풍력 발전은 자연에서 생기는 바람을 이용해 전기를 생산하는 방법이에요. 환경을 오염시키지 않는다는 장점이 있어요. 제주도처럼 바람이 많이 부는 지역에 가면, 아주 큰 선풍기처럼 생긴 풍력 발전기를 볼 수 있어요. 바람이 풍력 발전기의 대형 프로펠러를 돌리면서 전기 에너지가 생산되는 거예요.

바람을 이용한 놀이, 연날리기

우리의 전통놀이인 연날리기를 해 본 적 있나요? 연날리기는 바람을 이용해 연을 하늘 높이 띄우는 놀이예요. 적당한 바람이 불어야 더욱 재미있게 즐길 수 있지요. 연날리기를 계획하고 있다면, 먼저 일기예보를 확인해 풍속을 살펴보는 것이 좋아요.

 **실험하기**

종이컵 풍속계 만들기

종이컵과 빨대 등 일상에서 쉽게 구할 수 있는 재료를 활용하여 풍속계를 만들어 보아요. 만든 풍속계를 이용해 바람의 세기를 측정하고, 그 결과를 일기예보와 비교해 보세요.

준비물: 종이컵 3개, 굵은 빨대 1개, 가는 빨대 2개, 테이프, 가위

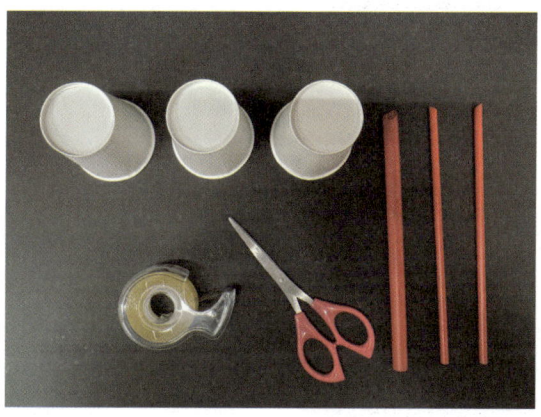

이렇게 도와주세요

- 종이컵 풍속계가 원활하게 회전할 수 있도록 균형을 맞추는 것을 도와주세요.
- 풍속을 측정할 때는 풍속계가 쓰러지지 않도록 손으로 고정하거나 하드보드 같은 넓은 판을 덧대면 더욱 안정적으로 측정할 수 있습니다.
- 직접 제작한 풍속계로 정확한 풍속을 측정하는 것은 쉽지 않습니다. 따라서 정확한 수치를 측정하기보다는 바람의 세기, 즉 강약 정도를 구분하는 것에 초점을 맞추세요.

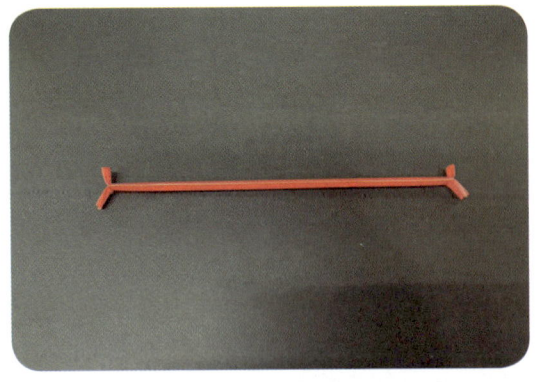

01 사진을 참고해 종이컵에 연결할 가는 빨대의 양쪽 끝을 가로로 1cm 정도 자르세요.

02 자른 빨대를 종이컵에 테이프로 붙여 회전체를 만드세요. 이때 2개의 종이컵은 입구를 서로 반대 방향으로 붙이세요.

03 축이 될 가는 빨대의 한쪽 끝을 1cm 정도 자르고 테이프로 회전체 빨대의 가운데에 붙이세요.

※ 축을 붙일 때는 최대한 가운데에 붙여 수평을 맞추세요.

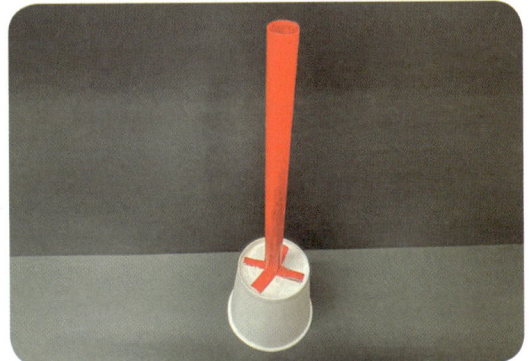

04 굵은 빨대의 한쪽 끝을 가로로 2cm 정도 자른 뒤 한 번 더 잘라 4등분하세요. 잘린 부분을 펼쳐 남은 종이컵의 바닥면에 테이프로 붙여 지지대를 만드세요.

05 03번 과정에서 만든 회전체의 축을 굵은 빨대에 넣어 회전체와 지지대를 합치세요.

※ 풍속계가 넘어진다면, 지지대의 종이컵 바닥면에 두꺼운 종이를 대고 테이프로 고정하세요.

	1분 동안 회전한 횟수	풍속 측정하기
예시	20	20바퀴/1분
1		( )바퀴/분
2		( )바퀴/분
3		( )바퀴/분
4		( )바퀴/분
5		( )바퀴/분

06 완성된 풍속계로 야외에서 바람의 세기를 측정해 보세요. 1분 동안 풍속계가 몇 바퀴 회전하는지 측정하고 기록해 보세요.

정리하기

관찰 및 분석하기

01 바람이 약하게 불 때와 강하게 불 때, 종이컵 풍속계의 움직임은 어땠나요? 관찰한 결과를 적어 보세요.

- 바람이 약하게 불 때:

- 바람이 강하게 불 때:

02 풍속 10m/s는 1초 동안 바람이 몇 미터 이동하는 것을 의미하나요?

03 다음 그림에 표시된 방향으로 바람이 분다면, 풍향은 무엇일까요?

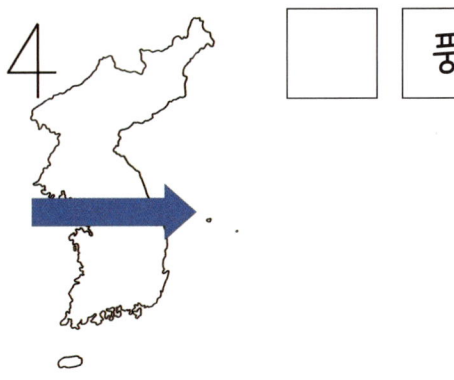

04 우리 주변에서 바람을 일으키는 도구들을 찾아 적어 보세요.

05 바람이란 무엇인가요? '공기'라는 단어를 사용해서 설명해 보세요.

상상하기

01 만약 바람이 사라진다면 어떤 일들이 벌어질까요?

02 바람은 식물이 번식하는 데 도움을 줍니다. 어떤 방법으로 도움을 줄까요?

03 풍속과 풍향은 우리의 일상생활에 많은 영향을 미칩니다. 풍속과 풍향이 특히 중요한 직업에는 무엇이 있는지 조사해서 적어 보세요.

04 풍력 발전은 친환경 발전으로 알려져 있지만, 단점도 있습니다. 어떤 단점이 있는지 조사해서 적어 보세요.

이렇게도 해 보세요!

종이컵 풍속계의 정확성 높이기

종이컵 풍속계를 이용해 기상청에서 예보한 풍속을 맞춰 보세요. 처음에는 쉽지 않겠지만, 측정과 기록을 반복해 데이터를 쌓다 보면 종이컵 풍속계로 측정하는 풍속의 정확성을 높일 수 있어요.

※ 기상예보가 되는 풍속은 지역과 시간에 따라 달라요. 따라서 종이컵 풍속계로 측정하는 장소와 시간에 맞는 기상 예보와 직접 측정한 풍속을 비교해야 해요.

일시	분당 회전수	내가 추측한 풍속	기상 예보된 풍속
예시) 4월 7일 18시	180회	2m/s	1m/s

풍향계 만들기

풍향계는 바람이 불어오는 방향을 측정하는 장치로, 기상 관측 기구 중에서 만드는 방법이 가장 간단하답니다. 종이컵 풍속계와 똑같이 지지대와 축을 만들고, 회전체 빨대의 양쪽에 화살 모양으로 종이를 붙이면 풍향계가 완성돼요. 만든 풍향계로 직접 풍향을 측정해 보세요.

17 달의 운동
: 밤하늘에서 달 관찰하기

난이도 ★★★★☆

영역
지구과학

과학적 개념
태양계와 우주

과학적 원리
지구와 달의 운동

 **과학 원리 탐구하기**

지구의 자전과 공전

지구가 자전축을 중심으로 하루에 한 바퀴 회전하는 것을 '지구의 자전'이라고 해요. 매일 낮과 밤이 생기는 것은 지구가 자전하기 때문이에요. 지구가 자전할 때 우리가 살고 있는 지구의 면이 태양 쪽을 향하면 낮이 되고, 태양 반대쪽을 향하면 밤이 되는 것이지요. 그리고 지구는 1년에 한 바퀴씩 태양의 주위를 회전하는데, 이것은 '지구의 공전'이라고 해요. 지구의 공전은 계절의 변화와 관련이 있어요. 자전축이 기울어져 있는 지구가 태양 주위를 회전하면서 태양의 빛 에너지를 많이 받는 위치에 있을 때 여름이 되고, 태양의 빛 에너지를 적게 받는 위치에 있을 때 겨울이 되는 거예요.

〈지구의 자전〉

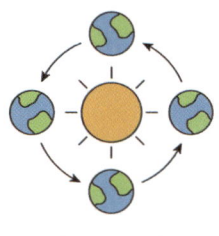
〈지구의 공전〉

달의 공전

달은 약 한 달에 한 바퀴씩 지구 주위를 회전하는데, 이것을 '달의 공전'이라고 해요. 지구에서 바라본 달의 모양이 주기적으로 변하는 것도 바로 달의 공전 때문이랍니다. 달이 지구 주위를 공전하면서 태양, 지구, 달의 상대적인 위치가 달라져 지구에서 바라보는 달의 모양(달이 태양 빛을 반사하여 밝게 보이는 부분)이 바뀌게 되는 거예요. 달도 자전축을 중심으로 한 바퀴 도는 자전을 하는데, 달은 자전 주기와 공전 주기가 같아서 지구에서는 항상 달의 한쪽 면만 볼 수 있어요.

| 초승달 | 상현달 | 보름달 | 하현달 | 그믐달 |

출처: NASA

생활 속 예시

추석에는 어떤 달이 보일까요?

추석은 추수를 앞두고 곡식을 미리 거두어 조상께 제사를 지내고, 풍년을 기원하는 한민족의 최대 명절이에요. 추석은 음력 8월 15일이고, 매달 음력 15일은 보름달이 뜨는 날이기 때문에 추석에는 항상 밝은 보름달을 볼 수 있답니다.

 **실험하기**

달의 운동 관찰하기

여러 날 동안 달을 직접 관찰하고 기록해 보세요. 매일 같은 시각에 관찰하면 달의 모양과 위치가 규칙을 가지고 변화하는 것을 관찰할 수 있어요.

준비물: 나침반, 관찰 기록지

이렇게 도와주세요

- 달을 관찰할 때는 남쪽 하늘을 기준으로 삼아 관찰하도록 지도해 주세요. 관찰자가 남쪽을 바라보도록 서고 관찰자의 왼쪽에는 동쪽, 오른쪽에는 서쪽이 오도록 위치를 잡으면 됩니다.
- 저녁 8시쯤 달을 관찰하려면, 음력 5일경부터 음력 15일경까지로 관찰 계획을 세우면 더욱 쉽게 관찰할 수 있습니다.
- 아이가 매일 같은 시각에 달을 꾸준히 관찰하고 정확한 시각을 기록하도록 도와주세요. 매일 관찰이 어렵다면, 2~3일 간격을 두고 관찰하는 것도 좋은 방법입니다.
- 약 10일간 꾸준히 관찰한 후, 기록지를 살펴보며 달의 모양과 위치가 어떤 규칙에 따라 변하는지 아이와 함께 고민해 보세요.

01 관찰 날짜, 시각, 장소를 계획하세요. 관찰을 시작할 날짜를 정하고, 약 10일간 매일 꾸준히 관찰할 수 있는 일정한 시각을 정하세요. 높은 건물이나 장애물이 적어 시야를 방해받지 않는 적절한 관찰 장소를 선택하는 것도 중요해요.

02 관찰한 내용을 기록할 관찰 기록지를 준비하세요.
※ 책에 나와 있는 〈관찰 기록지〉를 활용하면 더욱 편리해요.

03 정해진 시간에 꾸준히 달을 관찰하세요. 관찰 기록지에는 직접 관찰한 달의 위치와 모양을 그림으로 기록하고, 관찰 날짜도 함께 기록하세요.

04 약 10일간 꾸준히 달을 관찰하고 기록한 후, 달의 모양과 위치가 어떻게 변하는지 분석해 보세요.

정리하기

관찰 및 분석하기

01 달을 매일 같은 시각에 관찰했을 때, 달의 위치는 어떻게 바뀌었나요?

02 달을 매일 같은 시각에 관찰했을 때, 달의 모양은 어떻게 바뀌었나요?

03 관찰 결과를 달의 공전과 관련지어 설명해 보세요.

04 달의 공전에 대해 설명해 보세요.

05 올해 달력에서 내 양력 생일과 음력 생일을 찾아 적어 보세요.

- 양력 생일:

- 음력 생일:

상상하기

01 정월대보름은 음력 1월 15일입니다. 이날은 어떤 달의 모양이 보일까요?

02 달은 모양에 따라 초승달, 상현달, 보름달 등 다양한 이름이 있어요. 그런데 이름이 없는 달의 모양도 있답니다. 다음 사진과 같은 달의 모양에는 어떤 이름을 붙여 주면 좋을까요? 내가 정한 이름과 그렇게 정한 이유를 적어 보세요.

- 내가 정한 이름:

- 이유:

03 우리 조상들은 달의 모양 변화를 기준으로 날짜를 세는 음력 달력을 활용했어요. 음력 달력을 활용할 때의 장점은 무엇이 있는지 조사해서 적어 보세요.

04 만약 달의 공전 속도가 빨라진다면, 여러 날 동안 매일 같은 시각 달을 관찰했을 때 관찰 결과가 어떻게 달라질까요?

05 만약 달에서 여러 날 동안 매일 같은 시각 지구를 관찰한다면 지구는 어떻게 움직일까요?

이렇게도 해 보세요!

하루 동안 달의 움직임 관찰하기

하루 동안 1시간 간격으로 달을 관찰하고, 달의 위치와 모양을 관찰 기록지에 기록하세요. 달이 어떻게 움직이는지 살펴보고, 기록지를 통해 달의 움직임에서 규칙을 찾아 보세요.

※ 하루 동안 달의 움직임을 관찰할 때는 음력 15일경에 관찰하는 것이 좋아요. 음력 15일경에 초저녁부터 달을 관찰하면, 동쪽 하늘에 낮게 떠 있는 보름달을 볼 수 있답니다.

〈일일 관찰 기록지〉

하루 동안 달을 관찰하면 달은 (　)쪽에서 (　)쪽을 지나 (　)쪽으로 이동합니다.

18 별자리와 별의 운동
: 스마트폰으로 별자리 관찰하기

난이도 ★★★★☆

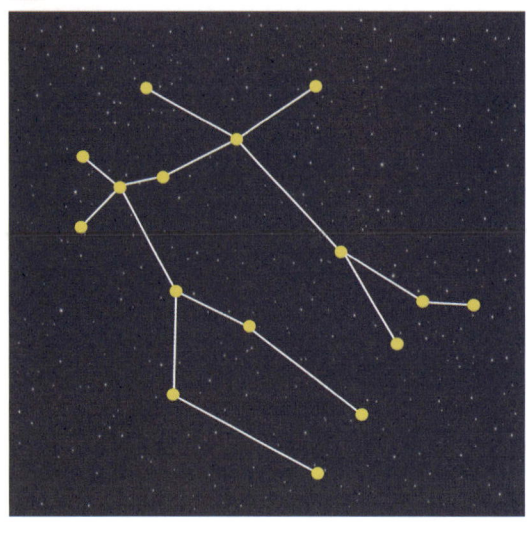

영역
지구과학

과학적 개념
태양계와 우주

과학적 원리
별자리, 별의 운동

 **과학 원리 탐구하기**

별자리

별자리는 밤하늘에 모여 있는 별들의 모양에 따라 사람들이 붙여준 이름이에요. 시대와 지역에 따라 별자리에 차이가 있지만, 현재 국제 천문 연맹에서 공식적으로 정한 별자리는 88개가 있어요.

별의 운동

별의 운동을 이해하기 위해서는 지구의 자전을 먼저 알고 있어야 해요. 지구의 자전은 지구가 자전축을 중심으로 서쪽에서 동쪽으로 하루에 한 바퀴씩 회전하는 현상이에요. 별은 실제로는 같은 자리에 그대로 있지만, 지구의 자전 때문에 계속해서 동쪽에서 서쪽으로 이동하는 것처럼 보이지요. 이것이 '별의 일주운동'이에요. 별의 일주운동에 의해 서쪽 하늘로 사라졌던 별자리는 다음날 밤하늘에서 다시 만날 수 있어요. 또한 별은 지구가 태양을 중심으로 1년에 한 바퀴씩 회전하는 지구의 공전에 의해서도 매일 조금씩 이동하기 때문에, 계절마다 볼 수 있는 별자리가 달라진답니다.

〈별의 일주운동〉

생활 속 예시

하늘의 나침반, 북극성

다른 별들과 달리, 북극성은 항상 밤하늘의 같은 위치에서 볼 수 있어요. 그래서 옛날 사람들은 길을 찾을 때 북극성을 활용했어요. 특히 배를 타고 항해할 때, 북극성은 북쪽이 어디인지 알려 주는 중요한 길잡이 역할을 했지요.

계절별로 달라지는 별자리

계절이 바뀌면 밤하늘에 보이는 별자리도 달라져요. 옛날 사람들은 별자리를 보며 계절을 파악하고 농사를 시작할 시기를 정했기 때문에, 계절별 별자리는 농경 사회에서 매우 중요한 정보였어요.
- 봄철 별자리: 사자자리, 처녀자리, 목동자리 등
- 여름철 별자리: 거문고자리, 백조자리, 독수리자리 등
- 가을철 별자리: 페가수스자리, 안드로메다자리, 물고기자리 등
- 겨울철 별자리: 큰개자리, 오리온자리, 쌍둥이자리 등

이렇게 도와주세요

- 아이가 밤하늘의 별에 관심을 가질 수 있도록, 별을 잘 볼 수 있는 캠핑이나 시골 여행을 계획해 보세요. 밤하늘을 바라볼 기회를 마련해 주면 더욱 좋습니다.
- 별의 아름다움을 감상하는 것에서 나아가, 밤하늘에서 별자리를 찾아볼 수 있도록 독려해 주세요. 처음에는 별들이 무질서하게 흩어져 보이지만, 선을 이어 별자리를 찾다 보면 별을 보는 새로운 재미를 느낄 수 있습니다.

 **실험하기**

별자리 관찰하기

스마트폰에 천체 관측 앱을 다운받아 오늘 밤하늘에서 어떤 별자리를 볼 수 있는지 확인해 보세요. 그리고 실제 밤하늘에서 별자리를 찾아 보세요.

준비물: 스마트폰

이렇게 도와주세요

- 앱의 시간 및 방위를 실시간으로 설정하면 하늘을 향해 스마트폰을 들었을 때 스마트폰이 향하고 있는 밤하늘이 그대로 화면에 나타납니다.
- 스마트폰을 가로 모드로 변경하면 더 쉽게 관찰할 수 있습니다.

 **Stellarium Mobile**
현실적인 밤하늘 가이드

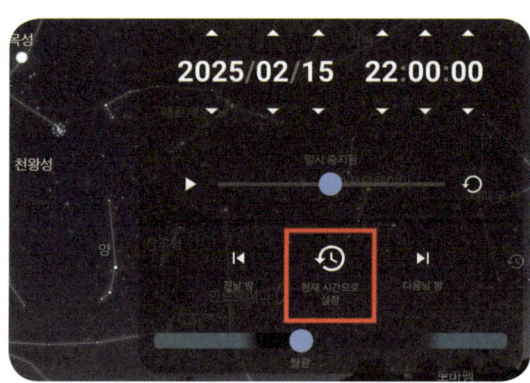

01 천체 관측 앱 '스텔라리움'을 스마트폰에 다운받으세요.

02 '현재 시간으로 설정' 버튼을 누르세요.

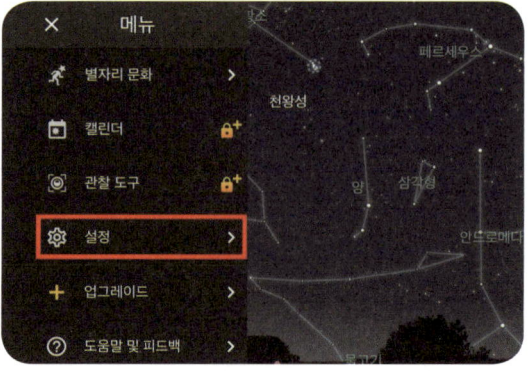

03 화면 왼쪽 상단의 세 줄 모양 버튼을 누르세요.

04 '설정' 버튼을 누르세요.

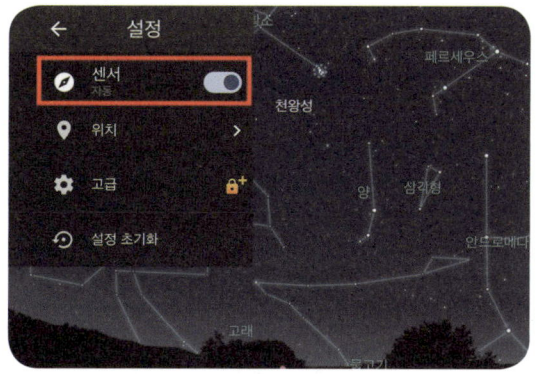

05 '센서'를 '자동'으로 설정하세요.

06 화면 가운데 하단의 나침반 모양 버튼을 눌러 스마트폰 화면으로 실시간 별자리를 관찰해 보세요.

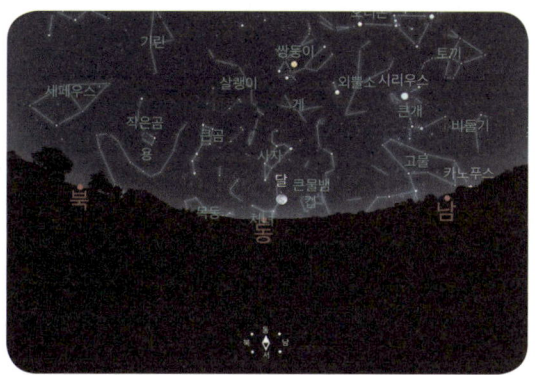

07 두 손가락으로 화면을 확대·축소할 수 있어요.

08 화면을 한 손으로 드래그하면 실시간 화면 보기가 종료돼요. 다시 실시간 화면으로 보고 싶다면 나침반 모양 버튼을 다시 누르세요.

※ 스마트폰으로 관찰한 별자리를 실제 밤하늘에서도 찾아 보세요.

정리하기

관찰 및 분석하기

01 다음 중 천체 관측 앱 '스텔라리움'에서 시간을 2025년 3월 1일 22시로 맞추었을 때, 화면에서 찾을 수 없는 별자리는 무엇일까요? (앱을 이용해 직접 별자리를 확인해 보세요.)

① 쌍둥이자리 ② 백조자리 ③ 사자자리 ④ 목동자리

02 하룻밤 동안 남쪽 하늘을 보며 계절별 별자리를 관찰하면 별자리는 어떻게 이동할까요?

03 내 생일에 해당하는 별자리를 조사해서 적어 보세요.

04 국제 천문 연맹에서 공식적으로 정한 별자리는 몇 개인가요?

05 밤하늘의 별자리가 하루 동안 이동하는 것은 지구의 어떤 운동 때문인가요?

상상하기

01 만약 지구의 자전 속도가 빨라진다면, 별자리의 움직임은 어떻게 달라질까요?

02 북극에서 북극성을 바라보려면, 밤하늘의 어느 위치를 보아야 할까요?

03 숲속을 걷다가 길을 잃었어요. 나침반도 없어서 방향을 찾기가 어렵다면, 어떻게 해야 할까요?

04 다음 그림 속 별자리에 새로운 이름을 붙여 보세요.

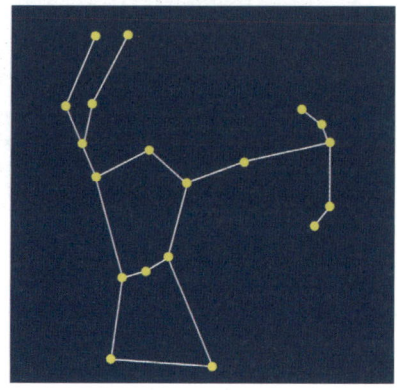 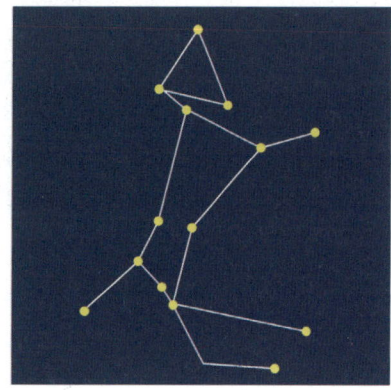

• 이름: • 이름:

이렇게도 해 보세요!

밤하늘에서 북극성 찾기

밤하늘에서 1년 내내 볼 수 있는 별, 북극성을 찾아 보세요. 먼저 나침반을 이용해 방향을 확인하고 북쪽을 바라보세요. 북극성의 고도는 관측자가 있는 장소의 위도와 같으므로, 대한민국(위도 33~38°)에서는 고개를 약 37°로 들고 하늘을 보면 북극성을 찾을 수 있어요. 더 정확한 위치를 찾으려면 다음 그림을 참고하여 주변에 있는 북두칠성이나 카시오페이아자리를 활용해 보세요.

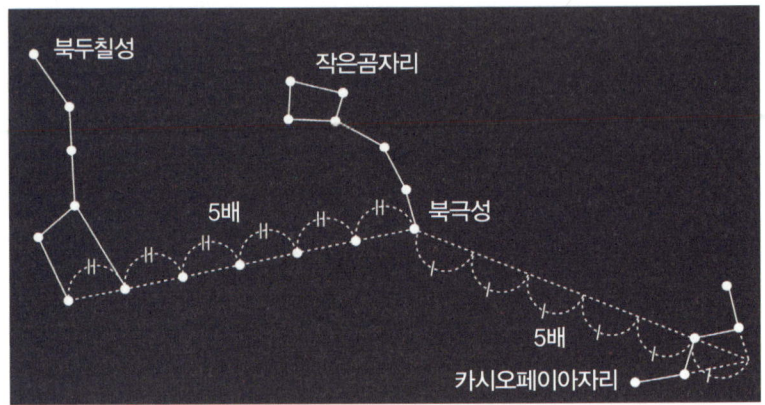

천체 관측 앱의 추가 기능으로 별자리 관찰하기

천체 관측 앱에 있는 추가 기능을 활용해서 다양한 방식으로 별자리를 관찰해 보세요.

01 스크롤을 움직여 관찰 속도를 10,000배까지 높일 수 있어요. 별자리의 일주 운동을 빠르게 관찰해 보세요.

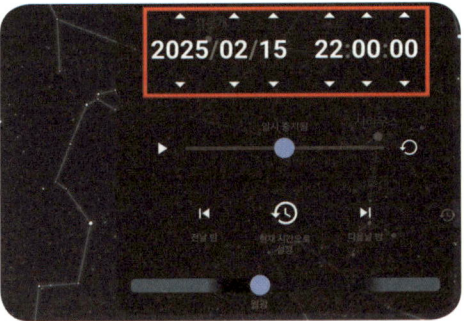

02 날짜와 시각 위아래의 화살표를 눌러 수동으로 변경할 수 있어요. 원하는 날짜와 시각으로 설정해서 관찰해 보세요.

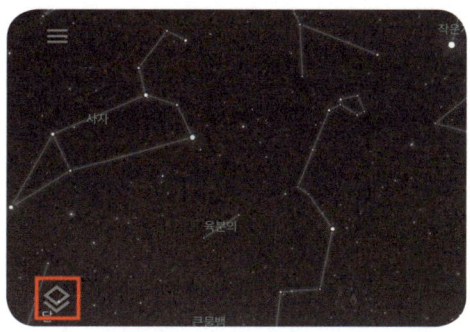

03 이번에는 별자리 표현 방식을 변경해 보아요. 왼쪽 하단의 마름모 모양 버튼을 누르세요.

04 '별자리' 버튼을 2~3초간 길게 누르세요.

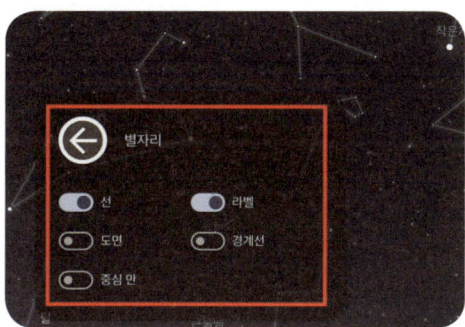

05 별자리의 표현 방식을 한 가지 선택하세요.

06 내가 선택한 방식으로 표현된 별자리를 관찰해 보세요. 여러 가지 방식을 선택해 관찰해 보세요.

2장

수학: 수학적 논리력을 키우는 창의 활동

1 약수와 배수
: 약수와 배수 게임하기

난이도 ★★☆☆☆

약수
1, 2, 3, 6

6

배수
6, 12, 18, 24, 30

영역
수와 연산

수학적 개념
수의 연산

수학적 원리
약수, 배수, 배수 판정법

수학 원리 탐구하기

약수

약수는 어떤 수를 똑같이 나눌 수 있는 수를 말해요. 4의 약수를 한번 생각해 볼까요? 친구들과 함께 사탕 4개를 나누어 가지는 방법을 생각해 보세요. 어떻게 하면 똑같이 나눌 수 있을까요?

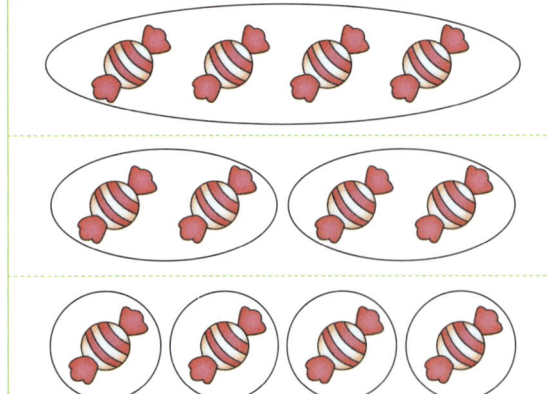

1명에게 나누어 주면 4개를 모두 가질 수 있어요.

2명에게 나누어 주면 2개씩 나누어 가질 수 있어요.

4명에게 나누어 주면 1개씩 나누어 가질 수 있어요.

이처럼 사탕 4개를 1명, 2명, 4명에게 똑같이 나누어 줄 수 있지만 3명에게는 똑같이 나누어 줄 수 없어요. 따라서 1, 2, 4가 바로 4의 약수랍니다.

이번에는 6의 약수를 생각해 볼까요?

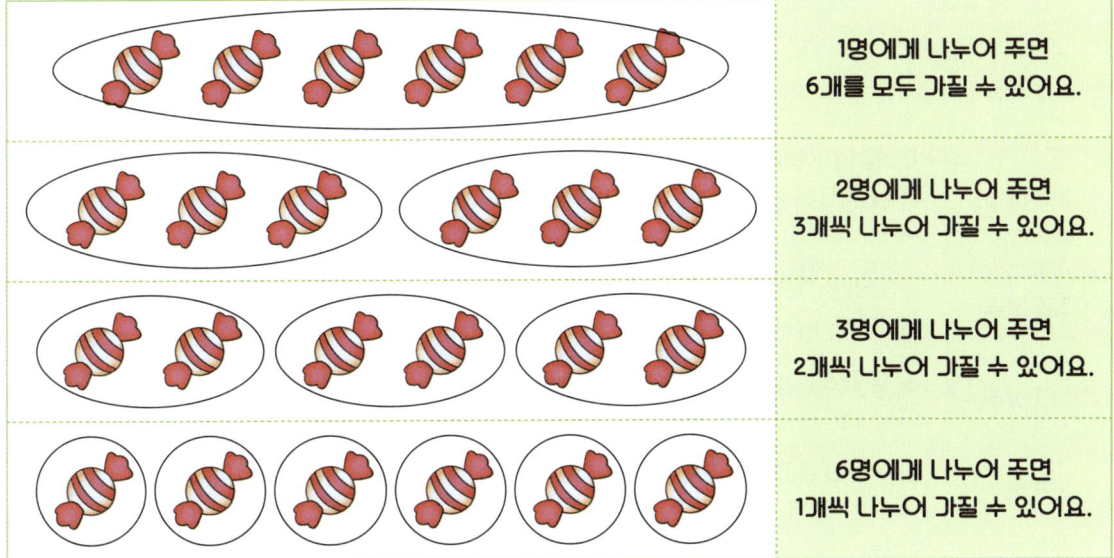

이처럼 사탕 6개를 1명, 2명, 3명, 6명에게는 똑같이 나누어 줄 수 있지만 4명, 5명에게는 똑같이 나누어 줄 수 없어요. 따라서 6의 약수는 1, 2, 3, 6이에요.

배수

배수는 어떤 숫자를 계속 더하거나 곱해서 나오는 수예요. 다음과 같은 방법으로 3의 배수를 찾아 보세요.

3을 한 번 더하면 3	3	$3 \times 1 = 3$
3을 두 번 더하면 6	$3 + 3 = 6$	$3 \times 2 = 6$
3을 세 번 더하면 9	$3 + 3 + 3 = 9$	$3 \times 3 = 9$
3을 네 번 더하면 12	$3 + 3 + 3 + 3 = 12$	$3 \times 4 = 12$

이렇게 찾은 3, 6, 9, 12… 와 같은 수들이 3의 배수랍니다.

배수 판정법

배수 판정법은 특정한 규칙을 이용해 어떤 수가 다른 수의 배수인지를 빠르게 확인할 수 있는 방법이에요. 어떤 수가 2의 배수인지 알기 위해서는 어떻게 하면 될까요? 어떤 수를 2로 나누었을 때 나누어떨어지면 2의 배수예요. 여러분들이 알고 있는 모든 짝수는 2의 배수이지요.

그럼 어떤 수가 3의 배수인지는 어떻게 알 수 있을까요? 어떤 수가 3으로 나누어떨어지는지 확인하면 되겠지요. 하지만 수가 커질수록 직접 나누어 계산하기가 복잡해지기 때문에, 수학자들은 연구 끝에 '어떤 수의 각 자리 숫자의 합이 3의 배수이면 그 수가 3의 배수'라는 사실을 발견했어요.

이 방법으로 1356이 3의 배수인지를 확인해 볼까요? 1356의 각 자리 숫자의 합은 1 + 3 + 5 + 6 = 15예요. 15는 3의 배수이므로 1356은 3의 배수라는 것을 알 수 있지요. 이처럼 배수 판정법을 이용하면 모든 수를 직접 나누어 보지 않고도 다른 수의 배수인지를 쉽고 빠르게 확인할 수 있답니다.

2의 배수	1) 2로 나누었을 때 나머지가 0이면 2의 배수 2) 일의 자리 숫자가 2의 배수이면 2의 배수 예시) 4: 4 ÷ 2 = 2, 나머지가 0이므로 4는 2의 배수
3의 배수	각 자리 숫자의 합이 3의 배수이면 3의 배수 예시) 123: 1 + 2 + 3 = 6, 6은 3의 배수이므로 123도 3의 배수
4의 배수	끝 두 자리(십의 자리와 일의 자리) 숫자가 4의 배수이면 4의 배수 예시) 316: 끝 두 자리 숫자인 16은 4의 배수이므로 316도 4의 배수
5의 배수	일의 자리 숫자가 0 또는 5이면 5의 배수 예시) 5, 10, 15, 20: 5의 배수
6의 배수	2의 배수이면서 3의 배수이면 6의 배수 예시) 54: 일의 자리 숫자가 2의 배수이면서 각 자리 숫자의 합이 5 + 4 = 9(3의 배수)이므로 54는 2의 배수이면서 3의 배수, 즉 54는 6의 배수
7의 배수	※ 7의 배수 판정법은 다소 복잡하므로 두 가지 방법을 활용합니다. 1) 7로 나누었을 때 나머지가 0이면 7의 배수 2) 일의 자리 숫자부터 시작하여 커지는 방향으로 각 자리 숫자에 1, 3, 2, 6, 4, 5를 반복하여 곱한 다음 곱한 수를 모두 더한 값이 7의 배수이면 7의 배수 예시) 1071: 1 × 1 + 7 × 3 + 0 × 2 + 1 × 6 = 28, 28은 7의 배수이므로 1071도 7의 배수
8의 배수	끝 세 자리(백의 자리, 십의 자리, 일의 자리) 숫자가 8의 배수이면 8의 배수 예시) 1344: 끝 세 자리 숫자인 344는 8의 배수이므로 1344도 8의 배수
9의 배수	각 자리 숫자의 합이 9의 배수이면 9의 배수 예시) 729: 7 + 2 + 9 = 18, 18은 9의 배수이므로 729도 9의 배수

이렇게 도와주세요

- 약수는 어떤 수를 나누었을 때 나머지가 0인 나누어떨어지는 수입니다. 아이에게 약수에 대해 가르칠 때는 사탕을 사람 수대로 나눠보는 것처럼 구체적인 활동을 통해 가르쳐 주세요.
- 배수는 어떤 수를 계속 더하거나 곱해서 나오는 수입니다. 더하기의 개념에서 확장하여 배수의 개념을 이해할 수 있도록 도와주세요. 예를 들어, 6 × 3 = 18을 더하기로 바꾸면 6 + 6 + 6 = 18이 된다는 것을 알려주세요.

 **활동하기**

활동 1 - 사탕 나누기

사탕을 친구들에게 공평하게 나눌 수 있는 방법을 찾아 보세요. 사탕 8개를 준비해 사람의 수대로 나누어 보고, 1명이 받는 사탕의 개수를 그림으로 그려 보세요. 공평하게 나눌 수 없는 경우에는 X 표시를 하세요.

준비물: 사탕 8개, 필기구

이렇게 도와주세요

- 모든 사람에게 똑같이 사탕을 나눌 수 있는 경우에만 사탕을 그리고, 똑같이 나눌 수 없는 경우에는 × 표시를 하도록 해 주세요.

01 8개의 사탕을 1명에게 공평하게 나눌 수 있나요? 공평하게 나눌 수 있으면 1명이 받는 사탕의 수를 그림으로 그리고, 공평하게 나눌 수 없으면 X 표시를 하세요.

02 8개의 사탕을 2명에게 공평하게 나눌 수 있나요? 공평하게 나눌 수 있으면 1명이 받는 사탕의 수를 그림으로 그리고, 공평하게 나눌 수 없으면 X 표시를 하세요.

03 8개의 사탕을 3명에게 공평하게 나눌 수 있나요? 공평하게 나눌 수 있으면 1명이 받는 사탕의 수를 그림으로 그리고, 공평하게 나눌 수 없으면 X 표시를 하세요.

04 8개의 사탕을 4명에게 공평하게 나눌 수 있나요? 공평하게 나눌 수 있으면 1명이 받는 사탕의 수를 그림으로 그리고, 공평하게 나눌 수 없으면 X 표시를 하세요.

05 8개의 사탕을 5명에게 공평하게 나눌 수 있나요? 공평하게 나눌 수 있으면 1명이 받는 사탕의 수를 그림으로 그리고, 공평하게 나눌 수 없으면 X 표시를 하세요.

06 8개의 사탕을 6명에게 공평하게 나눌 수 있나요? 공평하게 나눌 수 있으면 1명이 받는 사탕의 수를 그림으로 그리고, 공평하게 나눌 수 없으면 X 표시를 하세요.

07 8개의 사탕을 7명에게 공평하게 나눌 수 있나요? 공평하게 나눌 수 있으면 1명이 받는 사탕의 수를 그림으로 그리고, 공평하게 나눌 수 없으면 X 표시를 하세요.

08 8개의 사탕을 8명에게 공평하게 나눌 수 있나요? 공평하게 나눌 수 있으면 1명이 받는 사탕의 수를 그림으로 그리고, 공평하게 나눌 수 없으면 X 표시를 하세요.

활동 II - 배수와 약수 빙고

종이에 가로 5칸, 세로 5칸의 5 × 5 빙고 판을 그려서 배수와 약수 빙고 게임을 해 보세요. 상대방과 내가 번갈아 가며 "3의 배수!", "8의 약수!" 같은 조건을 외치고, 조건에 맞는 숫자를 찾아서 칠해요. 먼저 5줄을 칠한 사람이 이긴답니다.

준비물: 종이, 필기구, 색칠 도구

이렇게 도와주세요

- 게임을 하다 보면 1부터 100까지의 수 중 짝수를 모두 적은 뒤 "2의 배수!"라고 외치면 게임이 바로 끝나는 것을 알 수 있습니다. 마찬가지로 3의 배수와 4의 배수를 모두 적은 뒤 "3의 배수!", "4의 배수!"를 외쳐도 게임이 진행되지 않으니 빙고 판에 특정 배수만을 적지 않는 조건을 추가해 주세요.
- 외친 조건에 맞는 숫자를 모두 지우지 않는 실수를 하더라도, 바로 수정하는 것이 아니라 다음 기회가 생겼을 때 지우도록 합니다. 예를 들어 13의 배수를 지우는 조건에서 13의 배수인 39를 바트리고 지우지 못했더라도 넘어가고, 다음에 39를 지울 수 있는 조건이 나왔을 때 지우도록 합니다. 이렇게 게임을 통해 약수와 배수를 자연스럽게 배워 나가며 실수를 줄일 수 있도록 지도해 주세요.

01 종이에 가로 5칸, 세로 5칸의 5 × 5 빙고 판을 그리세요.

1	48	52	62	100
26	3	4	6	5
15	36	2	53	20
13	14	10	18	32
39	11	28	21	22

02 1부터 100까지의 숫자 중 25개의 숫자를 골라 빈칸에 적으세요.

1	48	52	62	100
26	3	4	6	5
15	36	2	53	20
13	14	10	18	32
39	11	28	21	22

03 내가 칠하고 싶은 숫자에 대한 조건을 외치고, 조건에 맞는 숫자가 적힌 칸을 칠하세요.

※ 예시) "6의 약수!"

1	48	52	62	100
26	3	4	6	5
15	36	2	53	20
13	14	10	18	32
39	11	28	21	22

04 상대방이 칠하고 싶은 숫자에 대한 조건을 외치면 조건에 맞는 숫자가 적힌 칸을 칠하세요.

※ 예시) "10의 배수!"

1	48	52	62	100
26	3	4	6	5
15	36	2	53	20
13	14	10	18	32
39	11	28	21	22

05 상대방과 번갈아 가며 조건을 외치세요.

※ 예시) "13의 배수!"

1	48	52	62	100
26	3	4	6	5
15	36	2	53	20
13	14	10	18	32
39	11	28	21	22

06 5줄을 먼저 칠한 사람이 "빙고!"라고 외치면 이겨요.

정리하기

관찰 및 분석하기

01 1부터 100까지의 수 중 10의 배수는 모두 몇 개일까요?

02 2부터 9까지의 수 중 100 이하의 배수가 가장 많은 수는 무엇일까요?

03 7의 배수 중에서 3번째로 작은 수는 무엇인가요?

04 1부터 100까지의 수 중 15의 배수와 100의 약수를 모두 구해 보세요. 둘 중 개수가 더 많은 수는 무엇인가요?

- 15의 배수:

- 100의 약수:

- 개수가 더 많은 수:

05 배수와 약수 빙고 게임에서 이기기 위해서는 어떤 조건을 외쳐야 할까요?

확장하기

01 1356이 2의 배수인지, 3의 배수인지, 5의 배수인지 판별해 보세요. 그렇게 판별한 이유도 적어 보세요.

02 1부터 100까지의 수 중 2의 배수이면서 3의 배수인 수를 모두 적어 보세요. 빠르게 찾을 수 있는 규칙도 적어 보세요.

- 2의 배수이면서 3의 배수인 수:

- 빠르게 찾을 수 있는 규칙:

03 5의 배수와 10의 배수는 어떤 관계가 있을까요?

04 어떤 수가 6의 배수라면 충족해야 하는 두 가지 조건을 적어 보세요. 그리고 이 조건에 따라 132가 6의 배수인지 판별해 보세요.

05 12, 25, 60, 80, 99의 약수를 각각 구해 보세요. 약수가 가장 많은 수는 무엇인가요?

이렇게도 해 보세요!

배수 판별 카드 놀이

숫자 카드와 배수 카드를 뽑아 배수 판별 놀이를 해 보세요.
준비물: 1부터 9까지의 숫자 카드, 2, 3, 5 배수 카드(부록 385~387p)

| 1 | 2 | 3 | 4 |
| 5 | 6 | 7 | 8 | 9 |

2 2의 배수가 될까요?
3 3의 배수가 될까요?
5 5의 배수가 될까요?

01 1부터 9까지의 숫자 카드 9장과 2, 3, 5 배수 카드 3장을 잘라 준비하세요.

02 1부터 9까지의 숫자 카드에서 3장을 차례로 뽑으세요.

03 02번 과정에서 뽑은 첫 번째 카드의 숫자를 백의 자리, 두 번째 카드의 숫자를 십의 자리, 세 번째 카드의 숫자를 일의 자리로 해서 세 자리 수를 만드세요.

04 2, 3, 5 배수 카드 중 1장을 뽑으세요.

05 03번 과정에서 만든 세 자리 수가 04번 과정에서 뽑은 카드 숫자의 배수인지 판정해 보세요.

	첫 번째 숫자 카드	두 번째 숫자 카드	세 번째 숫자 카드	2, 3, 5 배수 카드	배수 판정
예시)	6	7	9	3	X
1					
2					
3					
4					
5					

2 소수와 합성수
: 에라토스테네스의 체로 소수 구하기

난이도 ★★★☆☆

영역
수와 연산

수학적 개념
수의 연산

수학적 원리
소수

 수학 원리 탐구하기

소수

'소수'라고 하면 어떤 수가 떠오르나요? 대부분 0.2, 0.35와 같은 수를 떠올릴 거예요. 하지만 소수점을 통해 나타내는 소수(小數)가 아니라, 1과 자기 자신으로만 나눌 수 있는 소수(素數)라는 특별한 수가 있답니다. 수를 하나씩 살펴보면서 소수인지 확인해 볼까요?

- 2는 1과 자기 자신인 2로만 나눌 수 있으므로 소수예요.
- 3은 1과 자기 자신인 3으로만 나눌 수 있으므로 소수예요.
- 4는 1, 2, 4로 나눌 수 있으므로 소수가 아니에요.

소수에는 2, 3, 5, 7, 11, 13, 17, 19, 23, 29… 등이 있고, 소수의 개수는 끝없이 많아요. 혹시 소수 중에 유일한 짝수가 있다는 것을 발견했나요? 2는 유일하게 짝수인 소수랍니다. 2를 제외한 모든 소수는 홀수예요.

합성수

합성수는 1과 자기 자신뿐만 아니라, 다른 수로도 나눌 수 있는 수예요. 즉, 약수가 2개보다 많은 수이지요. 6을 생각해 볼까요? 6은 1, 2, 3, 6으로 나눌 수 있어요. 약수가 4개이므로 합성수이지요.

숫자	나눌 수 있는 숫자 (약수)	소수/합성수 여부
2	1, 2	소수
3	1, 3	소수
4	1, 2, 4	합성수
5	1, 5	소수
6	1, 2, 3, 6	합성수
7	1, 7	소수
8	1, 2, 4, 8	합성수
9	1, 3, 9	합성수

에라토스테네스의 체

'에라토스테네스의 체'는 고대 그리스의 천재 수학자 에라토스테네스가 만들어 낸 방법으로, 체로 거르듯이 수를 하나씩 지워가며 소수를 찾아내는 간단하고 재미있는 방법이에요. 먼저 1부터 원하는 수까지 나열해요. 1은 소수가 아니므로 지워요. 그리고 가장 작은 소수인 2부터 시작해서 2를 제외한 2의 배수(4, 6, 8…)는 소수가 아니므로 모두 지워요. 다음 소수인 3으로 가서, 남은 수 중 3을 제외한 3의 배수(9, 15, 21…)도 모두 지워요. 그리고 다음 소수인 5로 가서, 남은 수 중 5를 제외한 5의 배수(25)도 모두 지워요. 이렇게 반복하며 소수를 제외한 수를 모두 지워 나가면, 지우고 남은 수들이 바로 소수랍니다.

1은 소수가 아님	2를 제외한 2의 배수	3을 제외한 3의 배수	5를 제외한 5의 배수

1	2	3	4	5	6	7	8	9	10
11	12	13	14	15	16	17	18	19	20
21	22	23	24	25	26	27	28	29	30

1부터 30까지의 소수: 2, 3, 5, 7, 11, 13, 17, 19, 23, 29

생활 속 예시

소수를 활용한 인터넷 보안

소수는 비밀번호와 인터넷 보안에서 중요한 역할을 해요. 인터넷의 정보를 안전하게 지키기 위해 자주 사용되는 'RSA 암호화'는 두 개의 큰 소수를 곱해서 만든 숫자를 활용해 정보를 암호로 만드는 방법이에요. 이 방법은 두 개의 소수를 곱하는 것은 쉽지만, 그 결과를 보고 곱한 두 소수를 찾는 것은 어렵다는 점을 이용한 거예요. 예를 들어, 71 × 73이 5183이라는 것은 쉽게 계산할 수 있지만 어떤 두 소수를 곱해야 5183이 되는지 찾으려면 하나씩 나누어 봐야 하므로 시간이 오래 걸리지요.

소수 매미

소수 매미는 13년 또는 17년 주기로 나타나는 특별한 매미예요. 이 매미는 북아메리카에 서식하며, 대부분의 시간을 땅속에서 유충으로 보내다가 13년 또는 17년 만에 땅 위로 올라와 번식을 해요. 숫자 13과 17은 소수이므로 다른 숫자들과의 공통배수가 거의 없어요. 따라서 소수 매미의 번식 주기는 포식자의 번식 주기와 겹칠 확률이 낮고, 이 점은 자연에서 포식자의 공격을 피하는 데 큰 역할을 해요.

이렇게 도와주세요

- 아이에게 소수를 설명할 때는 일상생활의 예시를 활용해 설명해 주세요. 예를 들어, 5개의 사탕을 친구들과 똑같이 나누려고 하면 1명이 전부 가지거나 5명이 하나씩 나누어 가지는 방법밖에 없지만 사탕이 6개라면 1명, 2명, 3명, 6명에게도 똑같이 나눌 수 있다고 알려주세요.
- 소수의 정의를 바로 설명하기보다는 "자기 자신과 1로만 나누어지는 특별한 수들을 찾아볼까?"라는 질문을 던져, 아이가 직접 소수를 찾아보는 과정을 통해 소수의 개념을 체득하도록 도와주세요.

 **활동하기**

에라토스테네스의 체로 소수 구하기

에라토스테네스의 체를 이용해 1부터 100까지의 수 중에서 소수를 모두 찾아 보세요.

준비물: 1부터 100까지의 숫자판(부록 389~391p), 색칠 도구

이렇게 도와주세요

- 책에 나와 있는 그림과 설명을 보지 않고 먼저 활동을 할 수 있도록 보호자가 01번~07번 과정을 순서대로 불러 주세요. 불러 준 대로 활동을 끝냈다면, 책에 나와 있는 설명을 아이가 직접 보면서 다시 한 번 해 보도록 지도해 주세요.
- 지워야 하는 수를 놓치고 가는 경우가 있더라도 정답을 바로 알려주기보다는 스스로 잘못된 부분을 찾을 수 있도록 도와주세요.

01 숫자판을 준비하세요.

02 1은 소수가 아니므로 1을 지우세요.

03 2를 제외한 2의 배수를 모두 지우세요.

04 3을 제외한 3의 배수를 모두 지우세요.

1	2	3	4	5	6	7	8	9	10
11	12	13	14	15	16	17	18	19	20
21	22	23	24	25	26	27	28	29	30
31	32	33	34	35	36	37	38	39	40
41	42	43	44	45	46	47	48	49	50
51	52	53	54	55	56	57	58	59	60
61	62	63	64	65	66	67	68	69	70
71	72	73	74	75	76	77	78	79	80
81	82	83	84	85	86	87	88	89	90
91	92	93	94	95	96	97	98	99	100

05 5를 제외한 5의 배수를 모두 지우세요.

1	2	3	4	5	6	7	8	9	10
11	12	13	14	15	16	17	18	19	20
21	22	23	24	25	26	27	28	29	30
31	32	33	34	35	36	37	38	39	40
41	42	43	44	45	46	47	48	49	50
51	52	53	54	55	56	57	58	59	60
61	62	63	64	65	66	67	68	69	70
71	72	73	74	75	76	77	78	79	80
81	82	83	84	85	86	87	88	89	90
91	92	93	94	95	96	97	98	99	100

06 7을 제외한 7의 배수를 모두 지우세요.

> 2, 3, 5, 7, 11, 13, 17, 19, 23, 29,
> 31, 37, 41, 43, 47, 53, 59, 61, 67,
> 71, 73, 79, 83, 89, 97

07 남은 수는 모두 소수예요. 놓친 소수가 없는지 확인해 보세요.

정리하기

관찰 및 분석하기

01 소수는 무엇인지 설명해 보세요.

02 〈보기〉 중 소수를 모두 찾아 보세요.

〈보기〉
2, 3, 6, 8, 15, 19, 27, 28

03 에라토스테네스의 체를 이용해 1부터 50까지의 수 중에서 소수는 모두 몇 개인지 구해 보세요. 그리고 구한 과정을 설명해 보세요.

- 소수의 개수:

- 구한 과정:

04 에라토스테네스의 체를 이용해 소수를 찾을 때, 4의 배수를 지우지 않는 이유는 무엇일까요?

05 1부터 어떤 수까지의 소수를 모두 구할 때, 모든 수를 직접 확인하는 것보다 에라토스테네스의 체를 이용하는 것이 더 효율적인 이유를 설명해 보세요.

확장하기

01 어떤 두 소수를 곱해서 35가 되었습니다. 두 소수는 무엇일까요?

02 2는 짝수 중에서 유일한 소수입니다. 그 이유는 무엇일까요?

03 23이 소수인지 어떻게 확인할 수 있을까요?

04 소수를 사용하면 암호를 더 안전하게 만들 수 있는 이유는 무엇일까요?

05 에라토스테네스의 체에서 작은 소수의 배수부터 시작해서 수를 지우는 이유는 무엇일까요? 큰 소수의 배수부터 시작하면 어떻게 될까요?

이렇게도 해 보세요!

소수 구하기 주사위 게임

주사위 3개를 굴려서 나온 세 수의 곱을 구하고, 그 수보다 작은 소수를 모두 구해 보세요.

준비물: 주사위 3개

	첫 번째 주사위	두 번째 주사위	세 번째 주사위	세 수의 곱	세 수의 곱보다 작은 소수
예시)	2	4	1	8	2, 3, 5, 7
1					
2					
3					
4					
5					

3 사칙연산과 방정식
: 계산으로 문제 해결하기

난이도 ★★☆☆☆

영역
수와 연산

수학적 개념
수의 연산

수학적 원리
사칙연산, 방정식

 수학 원리 탐구하기

사칙연산

더하기(+), 빼기(−), 곱하기(×), 나누기(÷)가 섞여 있는 계산을 '사칙연산'이라고 해요. 사칙연산은 다음과 같은 순서로 풀어야 해요.

① 가장 먼저 괄호[( )] 안을 계산해요.
② 곱하기와 나누기는 더하기와 빼기보다 먼저 계산해야 해요.
③ 하나의 식에 더하기와 빼기, 또는 곱하기와 나누기가 함께 나와 있다면 왼쪽부터 순서대로 계산해요.

이처럼 계산 순서를 잘 지키면 누구나 올바른 답을 얻을 수 있답니다. 다음 예시를 통해 사칙연산의 순서를 자세히 알아볼까요?

1. 식: 2 + 5 × 3 − 1
   ① 곱하기인 5 × 3을 먼저 계산해요. 그러면 식은 2 + 15 − 1이 됩니다.
   ② ①의 식에서 더하기와 빼기를 왼쪽부터 순서대로 계산하면 답은 16입니다.

2. 식: (2 + 5) × 3 − 1
   ① 괄호 안에 있는 2 + 5를 먼저 계산해요. 그러면 식은 7 × 3 − 1이 됩니다.
   ② ①의 식에서 곱하기와 빼기를 순서대로 계산하면 답은 20입니다.

그렇다면 왜 더하기와 빼기보다 곱하기와 나누기를 먼저 계산해야 할까요? 곱하기와 나누기는 더하기와 빼기의 반복된 연산을 간단히 표현한 것이기 때문이에요. 예를 들어, 3 × 4는 3을 네 번 더한 3 + 3 + 3 + 3을 간단히 나타낸 것이고 6 ÷ 2는 6에서 2를 몇 번 뺄 수 있는지를 나타낸 것이지요. 만약 곱하기와 나누기보다 더하기와 빼기를 먼저 계산하고 싶다면 괄호를 사용하면 돼요.

방정식

방정식은 숫자와 기호로 이루어진 식이에요. 방정식을 해결하기 위해서는 식의 빈칸에 들어갈 숫자를 찾아야 해요. 방정식에서 가장 중요한 기호는 등호(=)예요. 등호의 양쪽이 항상 같아지도록 빈칸에 들어갈 숫자를 찾아야 하지요. 예를 들어, □ + 3 = 7이라는 방정식이 있다면 □에 어떤 숫자가 들어가야 7이 될까요? 정답은 4예요. □에 4를 넣으면 4 + 3 = 7이 되어, 등호의 양쪽이 같아지지요.

생활 속 예시

거스름돈 계산하기

부모님과 마트에 가서 과일을 구매한 뒤 거스름돈을 받는 상황을 생각해 보세요. 사과 4개와 바나나 2송이를 구매한 뒤 20000원을 냈다면 얼마를 거슬러 받아야 할까요?

더하기, 빼기, 곱하기를 이용해서 식을 세워 볼까요?

20000 − 2000 × 4 − 3000 × 2

곱하기를 먼저 계산하고 빼기를 왼쪽부터 순서대로 계산하면 20000 − 8000 − 6000 = 6000, 따라서 거스름돈은 6000원이에요. 이번에는 괄호를 이용해서 식을 세워 볼까요?

$$20000 - (2000 × 4 + 3000 × 2)$$

괄호 안의 곱하기와 더하기를 먼저 계산하고 괄호 밖의 빼기를 계산하면 20000 - (8000 + 6000) = 20000 - 14000 = 6000, 따라서 거스름돈은 마찬가지로 6000원이에요. 이렇게 하나의 상황에서도 여러 가지 방법으로 식을 세워 문제를 해결할 수 있답니다.

이렇게 도와주세요

- 곱하기는 몇 번을 더하라는 개념이고 나누기는 몇 번을 빼라는 개념임을 설명하여 더하기, 빼기, 곱하기, 나누기가 함께 있는 사칙연산을 할 때 곱하기와 나누기를 먼저 계산해야 한다는 것을 알려주세요.
- 아이에게 방정식을 설명할 때는 바로 계산식과 기호를 사용하기보다는 먼저 "사과가 4개 있는데, 7개가 되려면 몇 개를 더해야 할까?"와 같이 구체적인 사물을 활용한 질문을 던져 방정식의 개념을 이해할 수 있도록 도와주세요.

 **활동하기**

활동 I - 방정식과 그림으로 사탕 문제 해결하기

사탕 12개를 이용해 여러 가지 문제의 답을 구해 보세요. 올바른 사탕의 개수나 사람의 수를 그림으로 그려 보고, 더하기, 빼기, 곱하기, 나누기 기호를 이용한 방정식으로도 나타내 보세요.

준비물: 사탕 12개

이렇게 도와주세요

- 더하기와 빼기로 바로 계산할 수 있는 경우에도 방정식으로 나타낸 뒤에 문제를 해결하도록 지도해 주세요.

그림으로 나타내기	방정식으로 나타내기

01 사탕이 3개 있을 때, 몇 개의 사탕을 더해야 12개가 될까요? 더해야 하는 사탕의 개수를 구해 보세요.

그림으로 나타내기	방정식으로 나타내기

02 사탕 12개 중 동생이 □개를 먹었더니 8개가 남았어요. 동생이 먹은 사탕의 개수를 구해 보세요.

그림으로 나타내기	방정식으로 나타내기

03 사탕 12개를 □명에게 똑같이 나누어 주었더니 한 사람당 2개씩 받았어요. 사탕을 받은 사람의 수를 구해 보세요.

그림으로 나타내기	방정식으로 나타내기

04 사탕 3개가 한 묶음일 때, 사탕이 12개가 되려면 몇 개의 묶음이 있어야 할까요? 필요한 묶음의 개수를 구해 보세요.

활동 II - 사칙연산으로 큰 수 만들기 게임

1부터 15까지의 숫자 카드 중 세 장을 차례로 뽑은 뒤, 뽑은 순서대로 카드를 배치하세요. 그리고 사칙연산 기호 카드 중 두 장을 뽑으세요. 먼저 뽑은 숫자 카드 사이에 기호 카드를 배치해서 더 큰 수를 만드는 사람이 이기는 게임이에요.

준비물: 1부터 15까지의 숫자 카드, 사칙연산 기호 카드(부록 393~397p)

이렇게 도와주세요

- 큰 수를 만들기 위한 계산은 암산으로 하기 어려우므로 종이에 적으면서 계산할 수 있도록 도와주세요.
- 계산을 틀리게 한 경우에는 바르게 계산할 수 있도록 도와주세요. 그러나 더 큰 수를 만들 수 있음에도 작은 수를 만들었다면 아이가 게임에서 지더라도 개입하지 않습니다. 아이 스스로 계산 실수를 줄이고, 사칙연산의 과정에 자연스럽게 익숙해질 수 있도록 해 주세요.

01 1부터 15까지의 숫자 카드와 사칙연산 기호 카드를 잘라서 준비하세요. 숫자 카드 중 3장을 뽑고, 뽑은 순서대로 카드를 배치하세요.

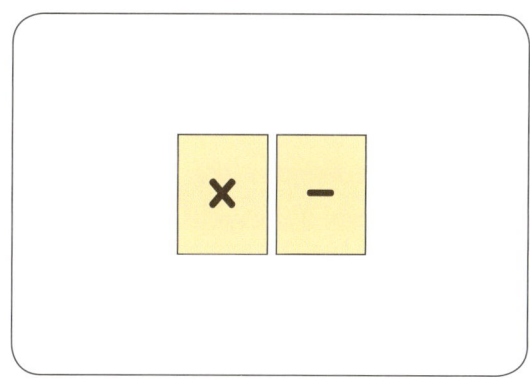

02 사칙연산 기호 카드 중 2장을 뽑으세요.

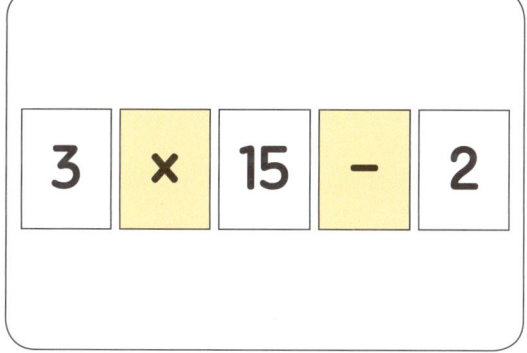

03 뽑은 숫자 카드 사이에 사칙연산 기호 카드를 배치해서 가능한 가장 큰 수를 만드세요. 상대방과 번갈아 가며 수를 만들고, 누가 더 큰 수를 만들었는지 비교해 보세요. 총 7번의 게임을 해서 더 큰 수를 많이 만든 사람이 이기는 거예요.

※ 위의 경우 곱하기(×)를 앞에 배치하고 빼기(−)를 뒤에 배치하면 43이 되지만, 빼기를 앞에 배치하고 곱하기를 뒤에 배치하면 −27이 돼요. 따라서 더 큰 수인 43을 만들기 위해 곱하기를 앞에 배치한 거예요.

정리하기

관찰 및 분석하기

01 [활동 II] 큰 수 만들기 게임에서 숫자 카드 13, 7, 2를 뽑고 사칙연산 기호 카드 빼기(−)와 곱하기(×)를 뽑았습니다. 가장 큰 수를 만들기 위해서는 사칙연산 기호 카드를 어떻게 배치해야 할까요? 빈칸에 알맞은 사칙연산 기호를 적고, 배치한 카드로 만든 가장 큰 수를 적어 보세요.

가장 큰 수:

02 더하기(+), 빼기(−), 곱하기(×), 나누기(÷)가 섞여 있는 계산은 어떤 순서로 해야 하나요?

03 백화점에서 똑같은 티셔츠 5장을 총 75000원에 구매했습니다. 티셔츠 1장의 가격을 방정식으로 나타내고 그 값을 구해 보세요.

- 방정식:

- 티셔츠 1장의 가격:

04 햄버거 가게에 가서 4000원짜리 햄버거 2개, 2000원짜리 감자튀김 2개, 1500원짜리 콜라 1개를 주문하고 20000원을 냈습니다. 거슬러 받아야 하는 돈은 얼마인가요?

확장하기

01 [활동 II] 큰 수 만들기 게임에서, 숫자 카드는 뽑은 순서와 상관없이 자유롭게 배치하고 사칙연산 기호 카드는 뽑은 순서대로 배치한다는 새로운 규칙에 따라 게임을 하려고 합니다. 숫자 카드 15, 3, 2를 뽑고 사칙연산 기호 카드 더하기(+)와 곱하기(×)를 뽑았다면 숫자 카드는 어떻게 배치해야 할까요? 빈칸에 알맞은 숫자를 채워 보세요.

02 사탕을 □개 사려고 하다가 6개를 더 샀습니다. 돌아오는 길에 동생에게도 주려고 아까 산 것과 똑같은 개수의 사탕을 샀습니다. 집에 돌아와서 사탕을 모두 세어 보았더니 20개였습니다. 맨 처음 사려고 했던 사탕의 개수 □를 구해 보세요.

03 숫자 3, 5, 7, 9와 사칙연산 기호 더하기(+), 빼기(−), 곱하기(×)를 한 번씩 사용해서 식을 세워 가장 큰 수를 만들어 보세요.

04 숫자 3, 5, 7, 9와 사칙연산 기호 더하기(+), 빼기(−), 곱하기(×)를 한 번씩 사용해서 식을 세워 50에 가장 가까운 수를 만들어 보세요(필요한 경우 괄호를 사용해도 됩니다).

05 다음 방정식의 □, ★의 값을 구해 보세요.

- □ + 돼지의 다리 개수 = 14
- ★ × 삼각형의 변의 개수 = 9

이렇게도 해 보세요!

거스름돈 계산하기

고기를 사고 50000원을 냈을 때 내가 받을 거스름돈은 얼마인지 구하는 게임을 해 보세요.

준비물: 고기 카드(부록 399p), 주사위

| 삼겹살 100g 2000원 | 목살 100g 2500원 | 돼지갈비 100g 2300원 | 항정살 100g 2800원 | 가브리살 100g 3000원 |

01 고기 카드 5장을 잘라서 준비하세요.

02 고기 카드 한 장을 뽑은 뒤 주사위를 굴리세요. 고기 카드의 가격과 주사위의 숫자를 곱해 내가 첫 번째로 산 고기의 가격을 구하세요.

03 남은 고기 카드에서 한 장을 더 뽑은 뒤 주사위를 굴리세요. 고기 카드의 가격과 주사위의 숫자를 곱해 내가 두 번째로 산 고기의 가격을 구하세요.

04 첫 번째와 두 번째 고기를 사고 50000원을 냈을 때, 얼마를 거슬러 받아야 하는지 식을 세워 계산해 보세요.

	첫 번째 고기 카드	첫 번째 주사위	두 번째 고기 카드	두 번째 주사위	식	거스름돈
예시	삼겹살 100g 2000원	6	목살 100g 2500원	3	50000 − (2000 × 6 + 2500 × 3)	30500원
1차						
2차						
3차						

4 분수
: 이집트 분수로 초코파이 나누기

난이도 ★★★★★

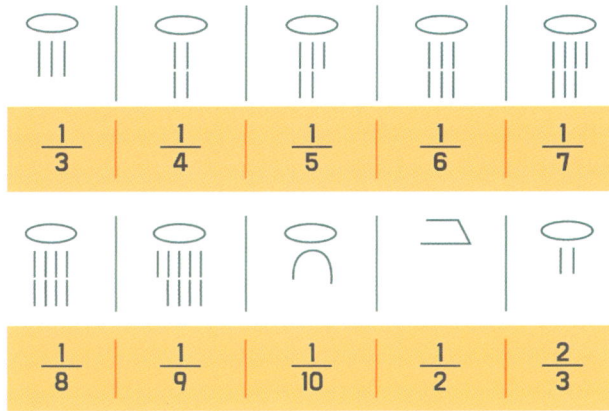

영역
수와 연산

수학적 개념
수의 연산

수학적 원리
단위분수, 이집트 분수

 **수학 원리 탐구하기**

분수

분수는 언제 생겨났을까요? 기원전 1650년, 고대 이집트는 나일강을 이용해서 1년에 세 번이나 농사를 지을 정도로 풍요로운 땅을 가지고 있었어요. 이러한 고대 이집트에서 땅과 수확물을 공평하게 나누는 것은 중요한 문제였지요. 예를 들어, 8명이 함께 농사를 지어 7가마니의 쌀을 수확했다면 어떻게 해야 쌀을 공평하게 나눌 수 있을까요?

$$7 \div 8 = \frac{7}{8}$$

7가마니의 쌀을 8명에게 한 가마니씩 나눠 줄 수 없으므로, 쌀 가마니의 수를 사람 수대로 나누어야 해요. 따라서 한 사람당 $\frac{7}{8}$ 가마니씩 가지면 공평한 것이지요. $\frac{7}{8}$ 처럼 수를 나눈 값을 표현한 것이 바로 분수예요. 이처럼 수확물을 공평하게 나누기 위해서 분수가 처음 만들어졌다고 해요.

통분

두 분수 $\frac{1}{3}$ 과 $\frac{1}{5}$ 을 더하는 과정을 생각해 볼까요? $\frac{1}{3}$ 은 빵을 세 조각으로 나눈 것 중 한 조각이고, $\frac{1}{5}$ 은 빵을 다섯 조각으로 나눈 것 중 한 조각이에요.

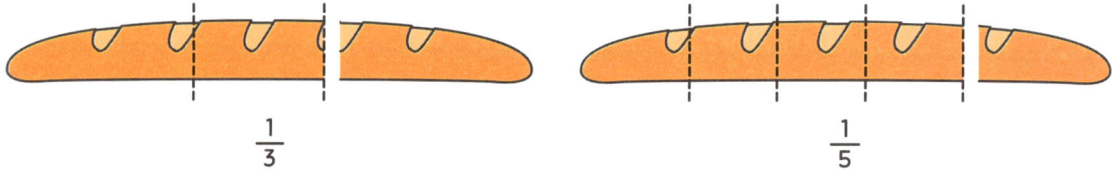

$$\frac{1}{3} \qquad \frac{1}{5}$$

두 조각의 크기가 다르므로 바로 더할 수 없고 조각의 크기, 즉 분모를 같게 만드는 과정이 필요해요. 이렇게 분모가 서로 다른 분수의 분모를 같게 만드는 과정을 '통분'이라고 해요. 통분을 하기 위해서는 서로 다른 분모가 공통된 배수가 되도록 분수의 분자와 분모에 같은 수를 곱해 새로운 분수를 만들어야 해요. $\frac{1}{3}$ 과 $\frac{1}{5}$ 을 더하려면 두 분모가 공통된 배수인 15가 되어야 해요. 따라서 $\frac{1}{3}$ 의 분자와 분모에 5를 곱해 $\frac{5}{15}$ 를 만들고, $\frac{1}{5}$ 의 분자와 분모에 3을 곱해 $\frac{3}{15}$ 을 만들어요.

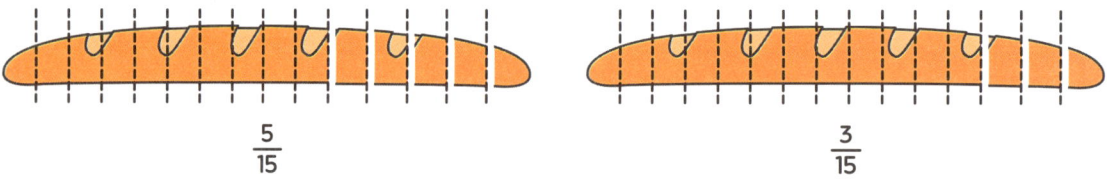

$$\frac{5}{15} \qquad \frac{3}{15}$$

통분한 분수 $\frac{5}{15}$ 와 $\frac{3}{15}$ 을 더하면, 답은 $\frac{8}{15}$ 이에요.

이집트 분수

이집트의 고대 문서에 따르면, 고대 이집트인은 $\frac{1}{2}$, $\frac{1}{3}$, $\frac{1}{4}$ …처럼 분자가 1인 단위분수와 분수 $\frac{2}{3}$ 만 사용했어요. 고대 이집트에서 3개의 빵을 4명이 공평하게 나누려면 어떻게 해야 할까요? 먼저 빵 두 개를 2등분하여 $\frac{1}{2}$ 씩 나누어 가진 뒤, 남은 빵 하나는 4등분해 $\frac{1}{4}$ 씩 나누어 가지면 공평하게 나눌 수 있어요.

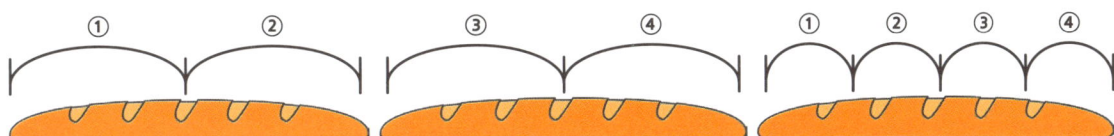

이렇게 도와주세요

- 분수는 '무언가를 나눈 조각 중 몇 개를 말하는 숫자'라고 설명해 주세요. "피자를 8조각으로 나누었을 때 한 조각을 먹으면 $\frac{1}{8}$ (팔분의 일)이야. 여기서 숫자 8은 전체 조각, 숫자 1은 먹은 조각을 의미해."처럼 쉬운 예시를 들어 설명해 주세요.
- 이집트 분수에서 가장 중요한 개념은 단위분수입니다. 단위분수는 분자가 1인 분수이며 $\frac{1}{2}$, $\frac{1}{3}$, $\frac{1}{4}$ 과 같이 한 조각을 가리키는 분수라고 설명해 주세요.
- 분수를 배울 때 아이들이 어려워하지만 가장 중요한 개념은 통분입니다. "피자를 2조각으로 나눈 것 중 한 조각($\frac{1}{2}$)과 피자를 3조각으로 나눈 것 중 한 조각($\frac{1}{3}$)의 합을 어떻게 구할 수 있을까?"처럼 구체적인 질문을 통해 분모를 같게 하는 통분의 필요성을 알 수 있도록 도와주세요.

활동 I - 단위분수 알아보기

초코파이를 자르며 단위분수에 대해 알아보아요. 초코파이를 그림과 같이 똑같은 크기의 여러 조각으로 나누어 보고, 나눈 조각 1개에 해당하는 단위분수를 적어 보세요.

준비물: 초코파이 4개, 빵칼

이렇게 도와주세요

• 빵칼을 사용해 초코파이를 자를 때 손을 다치지 않도록 지도해 주세요.

01 초코파이를 2등분해 자르세요. 자른 조각 1개에 해당하는 단위분수를 적으세요.

02 초코파이를 3등분해 자르세요. 자른 조각 1개에 해당하는 단위분수를 적으세요.

단위분수

03 초코파이를 4등분해 자르세요. 자른 조각 1개에 해당하는 단위분수를 적으세요.

단위분수

04 초코파이를 8등분해 자르세요. 자른 조각 1개에 해당하는 단위분수를 적으세요.

활동 II - 이집트 분수 표현하기

7개의 초코파이를 8명이 공평하게 나누어 먹으려고 해요. 초코파이를 직접 잘라 공평하게 나누어 보고, 한 사람이 나누어 가지는 몫을 이집트 분수로 나타내면 어떻게 되는지 확인해 보세요.

준비물: 초코파이 7개, 빵칼

이렇게 도와주세요

- 초코파이를 직접 자르고 나누어 가지면서 단위분수와 이집트 분수의 개념을 익힐 수 있도록 합니다.
- 이집트 분수에서 가장 중요한 점은 단위분수를 찾는 것입니다. 단위분수 중에서는 $\frac{1}{2}$이 가장 큽니다.

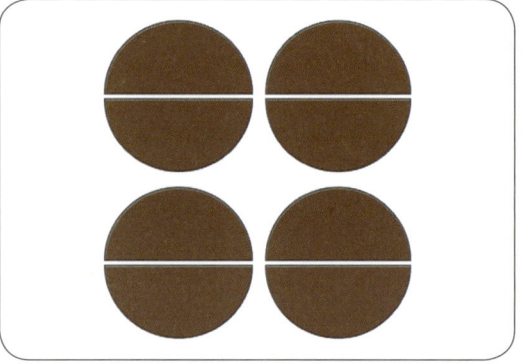

01 초코파이 4개를 각각 2등분해 자르세요. 한 사람당 1조각($\frac{1}{2}$)씩 나누어 가지세요.

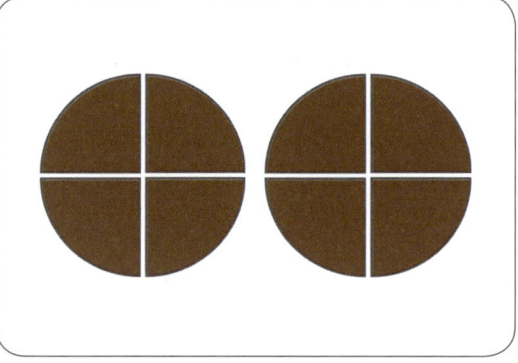

02 초코파이 2개를 각각 4등분해 자르세요. 한 사람당 1조각($\frac{1}{4}$)씩 나누어 가지세요.

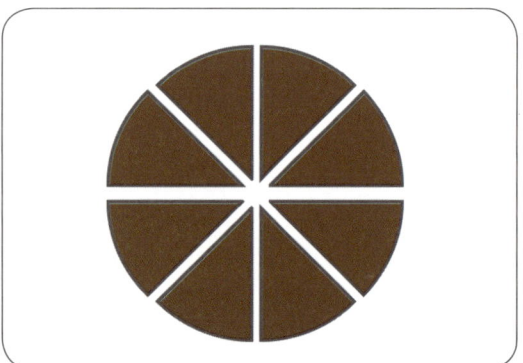

03 초코파이 1개를 8등분해 자르세요. 한 사람당 1조각($\frac{1}{8}$)씩 나누어 가지세요.

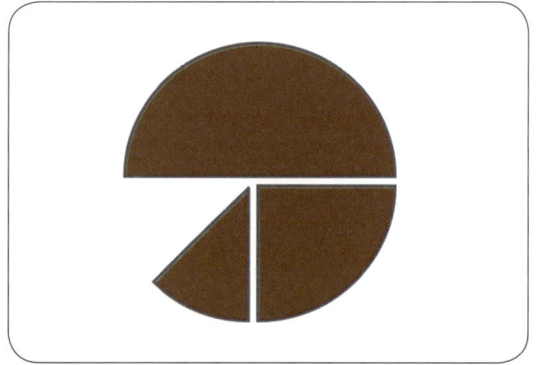

04 한 사람이 나누어 가지는 몫을 확인해 보세요.

※ 한 사람이 나누어 가지는 몫을 이집트 분수의 합으로 나타내면 $\frac{1}{2} + \frac{1}{4} + \frac{1}{8}$ 이에요.

정리하기

관찰 및 분석하기

01 단위분수란 무엇인가요?

02 〈보기〉의 분수 중 단위분수를 모두 찾아 적어 보세요.

$$\langle 보기 \rangle$$
$$\frac{1}{2}, \frac{3}{4}, \frac{1}{5}, \frac{7}{8}$$

03 $\frac{1}{5}$ 과 $\frac{1}{6}$ 을 더하려고 할 때, 두 분수의 분모를 어떤 수로 바꾸어야 할까요?

04 $\frac{1}{3} + \frac{1}{7}$ 을 계산해 보세요.

05 다음 식이 올바른지 확인하고, 그 과정을 적어 보세요.

$$\frac{7}{8} = \frac{1}{2} + \frac{1}{4} + \frac{1}{8}$$

확장하기

01 다음은 특정 분수를 단위분수의 합으로 나타내는 방법입니다. 방법을 참고해서 빈 칸을 채워 $\frac{11}{12}$ 을 단위분수의 합으로 나타내 보세요.

> **〈특정 분수를 단위분수의 합으로 나타내는 방법〉**
> ① 특정 분수를 단위분수의 합으로 나타냈을 때 가장 큰 단위분수를 찾습니다.
> ② 특정 분수에서 가장 큰 단위분수를 뺍니다.
> ③ 남은 값을 다시 단위분수의 합으로 나타냈을 때 가장 큰 단위분수를 찾습니다.
> ④ 남은 값에서 가장 큰 단위분수를 뺍니다. 분자가 1이 될 때까지 이 과정을 반복합니다.
> ⑤ 특정 분수를 앞에서 찾은 모든 단위분수의 합으로 나타냅니다.

① $\frac{11}{12}$ 을 단위분수의 합으로 나타냈을 때 가장 큰 단위분수는 $\frac{\Box}{\Box} = \frac{\Box}{12}$ 입니다.

② $\frac{11}{12} - \frac{\Box}{12} = \frac{\Box}{\Box}$ 입니다.

③ $\frac{\Box}{\Box}$ 를 단위분수의 합으로 나타냈을 때 가장 큰 단위분수는 $\frac{1}{3} = \frac{4}{12}$ 입니다.

④ $\frac{\Box}{12} - \frac{4}{12} = \frac{1}{12}$ 입니다.

⑤ 따라서 $\frac{11}{12} = \frac{\Box}{\Box} + \frac{\Box}{\Box} + \frac{\Box}{\Box}$ 입니다.

02 다음은 $\frac{1}{3} + \frac{1}{6} + \frac{1}{18}$ 을 계산하고 새로운 단위분수의 합으로 나타내는 과정입니다. 빈 칸을 채워 보세요.

① $\frac{1}{3} + \frac{1}{6} + \frac{1}{18} = \frac{\Box}{\Box}$

② $\frac{\Box}{\Box} = \frac{\Box}{\Box} + \frac{\Box}{\Box}$

03 $\frac{19}{20}$ 를 단위분수의 합으로 나타내 보세요. (단, $\frac{1}{2}$ 은 사용하지 않습니다.)

이렇게도 해 보세요!

분모가 다른 분수 더하기

피자 그림 2개를 이용해 분모가 다른 분수를 더하는 과정을 알아보아요. 똑같은 크기의 피자를 2조각으로 나눈 것 중 1조각($\frac{1}{2}$)과 3조각으로 나눈 것 중 1조각($\frac{1}{3}$)을 더해 보세요.

준비물: 피자 그림 2개(부록 401p), 가위

01 피자 그림 2개를 잘라서 준비하세요.

02 첫 번째 피자를 2등분해 자르세요. 자른 조각 1개는 $\frac{1}{2}$ 이에요.

03 두 번째 피자를 3등분해 자르세요. 자른 조각 1개는 $\frac{1}{3}$ 이에요.

04 $\frac{1}{2}$ 과 $\frac{1}{3}$ 의 분모의 가장 작은 공통배수는 6이에요. 따라서 $\frac{1}{2}$ 과 $\frac{1}{3}$ 을 더하려면 분모를 6으로 통분해야 해요. 첫 번째 피자와 두 번째 피자가 각각 6조각이 되도록 다시 자르세요.

05 통분한 분수끼리 더하면 $\frac{3}{6} + \frac{2}{6} = \frac{5}{6}$ 예요. 자른 조각 5개를 모아 값을 표현해 보세요.

5 수리 퍼즐
: 여러 가지 스도쿠 풀기

난이도 ★★★★☆

영역
수와 연산

수학적 개념
수와 연산의 활용

수학적 원리
수리 퍼즐 게임

 수학 원리 탐구하기

스도쿠

스도쿠는 어린이부터 어른까지 누구나 즐길 수 있는 숫자 퍼즐이에요. 정해진 규칙에 따라 숫자를 칸에 채워 넣으면서 퍼즐을 풀어야 하지요. 가로 9칸, 세로 9칸인 스도쿠의 규칙은 다음과 같아요.

- 가로줄에는 1부터 9까지의 숫자가 겹치지 않게 한 번씩만 들어가야 해요.
- 세로줄에는 1부터 9까지의 숫자가 겹치지 않게 한 번씩만 들어가야 해요.
- 작은 상자(가로 3칸, 세로 3칸)에는 1부터 9까지의 숫자가 겹치지 않게 한 번씩만 들어가야 해요.

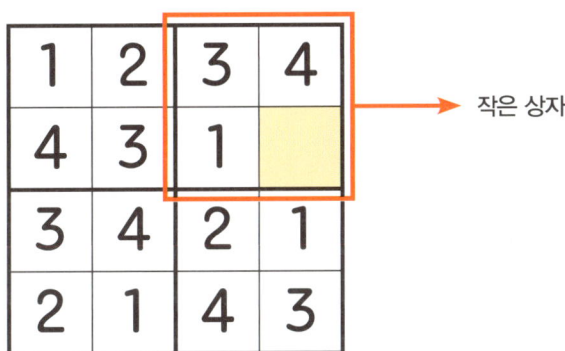
→ 큰 상자

→ 작은 상자

스도쿠를 잘 풀기 위해서는 단계별로 접근해야 해요. 먼저 숫자가 많이 채워진 부분을 찾아보고 빈칸이 적은 가로줄이나 세로줄부터 시작해요. 그 다음 작은 상자 안에 어떤 수가 빠졌는지 생각하며 숫자를 채워요. 마지막으로 잘못 넣은 숫자가 없는지, 가로줄, 세로줄, 작은 상자 안에 알맞은 숫자가 들어가 있는지 확인하는 것도 중요해요.

→ 작은 상자

위의 퍼즐은 1부터 4까지의 숫자가 들어가는 4 × 4 스도쿠예요. 노란색 빈칸에 들어갈 숫자는 무엇일까요? 빈칸이 있는 가로줄, 세로줄, 작은 상자(가로 2칸, 세로 2칸) 안에 숫자 1, 3, 4는 있지만 2는 없지요. 따라서 빈칸에는 숫자 2가 들어가야 해요.

이렇게 도와주세요

- 아이와 함께 스도쿠를 풀 때는 한 번에 완성하기보다는 작은 상자 한 개, 또는 한 줄을 먼저 완성하며 조금씩 흥미를 높여 주세요.
- 처음에는 4 × 4, 6 × 6의 작은 스도쿠로 자신감을 심어 주고, 서서히 어려운 문제를 풀도록 해 주세요.

 활동하기

활동 1 - 3×3 스도쿠 풀기

가로줄, 세로줄에 숫자 1, 2, 3이 겹치지 않도록 채워 넣는 3 × 3 스도쿠를 풀어 보세요.

※ 대각선에는 같은 숫자가 들어가도 괜찮아요.

준비물: 종이, 필기구

이렇게 도와주세요

• 빈칸이 적은 줄을 먼저 찾아 빈칸에 어떤 숫자를 적어야 하는지 생각해 보도록 도와주세요. 정식 스도쿠를 바로 풀기보다는 간단한 스도쿠를 먼저 풀어 보면서 단계적으로 문제를 해결하는 것이 흥미를 끌기에 좋은 방법입니다.

01 종이에 그림과 같은 가로 3칸, 세로 3칸의 3 × 3 스도쿠를 그리세요. 빈칸 중 어느 것을 먼저 채워야 할지 생각해 보세요.

02 첫 번째 가로줄의 가운데 칸에 들어갈 숫자를 생각해 보세요.

※ 빈칸이 적은 줄부터 시작하는 것이 좋아요. 첫 번째 가로줄에는 빈칸이 1개만 있으므로 이 칸부터 시작하는 거예요.

1	3	2
		1
2	1	3

03 첫 번째 가로줄에 1, 2가 있으므로 첫 번째 가로줄의 가운데 칸에 숫자 3을 적으세요.

1	3	2
		1
2	1	3

04 두 번째 세로줄의 가운데 칸에 들어갈 숫자를 생각해 보세요.

1	3	2
	2	1
2	1	3

05 두 번째 세로줄에 1, 3이 있으므로 두 번째 세로줄의 가운데 칸에 숫자 2를 적으세요.

1	3	2
	2	1
2	1	3

06 마지막 빈칸에 들어갈 숫자를 생각해 보세요.

1	3	2
3	2	1
2	1	3

07 첫 번째 세로줄과 두 번째 가로줄에 1, 2가 있으므로 마지막 빈칸에 숫자 3을 적으세요. 완성된 스도쿠를 확인해 보세요.

활동 II - 5 × 5 스도쿠 풀기

가로줄, 세로줄에 숫자 1, 2, 3, 4, 5가 겹치지 않도록 채워 넣는 5 × 5 스도쿠를 풀어 보세요.

※ 대각선에는 같은 숫자가 들어가도 괜찮아요.

준비물: 종이, 필기구

1		2		
	5	3	1	4
5	3		4	2
4		5	3	
	1	4	2	

01 종이에 그림과 같은 가로 5칸, 세로 5칸의 5 × 5 스도쿠를 그리세요. 빈칸 중 어느 것을 먼저 채워야 할지 생각해 보세요.

1		2		
	5	3	1	4
5	3		4	2
4		5	3	
	1	4	2	

02 두 번째 가로줄의 맨 왼쪽 칸과 세 번째 가로줄의 가운데 칸에 들어갈 숫자를 생각해 보세요.

※ 빈칸이 적은 줄부터 시작하는 것이 좋아요. 두 번째 가로줄과 세 번째 가로줄에는 빈칸이 1개씩만 있으므로 이 칸들부터 시작하는 거예요.

1		2		
2	5	3	1	4
5	3	1	4	2
4		5	3	
	1	4	2	

03 두 번째 가로줄에 1, 3, 4, 5가 있으므로 두 번째 가로줄의 맨 왼쪽 칸에 숫자 2를 적으세요. 세 번째 가로줄에 2, 3, 4, 5가 있으므로 세 번째 가로줄의 가운데 칸에 숫자 1을 적으세요.

1		2		
2	5	3	1	4
5	3	1	4	2
4		5	3	
	1	4	2	

04 첫 번째 세로줄의 맨 아래 칸에 들어갈 숫자를 생각해 보세요.

05 첫 번째 세로줄에 1, 2, 4, 5가 있으므로 첫 번째 세로줄의 맨 아래 칸에 숫자 3을 적으세요.

06 다섯 번째 가로줄의 맨 오른쪽 칸에 들어갈 숫자를 생각해 보세요.

07 다섯 번째 가로줄에 1, 2, 3, 4가 있으므로 다섯 번째 가로줄의 맨 오른쪽 칸에 숫자 5를 적으세요.

08 네 번째 가로줄의 왼쪽에서 두 번째 칸과 맨 오른쪽 칸에 들어갈 숫자를 생각해 보세요.

09 네 번째 가로줄에 3, 4, 5가 있으므로 두 빈칸에 들어갈 수 있는 숫자는 1과 2예요. 각 빈칸에 해당하는 세로줄의 숫자와 겹치지 않도록 네 번째 가로줄의 왼쪽에서 두 번째 칸에 숫자 2, 맨 오른쪽 칸에 숫자 1을 적으세요.

10 남은 빈칸에 알맞은 숫자를 채워 넣으세요. 완성된 스도쿠를 확인해 보세요.

정리하기

관찰 및 분석하기

01 스도쿠를 풀 때 지켜야 하는 규칙을 적어 보세요.

02 스도쿠를 풀 때는 어떤 칸을 가장 먼저 채우는 것이 좋을까요?

03 다음과 같은 3 × 3 스도쿠를 풀려고 합니다. 노란색 빈칸을 채워 보세요.

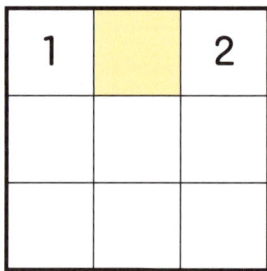

04 다음과 같은 5 × 5 스도쿠를 풀려고 합니다. 노란색 빈칸을 채워 보세요.

확장하기

01 다음과 같은 4 × 4 스도쿠 2개를 풀어 보세요.

	1	4	
	4	1	
4		2	1
1			4

		1	3
		2	4
	1	3	2
3	2	4	

02 1부터 9까지의 숫자를 한 번씩 사용하여 4개의 네모 칸 안에 있는 모든 숫자의 합이 10이 되도록 만들어 보세요. 모든 숫자를 다 사용하지 않아도 됩니다.

	3
4	

03 다음 퍼즐에는 1부터 9까지의 숫자가 들어갈 수 있습니다. 퍼즐의 가로줄, 세로줄, 대각선 숫자의 합이 모두 15가 되도록 빈칸을 채워 보세요.

8	1	
		7
4	9	

04 다음 퍼즐에는 1부터 16까지의 숫자가 들어갈 수 있습니다. 퍼즐의 가로줄, 세로줄, 대각선 숫자의 합이 모두 34가 되도록 빈칸을 채워 보세요.

13	3	2	
8		11	
12	6		9
	15	14	4

이렇게도 해 보세요!

6 × 6 스도쿠 풀기

다음과 같은 6 × 6 스도쿠를 풀어 보세요.

5	4	6		3	2
2		3	4		5
6	5	1	2		
		4	5	1	6
4	3	5	6		1
1	6	2	3	5	4

6 십진법과 이진법
: 이진법으로 암호 만들기

난이도 ★★★☆☆

영역
수와 연산

수학적 개념
수의 체계

수학적 원리
십진법, 이진법

 **수학 원리 탐구하기**

십진법

십진법은 우리가 가장 많이 사용하는 숫자 표현 방법이에요. 0부터 9까지 10개의 숫자를 사용해 거의 모든 수를 나타낼 수 있지요. 십진법은 고대 이집트에서 사람들이 손가락을 이용해 수를 세던 것에서 유래되었을 것으로 추정돼요.

십진법 숫자 123을 통해 십진법을 자세히 살펴볼까요?

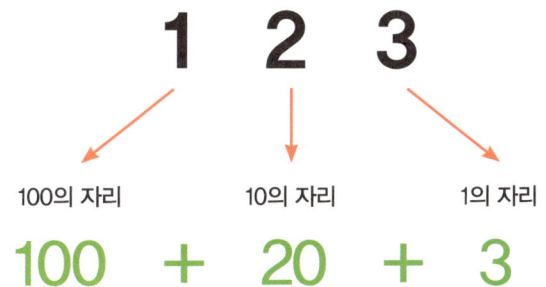

십진법 숫자 123에서 100의 자리 숫자 1은 100을, 10의 자리 숫자 2는 20을, 1의 자리 숫자 3은 3을 뜻해요. 각 자리의 수를 모두 더하면 123이 되지요.

이진법

이진법은 0과 1, 단 두 가지 숫자만 사용하는 특별한 숫자 표현 방법이에요. 우리가 일상에서 사용하는 십진법은 0부터 9까지 10개의 숫자를 사용하지만, 이진법은 0과 1만으로 모든 수를 표현해요. 이진법은 컴퓨터가 세상을 이해하고 계산하는 데 꼭 필요해요. 컴퓨터는 전기가 흐르는 상태를 '켜짐(1)', 전기가 흐르지 않는 상태를 '꺼짐(0)'으로 생각해서, 모든 숫자와 문자를 1과 0으로 바꾸어 처리하기 때문이에요.

이진법 숫자 1111을 통해 이진법을 자세히 살펴볼까요?

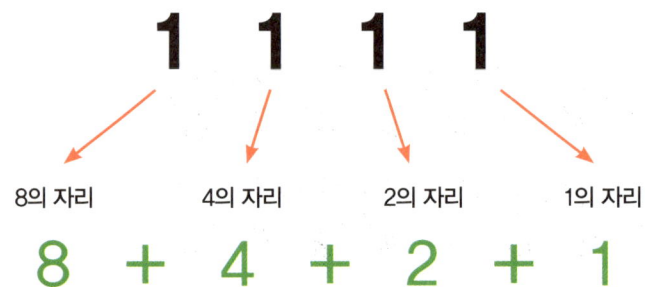

이진법에서 수의 자리는 오른쪽에서부터 첫 번째는 1의 자리, 두 번째는 2의 자리, 세 번째는 4의 자리, 네 번째는 8의 자리예요. 따라서 이진법 숫자 1111을 십진법 숫자로 바꾸면 $8 \times 1 + 4 \times 1 + 2 \times 1 + 1 \times 1 = 15$가 돼요.

같은 방법으로 이진법 숫자 11과 1101을 십진법 숫자로 바꾸어 볼까요?

이처럼 이진법 숫자 11을 십진법 숫자로 바꾸면 $2 \times 1 + 1 \times 1 = 3$이 되고, 이진법 숫자 1101을 십진법 숫자로 바꾸면 $8 \times 1 + 4 \times 1 + 2 \times 0 + 1 \times 1 = 13$이 돼요.

생활 속 예시

전기와 콘센트에서 사용되는 이진법

여러 개의 콘센트를 사용하기 위해 멀티탭을 사용한 적이 있나요? 멀티탭의 스위치를 켜면 전기가 흘러 연결된 기기가 작동하고, 스위치를 끄면 전기가 차단되어 연결된 기기가 작동을 멈춰요. 멀티탭의 전원이 켜져 있는지 확인하려면 스위치에 적혀 있는 숫자를 보면 되는데요. 스위치가 숫자 0 쪽으로 눌려 있으면 전원이 꺼져 있는 것이고, 숫자 1 쪽으로 눌려 있으면 전원이 켜져 있는 것이랍니다.

이렇게 도와주세요

- 아이들은 1부터 10까지의 수를 처음 배울 때 손가락 10개를 이용합니다. 다른 구체적인 사물이 없어도 손가락으로 숫자를 세며 십진법을 배울 수 있었지요. 하지만 십진법에 익숙해진 아이들에게 이진법을 바로 가르치기는 어려울 수 있습니다. 따라서 전구의 꺼짐(0)과 켜짐(1), 또는 동전의 앞면(0)과 뒷면(1)처럼 구체적인 사물을 이용해 이진법을 이해할 수 있도록 도와주세요.

 **활동하기**

활동 I – 십진법 숫자를 이진법 숫자로 바꾸기

다음 표는 십진법 숫자 2를 이진법 숫자로 바꾸는 과정을 담고 있어요. 이처럼 표의 빈칸을 채우면서 여러 가지 십진법 숫자를 이진법 숫자로 바꾸어 나타내 보세요.

십진법 숫자: 2			
2	× 1	=	2
1	× 0	=	0
(1, 0)		2 + 0 = 2	
이진법 숫자	10	합계	2

이렇게 도와주세요

- 십진법의 수를 이진법의 수로 바로 나타내기는 어려울 수 있으므로 작은 숫자부터 천천히 바꿔나가도록 도와주세요.

십진법 숫자: 7				
4	×		=	
2	×	1	=	2
1	×		=	
(, 1,)			( ) + 2 + ( ) = 7	
이진법 숫자		합계		7

01 노란색 빈칸을 채워 십진법 숫자 7을 이진법 숫자로 바꾸어 보세요.

십진법 숫자: 25

16	×	1	=	16
8	×		=	
4	×		=	
2	×	0	=	0
1	×		=	
(1, , ,0,)			16 + ( ) + ( ) + 0 + ( ) = 25	
이진법 숫자			합계	25

02 노란색 빈칸을 채워 십진법 숫자 25를 이진법 숫자로 바꾸어 보세요.

십진법 숫자: 30

16	×	1	=	16
8	×		=	
4	×		=	
2	×		=	
1	×		=	
(1, , , ,)			16 + ( ) + ( ) + ( ) + ( ) = 30	
이진법 숫자			합계	30

03 노란색 빈칸을 채워 십진법 숫자 30을 이진법 숫자로 바꾸어 보세요.

십진법 숫자: 33

32	×		=	
16	×		=	
8	×		=	
4	×		=	
2	×		=	
1	×		=	
(, , , , ,)			( ) + ( ) + ( ) + ( ) + ( ) + ( ) = 33	
이진법 숫자			합계	33

04 노란색 빈칸을 채워 십진법 숫자 33을 이진법 숫자로 바꾸어 보세요.

활동 II - 이진법 숫자로 비밀 편지 쓰기

다음 표는 한글을 십진법 숫자로 나타낸 거예요. 표에서 해당되는 글자를 찾은 뒤 이진법 숫자로 바꾸어 보세요. 자음과 모음이 바뀔 때는 쉼표(,)를 쓰고 한 칸을 띄우세요. 한 글자가 끝나고 다음 글자를 쓸 때는 줄을 바꾸세요. 익숙해지고 나면 내가 원하는 글자를 이진법 숫자로 바꾸어 비밀 편지를 써 보세요.

한글	ㄱ	ㄴ	ㄷ	ㄹ	ㅁ	ㅂ	ㅅ
십진법	1	2	3	4	5	6	7
한글	ㅇ	ㅈ	ㅊ	ㅋ	ㅌ	ㅍ	ㅎ
십진법	8	9	10	11	12	13	14
한글	ㅏ	ㅑ	ㅓ	ㅕ	ㅗ	ㅛ	ㅜ
십진법	15	16	17	18	19	20	21
한글	ㅠ	ㅡ	ㅣ	ㅐ	ㅒ	ㅔ	ㅖ
십진법	22	23	24	25	26	27	28
한글	ㅘ	ㅙ	ㅚ	ㅝ	ㅞ	ㅟ	ㅢ
십진법	29	30	31	32	33	34	35

〈한글 십진법 숫자 표〉

이렇게 도와주세요

- 처음부터 원하는 글자를 이진법 숫자로 바꾸기는 어려울 수 있습니다. 먼저 활동 과정을 따라 한 글자씩 함께 만들어 보며 익숙해진 다음 원하는 글자를 바꾸어 보도록 도와주세요. 조금 더 익숙해지면 문장을 이진법 숫자로 바꾸어 비밀 편지를 작성하도록 지도해 주세요.

한글: ㄷ	
십진법 숫자: 3	
이진법 숫자	11

01 'ㄷ'을 이진법 숫자로 바꾸어 보세요.

한글: ㅘ	
십진법 숫자: 29	
이진법 숫자	11101

02 'ㅘ'를 이진법 숫자로 바꾸어 보세요.

한글: 하	
십진법 숫자: 14(ㅎ)/ 15(ㅏ)	
이진법 숫자	1110, 1111

03 '하'를 이진법 숫자로 바꾸어 보세요.

한글: 강아지	
십진법 숫자: 1, 15, 8(강)/ 8, 15(아)/ 9, 24(지)	
이진법 숫자	1, 1111, 1000 1000, 1111 1001, 11000

04 '강아지'를 이진법 숫자로 바꾸어 보세요.

정리하기

관찰 및 분석하기

01 [활동 II] 〈한글 십진법 숫자 표〉를 참고해서 'ㅢ'를 이진법 숫자로 바꾸어 보세요.

02 [활동 II] 〈한글 십진법 숫자 표〉를 참고해서 다음 내용을 이진법 숫자로 바꾼 비밀 편지를 써 보세요.

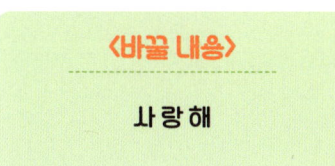

03 십진법 숫자 9를 이진법 숫자로 바꾸어 보세요.

04 십진법 숫자 99를 이진법 숫자로 바꾸어 보세요.

확장하기

다음은 알파벳을 십진법 숫자로 나타낸 표입니다. 표를 참고해서 문제에 답해 보세요.

알파벳	a	b	c	d	e	f	g
십진법	1	2	3	4	5	6	7
알파벳	h	i	j	k	l	m	n
십진법	8	9	10	11	12	13	14
알파벳	o	p	q	r	s	t	u
십진법	15	16	17	18	19	20	21
알파벳	v	w	x	y	z		
십진법	22	23	24	25	26		

〈알파벳 십진법 숫자 표〉

01 'h'를 이진법 숫자로 바꾸어 보세요.

02 'love'를 이진법 숫자로 바꾸어 보세요.

03 이진법 숫자 '1000, 101, 1100, 1100, 1111'을 알파벳으로 바꾸면 어떤 글자가 될까요?

04 동생과 보물찾기를 하기로 했습니다. 동생은 다음과 같이 보물의 위치를 이진법 숫자로 바꾸어 적은 쪽지를 남겼습니다. 보물이 있는 곳은 어디일까요?

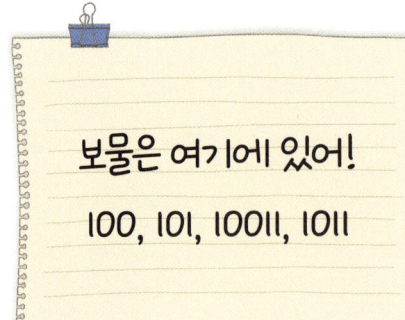

보물은 여기에 있어!
100, 101, 10011, 1011

보물이 있는 곳:

이렇게도 해 보세요!

이진법 손가락 식으로 큰 수 나타내기

손가락 10개를 이용해 만들 수 있는 가장 큰 수는 얼마일까요? 이진법을 사용하면 10보다 훨씬 더 큰 수를 나타낼 수 있어요. 다음 표를 참고해서, 손가락 10개를 이용해 0부터 1023까지의 수를 나타내 보세요.

왼손					오른손				
엄지 손가락	집게 손가락	가운뎃 손가락	약 손가락	새끼 손가락	새끼 손가락	약 손가락	가운뎃 손가락	집게 손가락	엄지 손가락
512	256	128	64	32	16	8	4	2	1

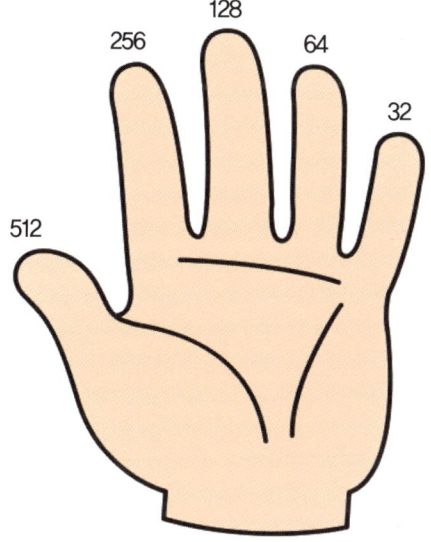
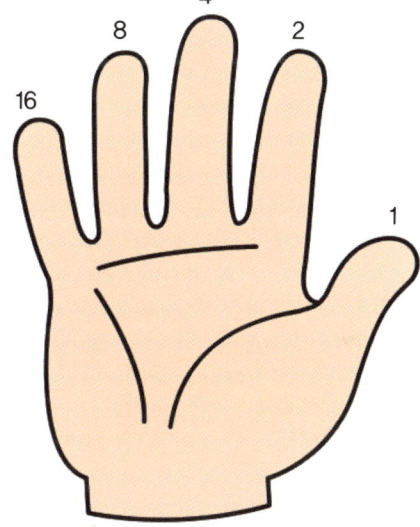

	손가락	손가락 식	나타낼 수
예1) (가)	512 256 128 64 32 / 16 8 4 2 1	1 + 2 + 4	7
1	512 256 128 64 32 / 16 8 4 2 1		
2	512 256 128 64 32 / 16 8 4 2 1		

7 평면도형
: 성냥개비로 평면도형의 성질 알아보기

난이도 ★★★☆☆

영역
도형과 측정

수학적 개념
평면도형

수학적 원리
도형의 기본 요소(점, 선, 면), 평면도형의 성질(도형의 합동, 도형의 닮음)

 **수학 원리 탐구하기**

도형의 기본 요소

도형을 이루는 기본 요소는 점(•), 선(—), 면(■)이에요.
- **점**: 점은 위치를 나타낼 수 있는 도형의 기본 요소예요.
- **선**: 점을 일직선으로 무수히 많이 찍으면 선이 돼요. 점은 위치만 나타낼 수 있지만, 선은 위치와 방향을 나타낼 수 있어요.
- **면**: 선을 무수히 많이 겹쳐 쌓아 올리면 면이 돼요. 선으로 둘러싸인 안쪽 영역도 면이라고 할 수 있어요.

평면도형의 성질: 합동과 닮음

두 평면도형의 크기와 모양이 같아 포개었을 때 완전히 겹쳐지는 경우, 두 도형은 서로 '합동'이라고 해요. 그리고 하나의 도형을 일정한 비율로 확대하거나 축소하여 다른 도형을 만든 경우, 두 도형은 서로 '닮음'이라고 해요. 이렇게 서로 닮음인 두 도형은 '닮은 도형'이라고도 해요.

〈도형의 합동〉

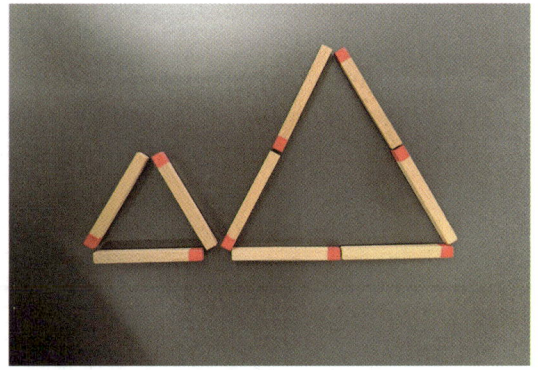

〈도형의 닮음〉

생활 속 예시

건축물 속의 점, 선, 면

다양한 도형의 형태를 가진 우리 주변의 건축물을 한번 자세히 살펴보세요. 건축물의 형태가 점, 선, 면으로 이루어져 있는 것을 확인할 수 있어요.

이렇게 도와주세요

- 성냥개비는 점과 선을 효과적으로 표현할 수 있는 도구입니다. 성냥개비를 활용해 아이가 평면도형의 기본 요소와 합동, 닮음을 쉽게 이해할 수 있도록 지도해 주세요. "성냥개비의 머리 부분은 삼각형의 꼭짓점이야. 성냥개비의 나무 부분은 도형의 어떤 기본 요소를 나타낼까?" 같은 질문으로 사고를 확장할 수 있게 도와주세요.

 **활동하기**

성냥개비로 평면도형의 기본 요소와 성질 탐구하기

성냥개비를 이용해 다양한 평면도형을 만들어 보면서 도형의 기본 요소와 평면도형의 성질을 탐구해 보세요.

준비물: 성냥개비(25개 이상)

이렇게 도와주세요

- 아이와 함께 성냥개비를 이용해 여러 가지 평면도형을 만들어 보세요. 만든 도형에서 성냥개비를 하나씩 없애거나 추가해서 새로운 모양을 계속 만들어 보세요.

01 성냥개비를 세로로 20개 이상 붙여 놓으세요.

02 01번의 성냥개비를 가져와 이번에는 가로로 20개 이상 붙여 놓으세요.

03 성냥개비 3개로 삼각형을 만드세요.

04 성냥개비 4개로 사각형을 만드세요.

05 **03**번과 **04**번 과정에서 만든 삼각형과 사각형을 1개씩 더 만드세요.

06 성냥개비 6개로 삼각형을 만드세요.

07 내가 만들고 싶은 평면도형 1가지를 만드세요.

※ 예시와 다른 도형을 만들어도 좋아요.

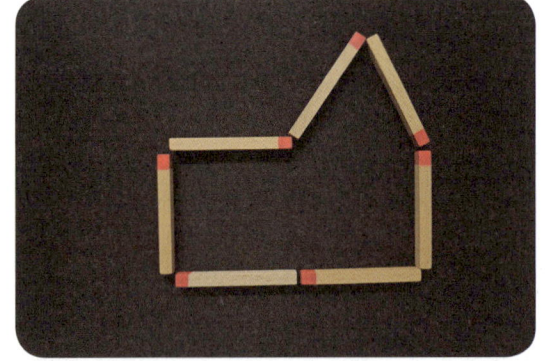

08 **07**번 과정에서 만든 평면도형에서 성냥개비 1개를 빼거나 더해 다른 평면도형을 만들 수 있는지 생각해 보세요.

정리하기

관찰 및 분석하기

01 성냥개비를 다음과 같이 세로로 붙여 놓았을 때, 성냥개비의 머리 부분이 놓인 모습은 도형의 기본 요소(점, 선, 면) 중 무엇이라고 할 수 있을까요? 왜 그렇게 생각했나요?

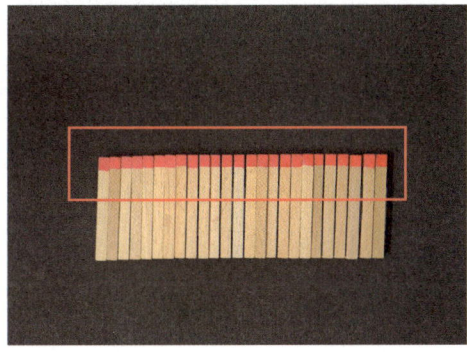

02 성냥개비를 다음과 같이 가로로 붙여 놓았을 때, 성냥개비의 나무 부분이 놓인 모습은 도형의 기본 요소인 '면'이라고 할 수 있습니다. 이와 다른 방식으로, 성냥개비를 3개 또는 4개만 사용하여 면을 표현하려면 어떻게 해야 할까요?

03 다음 삼각형 2개의 공통점과 차이점을 적어 보세요.

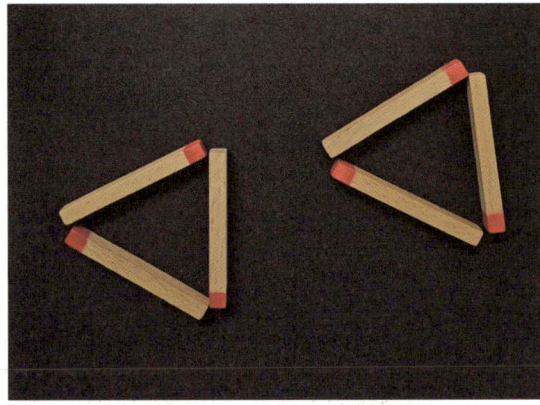

- 공통점:

- 차이점:

04 성냥개비 6개로 만든 삼각형과 성냥개비 3개로 만든 삼각형의 공통점과 차이점을 적어 보세요.

- 공통점:

- 차이점:

확장하기

01　성냥개비의 형태는 모두 직선입니다. 그렇다면 곡선으로 이루어진 평면도형은 성냥개비로 만들 수 없을까요?

02　다음 도형에서 성냥개비 4개 또는 8개를 없애 같은 크기의 정사각형 5개를 만들어 보세요.

03　다음 도형에서 성냥개비 6개를 움직여 평행사변형 6개를 만들어 보세요.
(평행사변형: 평행한 변이 2쌍인 사각형)

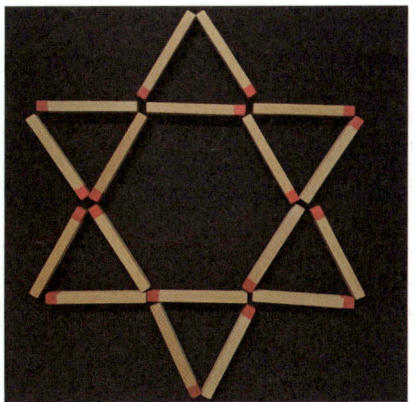

04 다음 도형에는 삼각형이 6개 있습니다. 성냥개비를 한 번에 2개씩만 움직여 삼각형을 각각 5개, 4개, 3개, 2개 만들어 보세요.
(성냥개비는 한 번에 2개씩, 총 4번만 움직일 수 있습니다. 삼각형의 크기는 바뀌어도 됩니다.)

이렇게도 해 보세요!

성냥개비 문제 해결하기

성냥개비를 이용해 다음과 같은 식을 만들었습니다. 성냥개비 2개를 옮겨 식이 성립되도록 바꾸어 보세요.
(단, 등호는 건드릴 수 없습니다.)

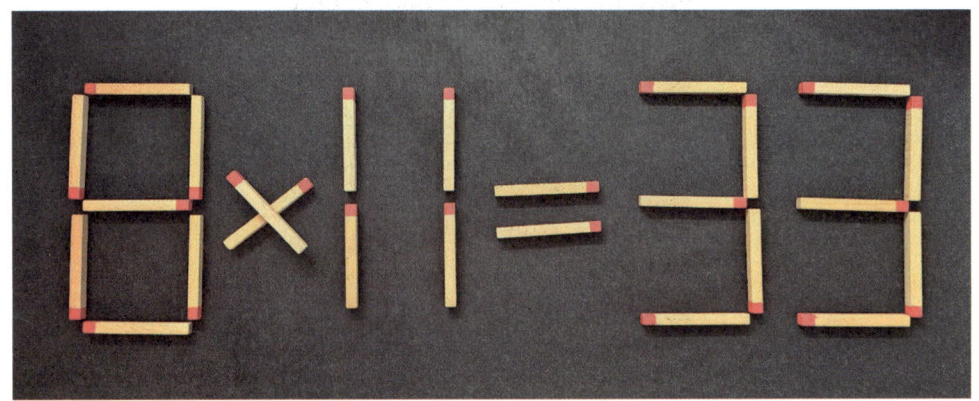

8 다각형
: 테셀레이션 만들기

난이도 ★★★★☆

영역
도형과 측정

수학적 개념
평면도형

수학적 원리
테셀레이션, 다각형, 다각형의 내각

 수학 원리 탐구하기

테셀레이션

일정한 형태의 도형으로 평면을 빈틈없이 채우는 것을 '테셀레이션'이라고 해요. 다른 이름으로 '쪽매맞춤', '타일링'이라고도 불러요. 테셀레이션의 기본 단위가 되는 일정한 형태의 도형은 '단위 도형'이라고 해요. 단위 도형을 대칭하거나 회전해서 반복적으로 배열하면 테셀레이션이 완성되지요.

단위 도형	▽	
테셀레이션		

다각형의 내각과 단위 도형 만들기

다각형 안쪽의 각을 '내각'이라고 해요. 다각형의 내각의 개수를 n이라고 할 때, 모든 내각의 크기의 합은 $180° \times (n - 2)$의 식으로 구할 수 있어요.

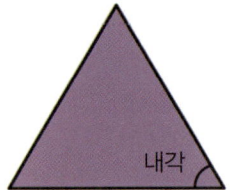 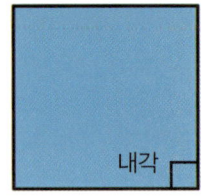 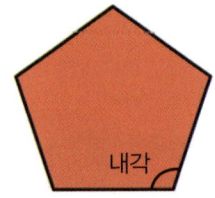 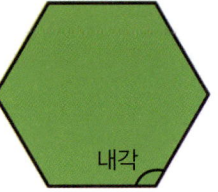

	삼각형	사각형	오각형	육각형
내각의 크기의 합	$180° \times (3 - 2) =$ $180°$	$180° \times (4 - 2) =$ $360°$	$180° \times (5 - 2) =$ $540°$	$180° \times (6 - 2) =$ $720°$

모든 내각의 크기와 모든 변의 길이가 같은 다각형을 '정다각형'이라고 해요. 정다각형은 모든 내각의 크기가 같으므로, 내각의 크기의 합을 내각의 개수로 나누면 한 내각의 크기를 구할 수 있어요.

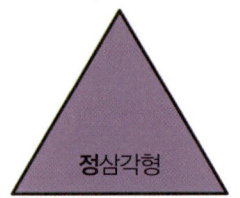   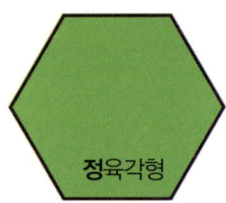

	정삼각형	정사각형	정오각형	정육각형
한 내각의 크기	$180° \div 3 = 60°$	$360° \div 4 = 90°$	$540° \div 5 = 108°$	$720° \div 6 = 120°$

평면에서 여러 다각형들이 한 점에서 모여 내각의 크기의 합이 360°가 되면, 빈틈이 없고 겹침도 없이 딱 맞게 채워져요. 퍼즐을 맞출 때를 한번 떠올려 볼까요? 퍼즐 조각들이 겹치지 않고 딱 맞게 채워지려면 조각들의 모서리 각도가 빈틈없이 꽉 차야 해요. 이렇게 다각형들이 딱 맞게 평면을 채울 때 필요한 각도가 바로 360°예요. 테셀레이션을 완성하려면 한 점에서 모였을 때 내각의 크기의 합이 360°가 되는 도형의 조합을 잘 찾는 것이 중요하겠지요?

생활 속 예시

일상 속 평면을 채우는 테셀레이션

우리가 매일 걸어다니는 길의 보도블록을 자세히 들여다본 적이 있나요? 똑같은 모양의 블록들이 빼곡하게 채워져 있는 테셀레이션을 발견할 수 있어요.

건축과 예술 속에 숨어 있는 테셀레이션

이슬람 문화의 건축과 예술에서는 기하학적 패턴을 활용한 테셀레이션이 두드러지게 나타나요. 대칭과 반복을 통해 만들어진 복잡하면서도 조화로운 디자인을 모스크, 궁전, 타일 장식 등에서 쉽게 찾아볼 수 있답니다.

 **활동하기**

활동 I - 휴지 심과 비눗방울로 테셀레이션 만들기

집에서 쉽게 구할 수 있는 휴지 심과 주방 세제를 이용해서 테셀레이션을 만들어 보아요. 상자와 접시 안에 남는 공간이 없도록 빼곡하게 채울 수 있는지 확인해 보세요.

준비물: 주방 세제, 빨대, 휴지 심, 물, 접시 또는 그릇, 상자

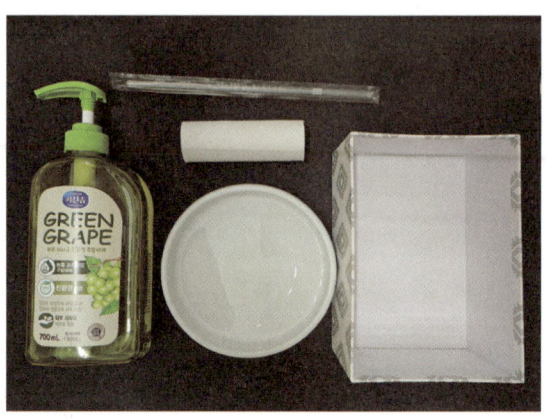

이렇게 도와주세요

- 상자나 휴지 심이 없다면 종이에 일정한 크기의 원을 빼곡하게 그려 넣어 원으로 평면을 빠짐없이 채울 수 있는지 확인하는 활동으로 대체할 수 있어요.
- 비눗방울을 불 때는 아이가 실수로 삼키지 않도록 주의시켜 주세요.
- 실험을 통해 휴지 심과 같은 원 모양으로는 평면을 가득 채울 수 없고, 비눗방울과 같은 육각형 모양으로는 평면을 가득 채울 수 있다는 점을 자연스럽게 알 수 있도록 지도해 주세요.
- 실험에서 만든 비눗방울은 가장 바깥쪽의 방울들이 곡선을 포함하고 있어 둥근 접시를 가득 채울 수 있었지만, 원래 육각형으로는 원을 빼곡하게 채울 수 없습니다. 접시의 모양보다는 '육각형 모양끼리 빈틈없이 모여 평면을 빼곡하게 채울 수 있다'라는 사실에 초점을 맞추어 지도해 주세요.

01 휴지 심을 세워서 상자 안에 최대한 빼곡하게 채워 넣어 보세요. 그다음 휴지 심으로 상자를 빼곡하게 채울 수 있는지 확인해 보세요.

※ 휴지 심이 충분하지 않다면 절반으로 잘라 사용해도 좋아요.

02 물을 접시의 바닥에 깔릴 정도로만 담고 주방 세제를 2~3펌프 넣으세요.

03 접시에 빨대를 대고 불어 비눗방울이 접시 위로 살짝 넘치도록 만드세요.

※ 한 번에 크게 불지 않고 리코더를 불듯이 끊어서 불면 거품이 더 잘 만들어져요.

04 시간이 지나면서 비눗방울의 모양이 어떻게 변하는지 관찰해 보세요. 그다음 비눗방울로 접시를 빼곡하게 채울 수 있는지 확인해 보세요.

활동 II - 테셀레이션 만들기

색종이를 잘라 여러 가지 정다각형을 만들고, 만든 정다각형을 모아 평면을 빼곡하게 채울 수 있는지 확인해 보세요. 평면을 빼곡하게 채울 수 있는 정다각형과 채울 수 없는 정다각형에는 각각 무엇이 있는지 정리해 보세요.

준비물: 자, 각도기, 색종이, 가위

이렇게 도와주세요

- 아이와 함께 색종이를 이용해 다양한 정다각형 조각을 만들어 보세요. 아이가 조각을 빼곡하게 배열하며 테셀레이션에 대해 이해할 수 있도록 도와주세요.
- 정오각형으로는 평면을 빼곡하게 채울 수 없습니다. 아이가 직접 배열해 보면서 깨달을 수 있도록 지도해 주세요.

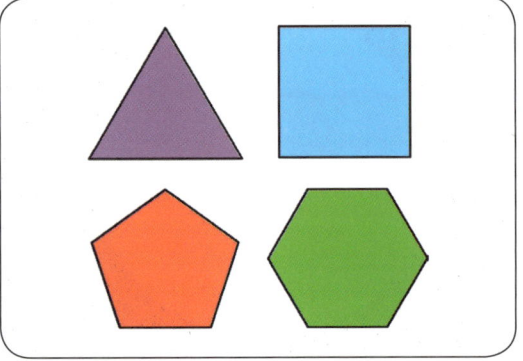

01 자와 각도기를 이용해 색종이 위에 정삼각형, 정사각형, 정오각형, 정육각형을 여러 개 그리세요. 가위로 각 도형을 잘라 정다각형 조각을 만드세요.

※ 각 도형별로 10개 이상의 조각을 만들어 보세요.
※ 위의 그림에 색종이를 대고 밑그림을 그려 활용해도 좋아요.

02 만든 정삼각형 조각을 모아서 평면을 빼곡하게 채울 수 있는지 확인해 보세요.

03 만든 정사각형 조각을 모아서 평면을 빼곡하게 채울 수 있는지 확인해 보세요.

04 만든 정오각형 조각을 모아서 평면을 빼곡하게 채울 수 있는지 확인해 보세요.

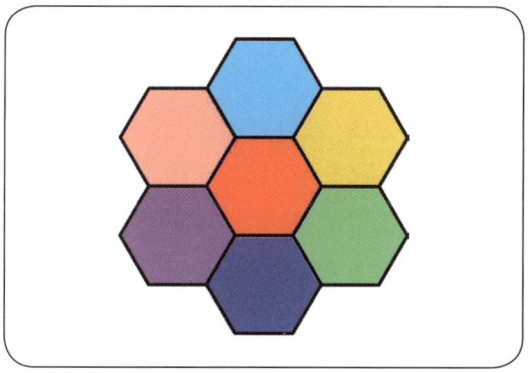

05 만든 정육각형 조각을 모아서 평면을 빼곡하게 채울 수 있는지 확인해 보세요.

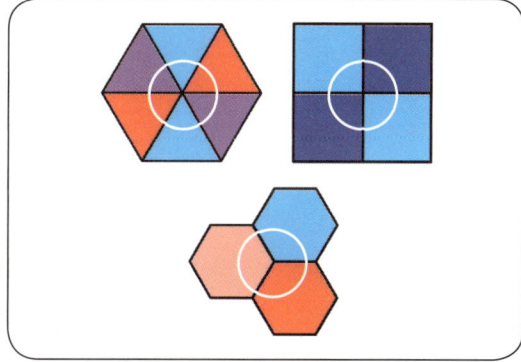

06 동그라미 표시된 부분은 한 점에 도형이 빈틈없이 모여 있는 곳이에요. 이렇게 도형이 한 점에서 빈틈없이 모일 때, 그곳의 내각의 크기의 합은 얼마인지 생각해 보세요.

정리하기

관찰 및 분석하기

01 [활동Ⅰ] 상자 안을 휴지 심으로 빼곡하게 채울 수 있었나요? 채울 수 없었다면 그 이유는 무엇일까요?

02 [활동Ⅰ] 휴지 심으로 상자를 채우는 활동과 비눗방울로 접시를 채우는 활동의 결과를 비교해 보세요. 비교한 결과를 바탕으로, 평면을 빼곡하게 채우려면 어떤 도형을 사용해야 하는지 적어 보세요.

03 [활동Ⅱ] 다음 표의 빈칸을 채우고, 평면을 빼곡하게 채울 수 있는 정다각형의 특징은 무엇인지 적어 보세요.

	한 내각의 크기	모든 내각의 크기의 합	한 점에서 빈틈없이 모이는 내각의 크기의 합
정삼각형			
정사각형			
정육각형			

• 평면을 빼곡하게 채울 수 있는 정다각형의 특징:

04 [활동Ⅱ] 정삼각형, 정사각형, 정오각형, 정육각형 중 평면을 빼곡하게 채울 수 없는 정다각형은 무엇이었나요? 그 이유는 무엇일까요?

확장하기

01 [활동 II] 정삼각형과 정사각형이 한 점에 빈틈없이 모였을 때, 각각 몇 개가 모였나요? 그 이유는 무엇일까요?

02 다음 예시는 정육각형 1개와 정삼각형 4개가 한 점에 빈틈없이 모이도록 배열한 것입니다. 예시를 참고하여, 다양한 정다각형이 한 점에 빈틈없이 모이도록 배열한 나만의 그림을 그려 보세요.

예시)	나만의 그림
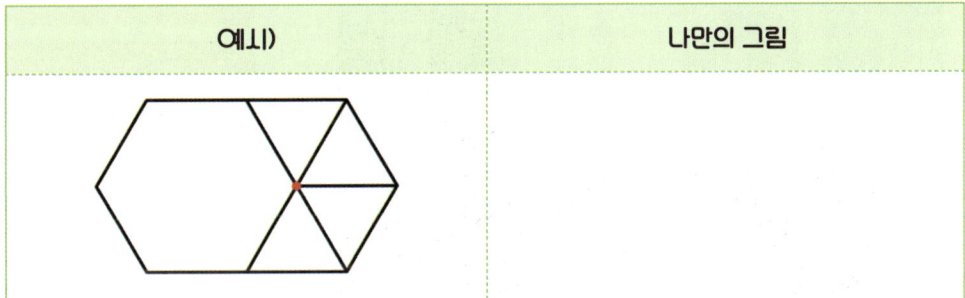	

03 나만의 언어로 테셀레이션을 정의해 보세요.

이렇게도 해 보세요!

나만의 단위 도형 만들기

평면도형의 일부를 변형시키면 재미있는 단위 도형을 만들 수 있다는 사실을 알고 있나요? 다음은 정사각형의 일부를 잘라서 회전, 평행의 방식으로 이동시켜 물고기 모양 단위 도형을 만드는 과정이에요. 원하는 평면도형을 골라 이와 같은 방식으로 나만의 단위 도형을 만들어 보세요.

정사각형   일부분 회전이동   일부분 평행이동   단위 도형 완성

9 입체도형
: 원근법으로 그림 그리기

난이도 ★★★★☆

영역
도형과 측정

수학적 개념
입체도형

수학적 원리
입체도형, 원근법, 입체와 평면

 **수학 원리 탐구하기**

입체도형

입체도형은 길이, 너비, 높이를 모두 갖는 도형이에요. 둥근 공, 네모난 상자, 뾰족한 고깔모자 등 우리가 일상에서 보는 대부분의 물체가 입체도형이지요. 입체도형은 평면도형과는 달리 부피가 있어서 손으로 만져 보거나 다양한 방향에서 볼 수 있어요.

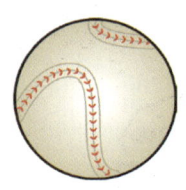     

입체도형을 평면에 나타내는 방법

- **겨냥도**: 겨냥도는 입체도형의 보이지 않는 부분까지 표현한 그림이에요. 겨냥도를 그릴 때는 보이는 모서리는 실선으로, 보이지 않는 모서리는 점선으로 구별해서 그려요. 이렇게 그리면 입체도형의 모든 면과 모서리, 꼭짓점을 볼 수 있지요.

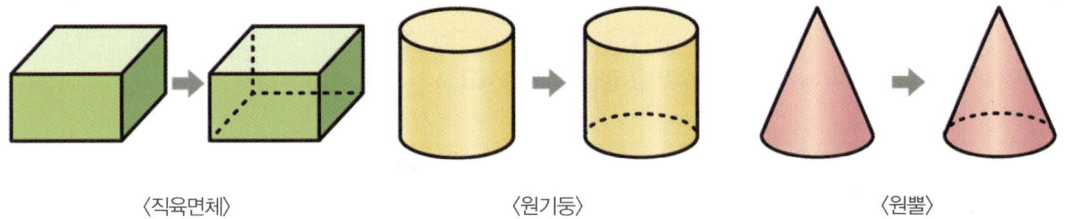

〈직육면체〉　　　　　〈원기둥〉　　　　　〈원뿔〉

- **원근법**: 원근법은 멀리 있는 물체는 작게, 가까이 있는 물체는 크게 보이도록 그림을 그리는 방법이에요. 우리가 눈으로 세상을 볼 때도 멀리 있는 것은 작게, 가까이 있는 것은 크게 보이지요? 이 원리를 이용해 그림에 그대로 표현한 것이 바로 원근법이에요.

- **투시도법**: 투시도법은 원근법의 한 종류로, 멀리 있는 물체들이 점점 작아져서 사라지는 것처럼 보이는 특정한 지점을 정해서 그림을 그리는 방법이에요. 이 특정한 지점을 '소실점'이라고 불러요. 투시도법은 소실점의 개수에 따라 '1점 투시도법', '2점 투시도법', '3점 투시도법' 등으로 나뉘어요.

〈1점 투시도법〉　　　　　　　　　　〈2점 투시도법〉

이렇게 도와주세요

- 아이에게 원근법을 설명할 때 똑같은 사물이어도 가까이 있을 때는 크게 보이고, 멀리 있을 때는 작게 보인다는 점을 이야기해 주세요. 그림을 그릴 때 이 원리를 활용하면 더욱 실감 나는 그림을 그릴 수 있다고 알려 주세요.
- 아이들과 얼굴 바로 아래, 얼굴에서 45° 위 등 여러 각도로 사진을 찍고 비교해 보세요. 사물을 바라보는 위치에 따라서 모양이 달라 보일 수 있다는 점을 알려 주세요.

생활 속 예시

입체인 세상을 평면으로 나타낸 지도

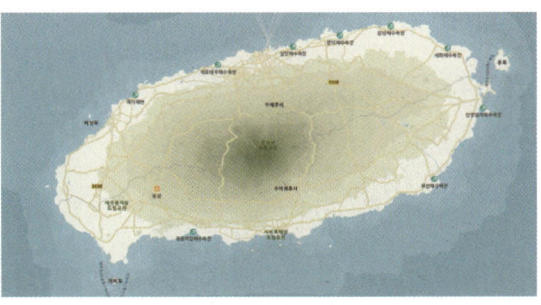

인터넷에서 볼 수 있는 지도의 위성 사진은 입체 공간을 평면에 표현한 사례예요. 평면에서도 높낮이와 입체감을 느낄 수 있도록 색깔이나 밝고 어두운 정도를 다르게 표현하지요.

 **활동하기**

활동 1 - 일상 속 사물로 원근법의 원리 확인하기

동일한 사물을 일정한 간격으로 배치해서 원근법의 원리를 직접 눈으로 확인해 보세요.

준비물: 같은 크기와 모양의 사물 5개 이상(종이컵, 밥그릇, 지우개 등), 줄자

01 줄자로 일정한 간격(30~50cm)을 재서 일직선상으로 사물을 배치하세요.

※ 물체를 놓는 간격은 실험하는 장소의 환경에 따라 다르게 정해도 돼요.

02 배치한 사물에서 멀리 떨어져서 바라보며 원근감을 느껴 보세요.

활동 II - 평면에 입체도형 그리기

평면인 종이에 입체도형을 그리는 방법을 연습해 보아요.

준비물: 종이, 필기구, 자, 각도기

이렇게 도와주세요

- 입체도형을 처음 그릴 때는 수직과 수평이 정확하지 않아 전체적으로 어색해 보일 수 있습니다. 자를 이용해 평행해야 하는 부분이 정확히 평행한지 확인하고, 각도기를 이용해 각이 같아야 하는 부분이 정확히 같은지 확인하도록 도와주세요.

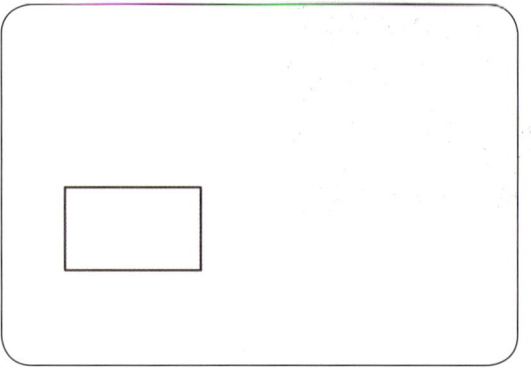

01 각도기와 자를 이용해 종이에 직사각형을 그리세요.

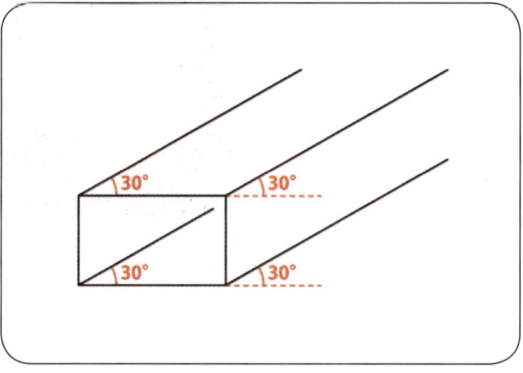

02 01번 과정에서 그린 직사각형과 30°가 되는 4개의 직선을 같은 길이로 그리세요.

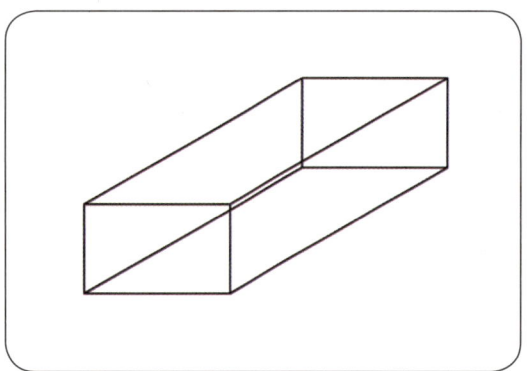

03 4개의 직선이 끝나는 위치에 01번 과정에서 그린 것과 동일한 직사각형을 그려 입체도형을 완성하세요.

활동 III - 투시도법으로 사물 그리기

투시도법을 이용하여 사물의 원근감이 잘 느껴지는 그림을 그려 보세요.

준비물: 종이, 필기구, 자, 각도기, 색칠 도구

이렇게 도와주세요

- 가까이 있는 물체는 크게, 멀리 있는 물체는 작게 그려야 합니다. 물체 간의 거리가 정확하지 않으면 왜곡된 느낌이 들 수 있습니다.
- 사진이나 실제 풍경을 참고하도록 해 주세요. 특히 건축물이나 거리 풍경 사진은 원근법 연습에 좋습니다.
- 책에 표시된 발간 점이 소실점입니다. 소실점을 찾기 위해 멀리 있는 물체가 점점 작아져서 사라지는 것처럼 보이는 위치를 확인할 수 있도록 아이에게 힌트를 주세요.

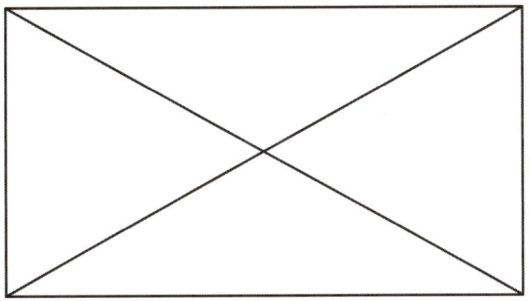

01 각도기와 자를 이용해 종이에 직사각형을 그리세요. 그다음 직사각형의 두 점을 잇는 대각선을 2개 그리세요.

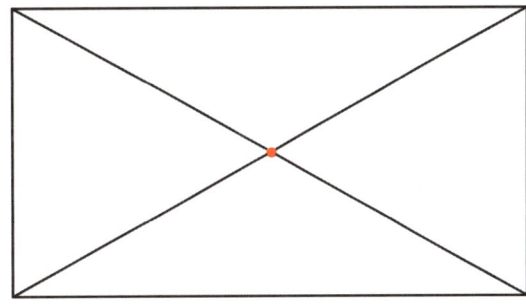

02 두 대각선이 만나는 곳에 점을 찍으세요.

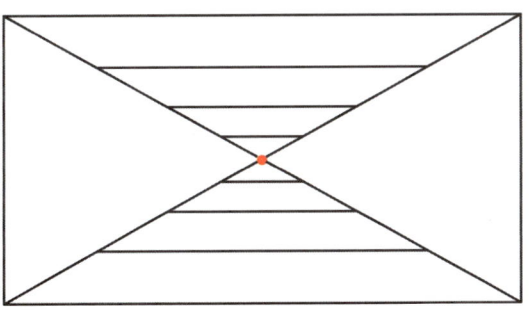

03 점에서부터 간격이 점점 넓어지도록 가로선을 그리세요.

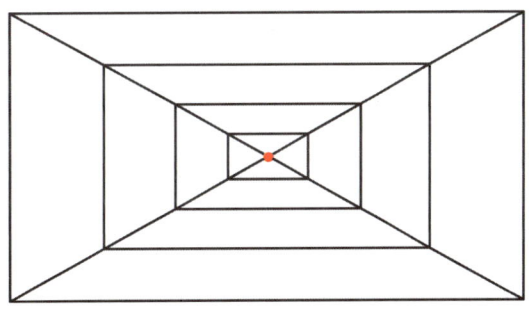

04 가로선과 이어지는 세로선을 그리세요.

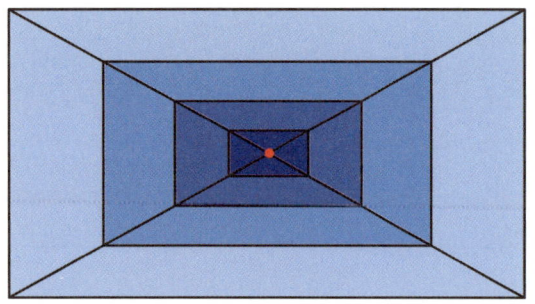

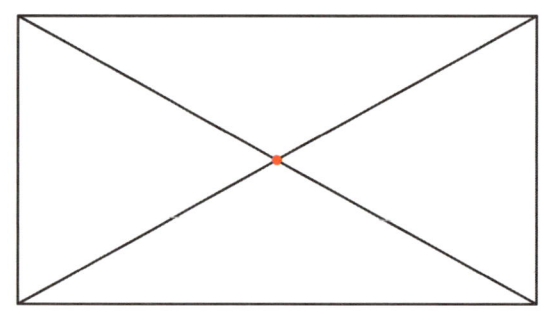

05 직사각형 모양으로 만들어진 칸들을 안쪽에서 바깥쪽으로 갈수록 점점 연한 색으로 칠해 보세요. 완성된 그림을 보면서 칸들의 크기를 비교해 보세요. 그림에서 하나의 점으로 모여드는 느낌이 드는지 확인해 보세요.

06 새 종이를 준비해 직사각형과 직사각형의 두 점을 잇는 대각선을 2개 그리세요. 그다음 대각선이 만나는 지점에 점을 찍으세요.

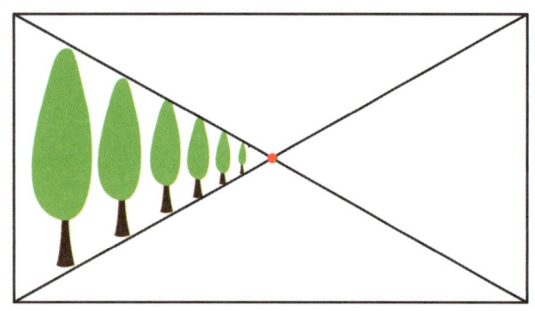

07 점의 왼쪽 칸에 대각선과 맞닿도록 나무를 그려 그림을 완성하세요. 점에 가까워질수록 나무가 점점 작아지도록 그리세요.

정리하기

관찰 및 분석하기

01 [활동 I] 일정한 간격으로 배치한 사물을 바라보았을 때, 맨 앞에 있는 사물과 맨 뒤에 있는 사물의 크기는 어떻게 보였나요?

02 [활동 II] 입체도형을 평면에 그릴 때, 보이지 않는 부분까지 표현한 그림을 겨냥도라고 합니다. 다음 그림을 겨냥도로 바꾸려면 점선으로 그려야 하는 모서리는 어디인지 모두 표시해 보세요.

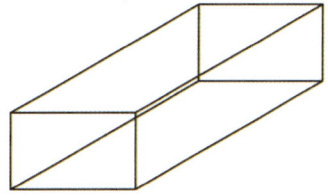

03 [활동 III] 직사각형 모양으로 만들어진 칸들을 서로 다른 색으로 칠한 뒤 크기를 비교해 보았을 때, 칸들의 크기는 어땠나요?

04 멀리 있는 물체가 점점 작아져서 사라지는 것처럼 보이는 특정한 지점을 무엇이라고 할까요?

05 다음 그림에서 물체가 가장 크게 보이는 지점과 가장 작게 보이는 지점을 찾아 선으로 이어 보세요.

확장하기

01 다음 그림에서 소실점을 찾아 표시해 보세요.

02 소실점을 2개 정해 그림을 그리는 방법은 무엇일까요?

03 다음 예시는 입체도형의 연장선들이 소실점으로 모이는 원리를 활용해 원근감이 느껴지도록 그린 것입니다. 예시를 참고하여, 주어진 도안에 원근감이 느껴지는 입체도형을 그려 보세요.

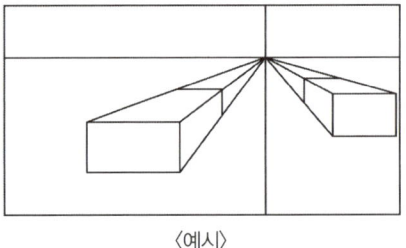

〈예시〉

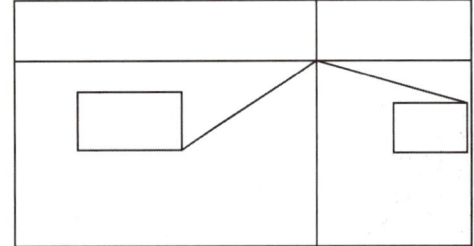
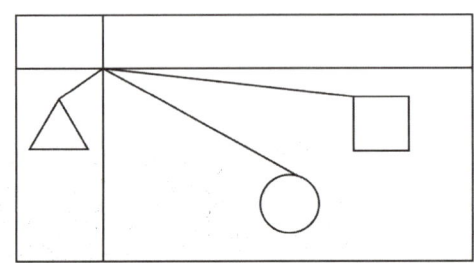

이렇게도 해 보세요!

원근법이 드러나는 풍경 사진 찍기

가족들과 함께 나들이를 나가 원근법이 잘 드러나도록 멋진 풍경 사진을 찍어 보세요.

10 자료와 그래프
: 여러 가지 그래프 그리기

난이도 ★★☆☆☆

영역
자료와 가능성

수학적 개념
자료 처리

수학적 원리
자료, 그래프,
자료의 해석, 평균

 **수학 원리 탐구하기**

자료(데이터)

통계는 여러 가지 정보를 모아서 한눈에 쉽게 이해할 수 있도록 정리하는 방법이에요. 통계에서 '자료(데이터)'는 특정한 목적으로 관찰하거나 측정해서 얻은 값을 의미해요. 키, 몸무게, 혈액형, 시험 성적, 기온, 강수량 등 다양한 값들이 모두 자료가 될 수 있어요.

평균

평균은 자료 전체의 합을 자료의 개수로 나눈 값이에요. 예를 들어 학교 시험에서 국어 88점, 수학 96점, 사회 84점, 과학 92점의 점수를 받았다면 평균 점수는 (88+96+84+92)÷4=90이 되지요.

그래프

그래프(도표)는 직선, 곡선, 도형 등의 요소를 활용하여 자료를 시각적으로 표현한 표예요. 대표적으로 막대그래프, 꺾은선그래프, 원그래프 등이 있으며 자료를 어떻게 표현할 것인지에 따라 적절한 종류의 그래프를 선택할 수 있어요.

〈세로 막대그래프〉 〈가로 막대그래프〉 〈꺾은선그래프〉 〈원그래프〉

그래프는 복잡한 숫자 자료나 많은 양의 자료를 한눈에 보기 쉽도록 표현해요. 그래프를 활용하면 자료의 의미를 빠르게 파악할 수 있고 자료 간의 비교, 예측, 규칙 발견, 관계 분석 등도 쉽게 할 수 있어요.

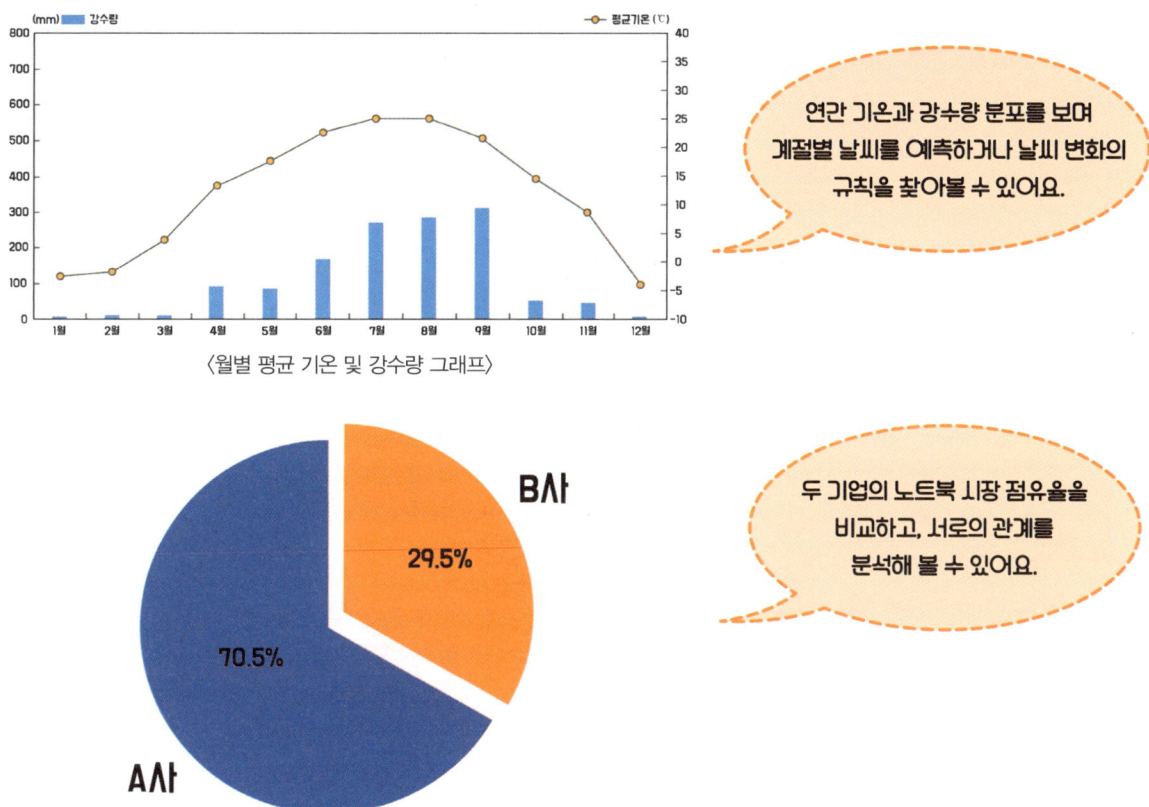

〈월별 평균 기온 및 강수량 그래프〉

연간 기온과 강수량 분포를 보며 계절별 날씨를 예측하거나 날씨 변화의 규칙을 찾아볼 수 있어요.

〈A사와 B사의 노트북 시장 점유율 그래프〉

두 기업의 노트북 시장 점유율을 비교하고, 서로의 관계를 분석해 볼 수 있어요.

이렇게 도와주세요

- 통계 자료를 수집할 때는 가정에서 쉽게 조사할 수 있는 것을 함께 생각해 보면 좋습니다. 예를 들어 우리 가족이 좋아하는 음식, 하루 동안 마신 물의 양, 핸드폰 사용 시간 등을 조사하며 통계를 실생활과 연결할 수 있도록 지도해 주세요.
- 뉴스나 신문에 나오는 통계 자료와 그래프를 스크랩해 두었다가 아이와 함께 자료를 해석하고 예측하는 활동을 해 보세요.
- 그래프는 자료를 시각적으로 나타내는 방법으로, 어떤 방식으로 보여주고 싶은지에 따라 다양한 종류의 그래프를 선택할 수 있습니다. 같은 자료를 가지고 두세 가지 방법으로 그래프를 만들어 보면서 어떤 종류가 가장 적절한지 아이와 함께 찾아보세요.

생활 속 예시

속담 속 통계 이야기

"제비가 낮게 날면 비가 온다."라는 속담을 들어 본 적이 있나요? 우리 조상들은 농사를 많이 지었기 때문에 날씨를 중요하게 관찰했어요. 그러다 보니 제비가 낮게 날 때 비가 오는 경우가 많다는 사실을 발견했지요. 그 이유는 무엇일까요? 비가 오기 직전에는 공기가 축축해지면서 습도가 높아져요. 이때 제비의 먹이인 메뚜기, 잠자리, 모기 등의 작은 곤충들은 날개가 무거워져서 높이 날기가 어려워져요. 그래서 이런 곤충들이 땅 가까이 낮게 날게 되고, 제비도 먹이를 잡기 위해 낮게 나는 것이지요. 우리 조상들은 이러한 현상을 오랫동안 관찰하여 얻은 자료를 바탕으로 날씨를 예측하는 지혜를 쌓았어요.

활동하기

활동 1 - 자료를 막대그래프로 나타내기

순서에 따라 그래프를 완성한 뒤, 막대그래프로 나타내기에 좋은 자료는 어떤 것들이 있는지 생각해 보세요.

준비물: 종이, 필기구, 자, 색칠 도구

이렇게 도와주세요

- 눈금의 간격과 막대의 길이에 자료의 비율이 정확히 반영되었는지 확인해 주세요.
- 그래프를 색칠할 때는 자료의 차이를 잘 보여주는 색 조합을 함께 이야기해 보세요.

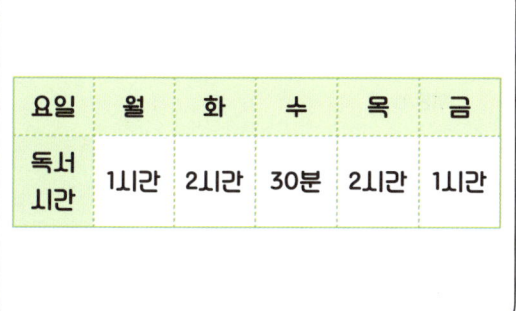

01 위에 제시된 표의 값을 막대그래프로 나타내는 방법을 생각해 보세요.

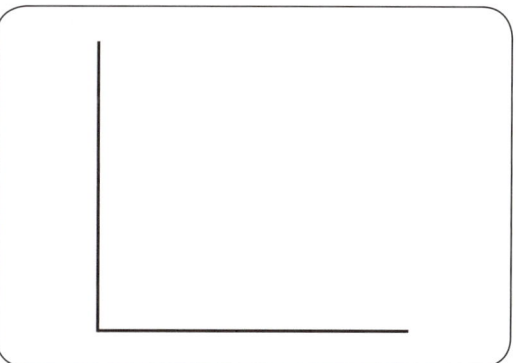

02 그래프를 그리기 위해 가로선과 세로선이 수직으로 만나도록 그리세요.

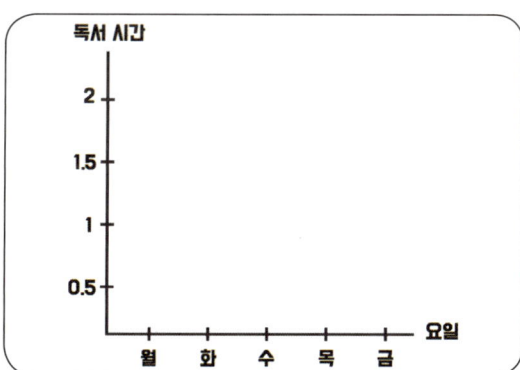

03 자로 일정한 간격(약 2cm)을 재서 가로축과 세로축에 눈금을 그리세요. 가로축에는 요일을 표시하고, 세로축에는 '독서 시간' 자료의 값에 따라 범위를 정해 시간을 표시하세요.

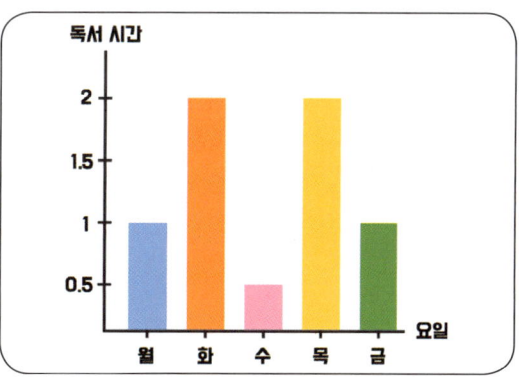

04 자료에 알맞게 막대를 그리고 서로 다른 색으로 칠해 그래프를 완성하세요.

활동 II - 자료를 꺾은선그래프로 나타내기

순서에 따라 그래프를 완성한 뒤, 꺾은선그래프로 나타내기에 좋은 자료는 어떤 것들이 있는지 생각해 보세요.

준비물: 종이, 필기구, 자

시간	오전 8시	오전 10시	낮 12시	오후 2시	오후 4시	오후 6시	오후 8시
기온	10	15	20	23	20	12	5

01 위에 제시된 표의 값을 꺾은선그래프로 나타내는 방법을 생각해 보세요.

02 그래프를 그리기 위해 가로선과 세로선이 수직으로 만나도록 그리세요.

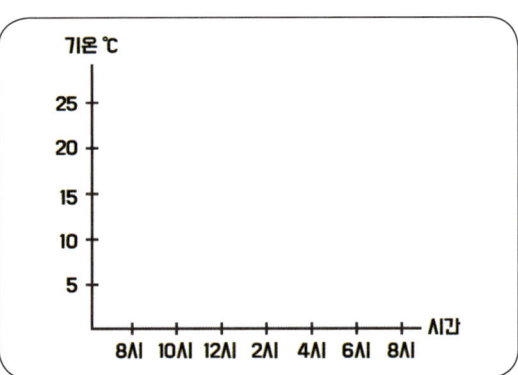

03 자로 일정한 간격(약 2cm)을 재서 가로축과 세로축에 눈금을 그리세요. 가로축에는 시간을 표시하고, 세로축에는 '기온' 자료의 값에 따라 범위를 정해 기온을 표시하세요.

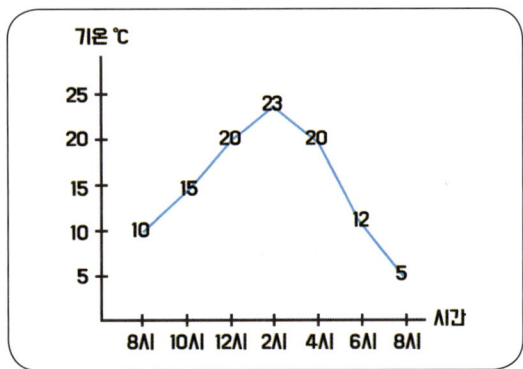

04 자료에 알맞게 꺾은선을 그리고 값을 표시해 그래프를 완성하세요.

활동 III - 자료를 원그래프로 나타내기

순서에 따라 그래프를 완성한 뒤, 원그래프로 나타내기에 좋은 자료는 어떤 것들이 있는지 생각해 보세요.

준비물: 종이, 필기구, 컴퍼스, 자, 색칠 도구

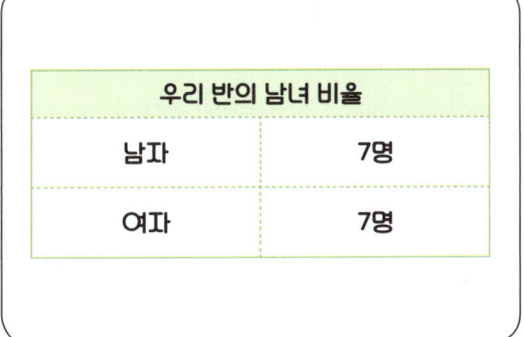

01 위에 제시된 표의 값을 원그래프로 나타내는 방법을 생각해 보세요.

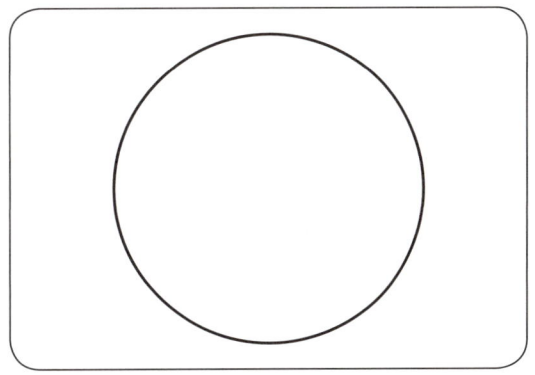

02 컴퍼스를 이용해 원을 그리세요.

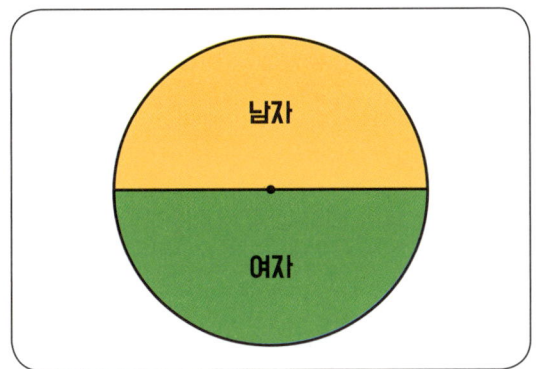

03 원의 중심을 지나는 선을 그어 원을 2등분하세요. 나누어진 부분을 각각 다른 색으로 칠하고 한 부분에는 '남자', 다른 한 부분에는 '여자'라고 적어 원그래프를 완성하세요.

※ 원 전체를 100이라고 했을 때, 똑같이 나누어진 두 부분은 각각 50으로 동일한 값을 나타낼 수 있어요.

정리하기

관찰 및 분석하기

01 자료의 값을 선으로 이어 그린 그래프로, 값이 변화하는 모양과 정도를 쉽게 알 수 있는 그래프는 무엇일까요?

☐ ☐ ☐ 그 래 프

02 자료의 값을 막대로 나타낸 그래프로, 값의 많고 적음을 쉽게 비교할 수 있는 그래프는 무엇일까요?

☐ ☐ 그 래 프

03 자료의 값을 원 모양으로 나타낸 그래프로, 전체에 대한 개별 값의 비율을 쉽게 비교할 수 있는 그래프는 무엇일까요?

☐ 그 래 프

04 원 전체를 100이라고 했을 때, 원을 2등분하면 두 부분은 각각 50으로 동일한 비율을 나타냅니다. 그렇다면 원을 4등분했을 경우, 각 부분이 나타내는 비율은 몇이 될까요? 빈칸을 채워 보세요.

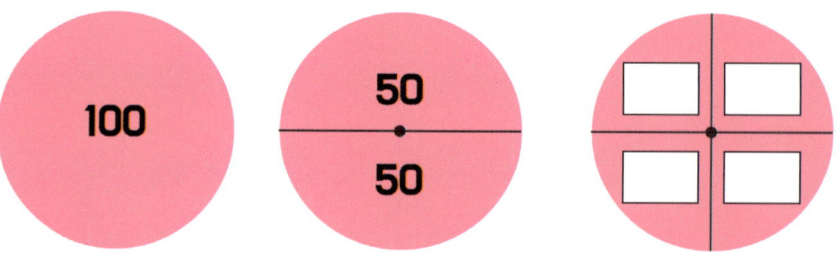

확장하기

01 다음은 서로 다른 두 개의 수량을 동시에 나타낸 막대그래프입니다. 이러한 그래프로 자료를 나타내면 어떤 점이 편리할까요?

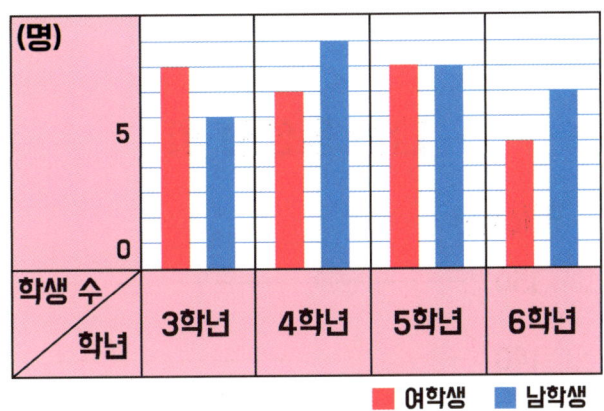

02 다음 그래프는 2000년부터 2023년까지 우리나라의 출산율을 나타낸 그래프입니다. 2024년에 우리나라의 출산율은 어떻게 되었을지 예측해서 적어 보세요.

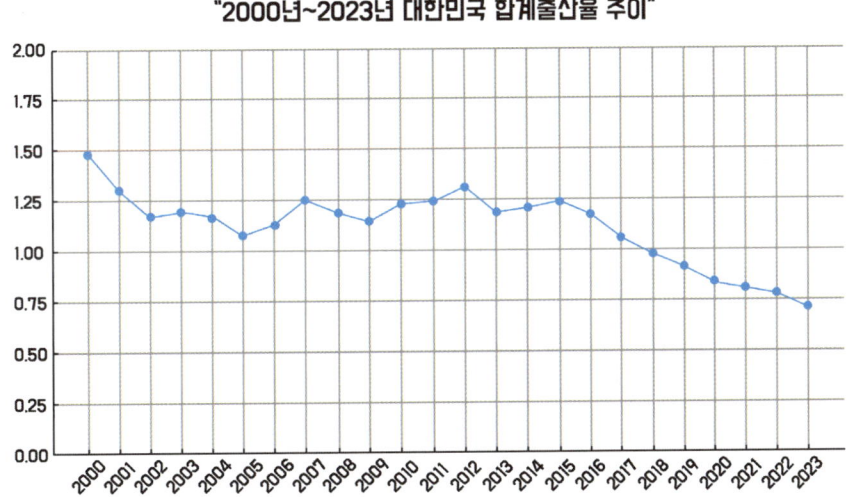

이렇게도 해 보세요!

우리 가족의 자료 조사해서 그래프 만들기

우리 가족 내에서 조사해서 얻을 수 있는 자료에는 어떤 것이 있을지 생각해 보세요. 자료를 조사한 뒤, 해당 자료를 나타내기에 알맞은 그래프 종류를 선택해서 직접 그려 보세요.

자료의 예시) 나와 동생의 키, 우리 가족의 혈액형, 나의 수학 성적 등

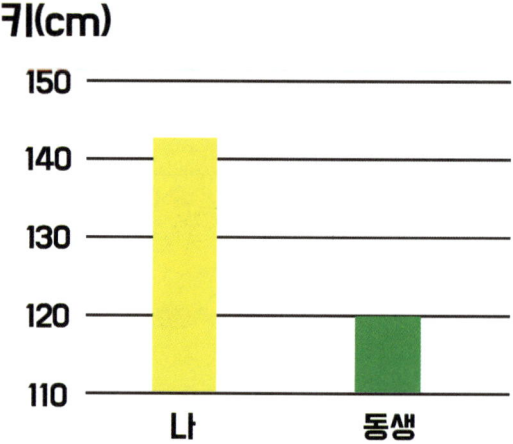

이렇게 도와주세요

- 가정 내에서 얻을 수 있는 자료를 수집한 뒤, '이 자료를 가장 잘 표현할 수 있는 그래프는 무엇일까?'라는 질문을 던져 아이가 목적에 맞는 그래프를 선택할 수 있도록 유도해 주세요. (막대그래프: 비교, 꺾은선그래프: 추세 및 시간의 흐름, 원그래프: 비율)

11 경우의 수
: 동전과 주사위로 경우의 수 알아보기

난이도 ★★☆☆☆

영역
자료와 가능성

수학적 개념
가능성

수학적 원리
경우의 수

 **수학 원리 탐구하기**

경우의 수

경우의 수는 어떤 일이 일어날 수 있는 경우의 가짓수를 뜻해요.

- **동전을 던졌을 때 경우의 수**: 동전에는 앞면과 뒷면, 총 2개의 면이 있어요. 따라서 동전 1개를 1번 던졌을 때 나올 수 있는 경우는 앞면 또는 뒷면, 총 2가지예요.
- **가위바위보를 할 때 경우의 수**: 가위바위보 놀이를 할 때, 참가자는 세 가지 선택지(가위, 바위, 보) 중 하나를 고를 수 있어요. 즉, 각 참가자가 한 번의 놀이에서 선택할 수 있는 경우는 가위, 바위, 보, 총 3가지예요.
- **주사위를 굴렸을 때 경우의 수**: 주사위에는 1부터 6까지, 총 6개의 숫자가 있어요. 따라서 주사위 1개를 1번 굴렸을 때 나올 수 있는 경우는 1, 2, 3, 4, 5, 6, 총 6가지예요.
- **1부터 100까지의 수 중 하나를 뽑을 때 경우의 수**: 1부터 100까지의 수 중 하나의 수를 뽑는 경우는 1부터 100까지, 총 100가지예요.

이렇게 도와주세요

- 동전 던지기, 가위바위보, 윷놀이 등 놀이를 통해 경우의 수를 확인할 수 있는 다양한 예시를 아이와 함께 이야기해 보세요.
- 아이가 입을 옷을 정할 때 "상의 3개, 하의 2개 중 어떤 조합으로 입으면 좋을까?"와 같은 질문을 던져 경우의 수를 이해하도록 지도해 주어도 좋습니다.

생활 속 예시

음식을 고를 때 경우의 수

식당에서 음식을 고를 때, 다양한 메뉴 중에서 무엇을 골라야 할지 고민해 본 경험이 있을 거예요. 짜장면, 짬뽕, 탕수육, 볶음밥 중에서 2가지를 고를 때의 경우의 수를 생각해 볼까요? (짜장면–짬뽕), (짜장면–탕수육), (짜장면–볶음밥), (짬뽕–탕수육), (짬뽕–볶음밥), (탕수육–볶음밥), 이렇게 6가지 조합이 가능해요. 메뉴가 다양할수록 가능한 음식의 조합도 더 많아지겠지요?

 **활동하기**

다양한 경우의 수 알아보기

동전과 주사위를 이용해서 다양한 경우의 수를 알아보아요.

준비물: 동전 24개(같은 액수), 주사위 1개

이렇게 도와주세요

- "동전 1개를 던지면 어떤 결과가 나올까?", "주사위 1개를 굴리면 숫자가 몇 가지 나올 수 있을까?"와 같은 질문을 던져 아이들이 경우의 수를 자연스럽게 생각해 보도록 도와주세요.
- 동전을 던지는 경우의 수는 개수가 비교적 많으므로, 직접 동전을 놓아 보거나 손으로 써 보면서 모든 경우의 수를 중복이나 빠짐 없이 셀 수 있도록 도와주세요.

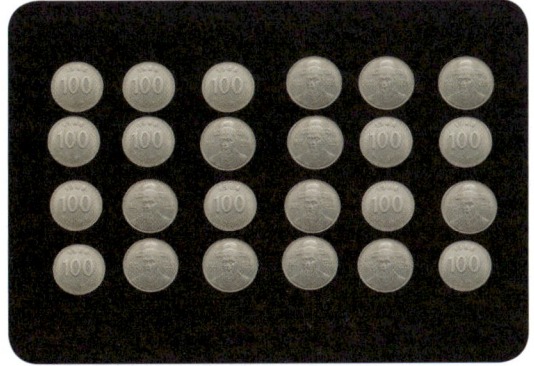

01 동전 1개를 3번 던져 나올 수 있는 모든 경우의 수를 생각해서 동전을 차례대로 놓아 보세요.

※ 경우의 수가 많아 헷갈릴 수 있으니 동전 24개를 모두 사용해서 확인해 보세요.

02 동전 1개를 던져 보세요. 어떤 결과가 나왔는지 확인해 보세요.

03 주사위 1개를 굴렸을 때 나올 수 있는 모든 경우의 수를 생각해서 주사위를 놓아 보세요.

04 주사위를 굴려 보세요. 어떤 결과가 나왔는지 확인해 보세요.

정리하기

관찰 및 분석하기

01 다음 표는 동전 1개를 3번 던졌을 때 나올 수 있는 모든 경우의 수를 나타낸 것입니다. 표의 빈칸을 채워 보세요.

1번	2번	3번
앞	앞	
앞	앞	
앞	뒤	
앞	뒤	

02 동전 1개를 2번 던졌을 때 나올 수 있는 모든 경우의 수는 몇일까요?

03 동전 1개를 2번 던졌을 때 앞면이 1번이라도 나오는 경우의 수는 몇일까요?

04 주사위 1개를 1번 던졌을 때 나올 수 있는 모든 경우의 수는 몇일까요?

05 주사위 1개를 1번 던졌을 때 짝수가 나오는 경우의 수는 몇일까요?

확장하기

01 다음 표는 동전 1개를 1번, 2번, 3번 던졌을 때 나올 수 있는 모든 경우의 수를 나타낸 것입니다. 경우의 수를 구하는 규칙을 구해 빈칸을 채워 보세요.

동전을 던진 횟수	경우의 수	규칙 (곱셈으로 표현)
1	2	
2	4	
3	8	

02 동전 1개를 4번 던졌을 때 나올 수 있는 모든 경우의 수는 몇일까요?

03 주사위 1개를 2번 던졌을 때 나올 수 있는 모든 경우의 수는 몇일까요?

04 주사위 1개를 2번 던졌을 때 같은 수가 나오는 경우의 수는 몇일까요?

05 주사위 1개를 2번 던졌을 때 나온 두 수의 합이 10이 되는 경우의 수는 몇일까요?

이렇게도 해 보세요!

윷놀이로 경우의 수 알아보기

가족과 윷놀이를 하며 재미있게 경우의 수를 알아보아요. 4개의 윷가락을 던졌을 때, 말을 움직일 수 있는 경우의 수는 도(1칸), 개(2칸), 걸(3칸), 윷(4칸), 모(5칸)로 총 5가지예요.

준비물: 윷판, 윷가락, 말

결과	이동 칸 수
도(앞면 1개, 뒷면 3개)	1
개(앞면 2개, 뒷면 2개)	2
걸(앞면 3개, 뒷면 1개)	3
윷(앞면 4개, 뒷면 0개)	4
모(앞면 0개, 뒷면 4개)	5

01 편을 나누고 가위바위보로 차례를 정하세요.

02 상대편과 차례대로 번갈아 가면서 윷가락을 던지세요.

03 윷판의 출발점에서 시작하여, 모든 말이 상대편보다 먼저 1바퀴 돌아 오면 이겨요.
 ※ 윷이나 모가 나오는 경우, 상대편의 말을 잡는 경우에는 윷가락을 한 번 더 던져요.
 ※ 자기 편의 말이 있는 위치에 다른 말을 옮기면 말 2개를 업어서 함께 이동할 수 있어요.
 ※ 말을 옮길 위치에 상대편의 말이 있으면 그 말을 잡아요. 잡힌 말은 처음부터 다시 출발해야 해요.

12 확률
: 가위바위보로 확률 이해하기

난이도 ★★★★☆

영역
자료와 가능성

수학적 개념
확률

수학적 원리
확률, 가능성, 경우의 수

 **수학 원리 탐구하기**

확률

확률은 어떤 일이 일어날 가능성이 얼마나 높은지를 숫자로 표현한 거예요. 예를 들어 볼까요?
- 월요일 다음 날이 화요일일 가능성: 확실해요.
- 동전을 던졌을 때 앞면이 나올 가능성: 반반이에요.
- 내일 내가 공룡과 함께 학교에 갈 가능성: 불가능해요.

'확실하다', '반반이다', '불가능하다' 등의 가능성을 숫자로 나타내면 다음과 같아요.

가능성	확률	백분율
확실하다	1	100%
반반이다	$\frac{1}{2}$	50%
불가능하다	0	0%

확률은 0에서 1 사이의 숫자로 나타내고, 백분율은 0%에서 100% 사이로 나타내요. 백분율을 나타내는 기호 '%'는 '퍼센트'라고 읽어요. 가능성이 높을수록 확률은 1에, 백분율은 100%에 가까워지고 가능성이 낮을수록 확률은 0에, 백분율은 0%에 가까워져요.

생활 속 예시

날씨 예보

가족들과 함께 뉴스의 날씨 예보를 본 적이 있나요? 만약 아나운서가 "내일 비가 올 가능성이 70%입니다."라고 한다면, 100번의 경우 중 70번은 비가 올 가능성이 있다는 뜻이에요. 이 가능성을 알고 나면 외출할 때 우산을 챙길지 말지 결정할 수 있지요. 이렇게 날씨를 예상할 때도 우리는 확률을 활용하고 있어요.

이렇게 도와주세요

- 이번 주제에서는 지난 주제에서 배운 경우의 수 개념이 확률과 백분율로 확장됩니다. 확률과 백분율은 수학적인 계산이 필요한 활동이 많습니다. 계산보다는 개념 이해가 중요하기 때문에, 필요한 경우 계산기를 사용해도 좋습니다.

활동하기

활동 1 - 가능성과 확률 나타내기

생활 속에서 일어나는 일들의 가능성을 5단계로 구분하여 가능성과 확률을 익혀 보아요.

이렇게 도와주세요

- 가능성의 단계를 구분하고 이를 0과 1로 표현해 보는 과정입니다. 일상을 표현하는 문장들이 자연스럽게 0과 1이라는 숫자로 연결될 수 있도록 도와주세요.
- 주어진 예시 외에도 생활 속의 다양한 예시를 아이와 서로 묻고 답하며 가능성을 익히도록 해 주세요.

번호	문장	불가능하다	확률이 낮은 편이다	반반이다	확률이 높은 편이다	확실하다
1	예시) 내일 공룡과 함께 학교에 갈 것이다.	O				
2	주사위(1~6까지 쓰인)를 굴리면 1이 나올 것이다.					
3	500원짜리 동전을 던지면 숫자가 적힌 부분이 나올 것이다.					
4	주사위(1~6까지 쓰인)를 굴리면 1, 2, 3, 4, 5 중의 숫자가 나올 것이다.					
5	오늘은 화요일이다. 내일은 수요일일 것이다.					

01 위의 표에 나와 있는 문장을 읽고, 그 일이 일어날 가능성에 ○ 표시를 하세요.

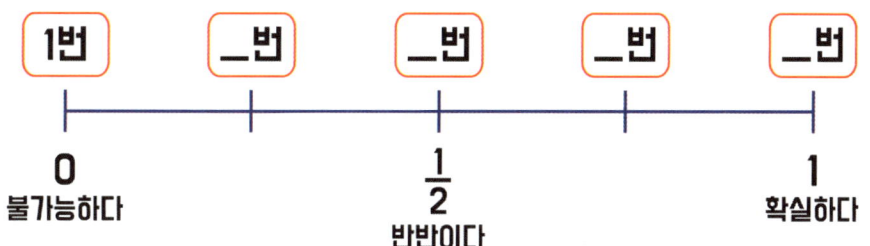

02 위 직선의 올바른 위치에 각 문장의 번호를 표시해 보세요. 불가능한 것은 0, 확실한 것은 1이에요.

※ 이렇게 직선으로 나타내면 가능성의 크기를 쉽게 확인할 수 있어요. 직선의 오른쪽으로 갈수록 가능성이 높아지고, 왼쪽으로 갈수록 가능성이 낮아지는 거예요.

활동 II - 가위바위보로 확률 놀이하기

가족과 가위바위보를 하면서 확률을 자연스럽게 익혀 보아요.

이렇게 도와주세요

- 가위바위보 놀이를 통해 직접 경우의 수를 알아내고, 이것을 확률과 백분율로 구해 보는 활동입니다. 분수가 나오기 때문에, 아이에게 어떤 경우의 수가 각각 분모와 분자가 되는지 알려주면 활동이 좀 더 쉽습니다.
- 원그래프 그리기 활동으로 자연스럽게 수학적 양감을 느끼고 확률과 백분율을 직관적으로 이해할 수 있도록 도와주세요.

	나	상대	결과
예시)	가위	보	이김
1			
2			
3			
4			
5			
6			
7			
8			
9			
10			

01 가족과 10번의 가위바위보를 하세요. 매번 나와 상대방이 낸 손 모양과 결과를 기록하세요. 결과는 '이김', '짐', '비김' 중 하나로 적으세요.

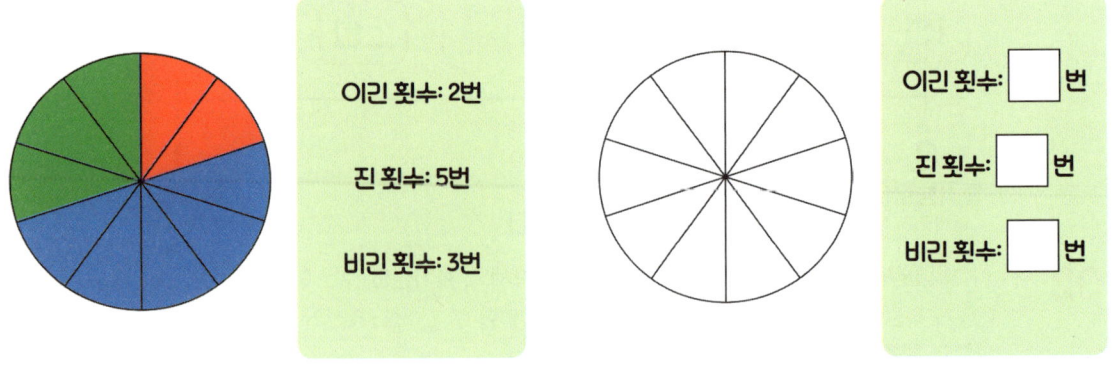

02 총 10번 중 내가 이긴 횟수만큼 빨간색, 진 횟수만큼 파란색, 비긴 횟수만큼 초록색으로 원의 칸을 칠하세요.

예시	$\dfrac{\text{해당 경우의 수}}{\text{전체 경우의 수}}$ = $\dfrac{\text{이긴 횟수}}{\text{전체 놀이의 수}}$ = $\dfrac{2}{10}$
나의 확률	$\dfrac{\text{해당 경우의 수}}{\text{전체 경우의 수}}$ = $\dfrac{\text{이긴 횟수}}{\text{전체 놀이의 수}}$ = $\dfrac{\square}{10}$
	$\dfrac{\text{해당 경우의 수}}{\text{전체 경우의 수}}$ = $\dfrac{\text{진 횟수}}{\text{전체 놀이의 수}}$ = $\dfrac{\square}{10}$
	$\dfrac{\text{해당 경우의 수}}{\text{전체 경우의 수}}$ = $\dfrac{\text{비긴 횟수}}{\text{전체 놀이의 수}}$ = $\dfrac{\square}{10}$

03 확률을 구하는 방법은 예시와 같아요. 전체 놀이의 수가 10번, 그중에 이긴 횟수가 2번이면 확률은 $\dfrac{2}{10}$ 예요. 예시를 참고해 내가 이긴 횟수, 진 횟수, 비긴 횟수를 확률로 나타내 보세요.

예시)	$\dfrac{\text{해당 경우의 수}}{\text{전체 경우의 수}}$	× 100	=	$\dfrac{2}{10}$	× 100	=	20%
나의 확률	$\dfrac{\text{이긴 경우의 수}}{\text{전체 경우의 수}}$	× 100	=	$\dfrac{\square}{10}$	× 100	=	$\square$ %
	$\dfrac{\text{진 경우의 수}}{\text{전체 경우의 수}}$	× 100	=	$\dfrac{\square}{10}$	× 100	=	$\square$ %
	$\dfrac{\text{비긴 경우의 수}}{\text{전체 경우의 수}}$	× 100	=	$\dfrac{\square}{10}$	× 100	=	$\square$ %

04 이번에는 백분율로 나타내 보겠습니다. 백분율은 **03**번 과정에서 구했던 확률에 100을 곱해서 구합니다. 전체 놀이의 수가 10번, 그중 이긴 횟수가 2번이면 백분율은 20%입니다. 예시를 참고해 내가 이긴 횟수, 진 횟수, 비긴 횟수를 백분율로 나타내 보세요.

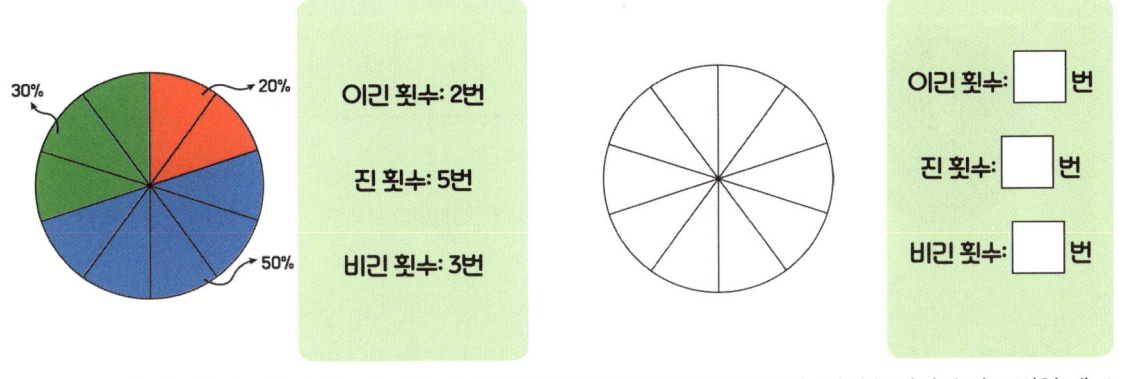

05 **02**번 과정에서 그렸던 원그래프를 가져와서 백분율과 비교해 보겠습니다. 전체 놀이의 수가 10번일 때, 2번을 이기면(빨간색) 20%, 5번을 지면(파란색) 50%, 3번을 비기면(초록색) 30%가 됩니다. 내가 칠한 원그래프의 칸 개수와 백분율의 관계를 확인해 보세요.

정리하기

관찰 및 분석하기

01 다음 표의 문장을 읽고, 그 일이 일어날 가능성에 ○ 표시를 해 보세요.

문장	불가능하다	확률이 낮은 편이다	반반이다	확률이 높은 편이다	확실하다
주머니에 빨간 공 하나, 파란 공 하나가 있다. 공을 뽑았을 때 빨간 공이 나올 것이다.					
이번 달은 3월이다. 다음 달은 4월일 것이다.					

02 다음 회전판을 돌렸을 때, 화살표가 파란색에 멈출 가능성을 수직선에서 찾아 ○ 표시를 해 보세요.

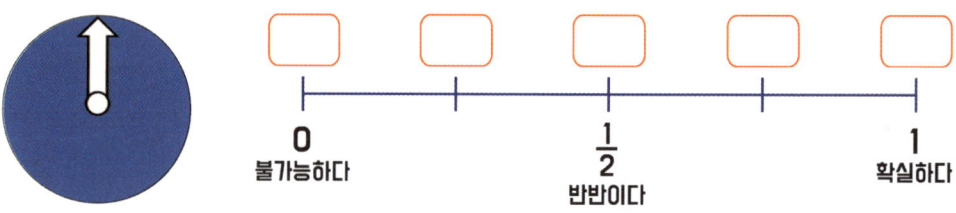

03 나와 엄마가 10번의 가위바위보를 할 때, 내가 3번을 이기는 경우의 확률과 백분율은 얼마일까요? 빈칸을 채워 보세요.

	확률			백분율			
예시) 10번 중 4번 이기는 경우	이긴 횟수 / 전체 놀이의 수	=	$\frac{4}{10}$	$\frac{4}{10}$	× 100	=	40%
10번 중 3번 이기는 경우	이긴 횟수 / 전체 놀이의 수	=	$\frac{\square}{10}$	$\frac{\square}{10}$	× 100	=	$\square$%

확장하기

01 〈보기〉의 낱말을 사용하여, 어떤 일의 가능성을 나타내는 문장을 만들어 보세요.

〈보기〉
가족 운동 공부 수학 강아지 주사위

예시)	우리 가족이 운동을 하면 건강해질 것 같다. 주사위를 던지면 1~6 사이의 숫자가 나오는 것은 확실하다.
내가 만든 문장	

02 다음 회전판을 돌렸을 때, 화살표가 파란색에 멈출 가능성이 높은 것부터 낮은 것 순서대로 기호를 적어 보세요.

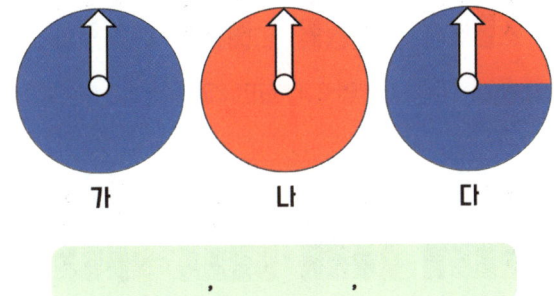

,   ,

03 〈조건〉을 만족하도록 그림을 색칠해 보세요.

〈조건〉
- 주머니에는 빨간색 공, 파란색 공, 초록색 공이 총 10개 들어 있습니다.
- 공을 뽑았을 때 빨간색 공이 나올 확률은 $\frac{1}{2}$, 백분율은 50%입니다.
- 공을 뽑았을 때 파란색 공이 나올 확률은 $\frac{1}{5}$, 백분율은 20%입니다.

이렇게도 해 보세요!

확률로 알아보는 윷놀이의 비밀

명절이면 가족들과 함께 윷놀이를 해 본 기억이 있을 거예요. 윷놀이에서 이기고 싶은데, 유독 모와 윷이 잘 나오지 않아 속상한 적이 많지 않았나요? 확률을 통해 그 이유를 한번 알아보아요. 윷가락에는 앞면과 뒷면이 있으며, 4개의 윷가락을 동시에 던졌을 때 나오는 앞면과 뒷면의 개수에 따라 '도, 개, 걸. 윷. 모'가 결정돼요.

	윷가락의 앞면과 뒷면의 개수	경우의 수
도	앞면 1개, 뒷면 3개	4
개	앞면 2개, 뒷면 2개	6
걸	앞면 3개, 뒷면 1개	4
윷	앞면 4개	1
모	뒷면 4개	1

윷가락 4개를 동시에 던졌을 때 나올 수 있는 모든 경우의 수는 16이에요. 따라서 윷놀이의 각 결과가 나올 확률과 백분율을 구하면 다음과 같아요.

	확률	백분율
도	$\frac{4}{16}$	$\frac{4}{16} \times 100 = 25\%$
개	$\frac{6}{16}$	$\frac{6}{16} \times 100 = 37.5\%$
걸	$\frac{4}{16}$	$\frac{4}{16} \times 100 = 25\%$
윷	$\frac{1}{16}$	$\frac{1}{16} \times 100 = 6.25\%$
모	$\frac{1}{16}$	$\frac{1}{16} \times 100 = 6.25\%$

이처럼 윷놀이에서는 도, 개, 걸이 나올 확률보다 모와 윷이 나올 확률이 더 낮아요. 간단하게 경우의 수만 생각해 보아도, 도와 걸이 나오는 경우는 4가지인데 모와 윷은 1가지뿐이지요? 경우의 수와 확률이 모두 4배나 차이가 나는 것이랍니다.

앞으로 윷놀이를 할 때는 확률의 비밀을 생각하며 놀이를 해 보세요!

13 피보나치수열
: 스티커로 피보나치수열 모양 만들기

난이도 ★★★☆

영역
영역 간 통합

수학적 개념
규칙성

수학적 원리
피보나치수열, 황금비

 **수학 원리 탐구하기**

피보나치수열

일정한 규칙에 따라 숫자를 나열한 것을 '수열'이라고 해요. 가장 유명한 수열 중 하나인 '피보나치수열'에 대해 알아볼까요? 피보나치수열의 규칙은 앞의 두 숫자를 더해서 다음에 올 숫자를 만드는 것이에요. 단, 첫 번째 숫자와 두 번째 숫자는 모두 1이에요.

〈피보나치수열의 규칙〉

첫 번째 숫자 → 1
두 번째 숫자 → 1
세 번째 숫자 → 1 + 1 = 2 (첫 번째 숫자와 두 번째 숫자의 합)
네 번째 숫자 → 1 + 2 = 3 (두 번째 숫자와 세 번째 숫자의 합)
다섯 번째 숫자 → 2 + 3 = 5 (세 번째 숫자와 네 번째 숫자의 합)
여섯 번째 숫자 → 3 + 5 = 8 (네 번째 숫자와 다섯 번째 숫자의 합)
일곱 번째 숫자 → 5 + 8 = 13 (다섯 번째 숫자와 여섯 번째 숫자의 합)

위의 규칙에 따라 만들어지는 피보나치수열의 여덟 번째 숫자는 무엇일지 예상해 볼 수 있나요? 여섯 번째 숫자인 8과 일곱 번째 숫자인 13을 더한 21이 바로 여덟 번째 숫자가 되지요. 피보나치수열은 수학에서도 중요하지만, 자연 속에서도 쉽게 찾아볼 수 있답니다. 인류가 이 규칙을 발견하기 전부터 자연은 이미 알고 있었다니, 신비롭지 않나요?

생활 속 예시

피보나치수열을 따르는 꽃잎의 개수

길을 산책하다가 꽃을 만났다면, 꽃잎의 개수를 한번 살펴보세요. 많은 꽃잎의 개수가 피보나치수열을 따른답니다. 해바라기의 꽃잎을 세어보면 34장, 55장, 89장처럼 피보나치수열의 숫자로 되어 있는 경우가 많고, 백합 역시 대부분의 꽃잎이 3장 또는 5장으로 이루어져 있어요.

자연 속의 피보나치 나선

우주의 은하와 달팽이 등껍질의 공통점은 무엇일까요? 둘 다 둥글게 돌아가는 나선 모양으로 생겼다는 점이에요. 이렇게 자연 속에서 볼 수 있는 나선의 모양 역시 피보나치수열을 닮아 있어요.

이렇게 도와주세요

- 아이에게 피보나치수열이라는 개념이 어려울 수 있습니다. 수학적 원리로만 접근하기보다는 피보나치수열을 함께 공부한 다음 아이와 함께 산책하며 화단의 꽃잎을 함께 관찰해 보세요. 꽃잎의 개수를 세어 보며 피보나치수열의 규칙성을 느껴 볼 수 있어요.
- 집에 바둑돌이나 공깃돌이 있다면 직접 규칙에 맞게 피보나치수열을 만들어 보도록 지도해 주세요.

 **활동하기**

피보나치수열에서 나선 찾기

나선과 피보나치수열의 관계에 대해 알아보아요. 한 변의 길이의 비율이 5 : 8 : 13인 정사각형 스티커 3개를 그림에 반시계 방향으로 이어 붙인 뒤, 붙인 순서대로 선을 그리면 나선 모양이 된답니다.

준비물: 피보나치 스티커(부록 409p)

이렇게 도와주세요

- 정사각형 스티커를 이어 붙여 가면서 아이가 나선의 형태를 직접 확인하게 해 주세요.
- 집에 색종이가 있다면 한 변의 길이가 피보나치수열을 따라 증가하는 정사각형 조각들을 직접 만들어서 붙여 보도록 지도해 주세요.

01 위의 그림은 한 변의 길이의 비율이 1 : 1 : 2 : 3인 정사각형 4개를 붙이는 과정이에요. 가장 작은 정사각형부터 시작해서 반시계 방향으로 이어 붙여요.

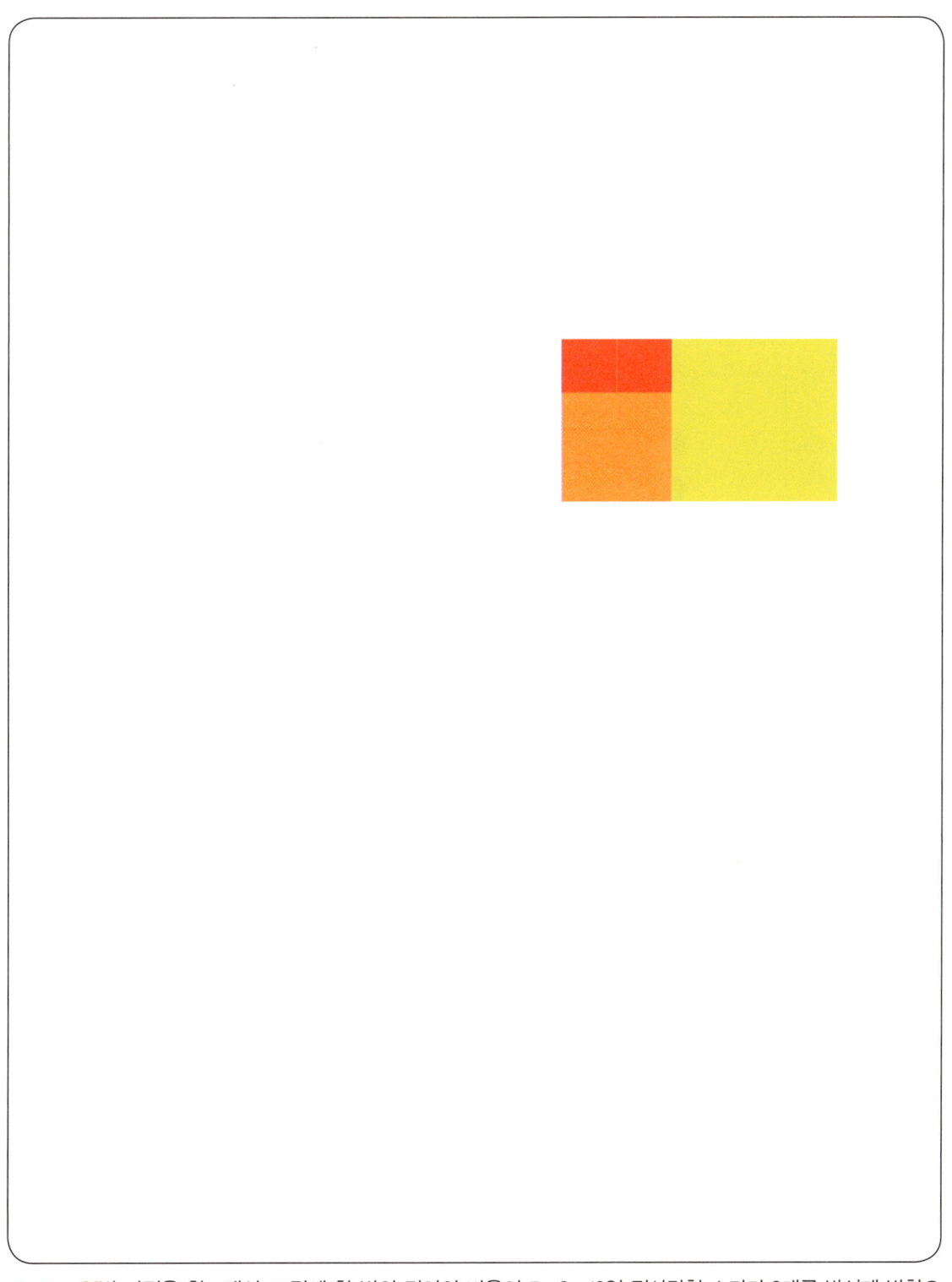

02 **01**번 과정을 참고해서, 그림에 한 변의 길이의 비율이 5 : 8 : 13인 정사각형 스티커 3개를 반시계 방향으로 이어 붙이세요. 스티커를 모두 붙인 뒤에는 붙인 순서대로 정사각형의 꼭짓점에 맞추어 연필로 이어 보면, 둥글게 이어지는 나선의 모양을 확인할 수 있어요.

정리하기

관찰 및 분석하기

01 다음 그림은 피보나치수열의 규칙에 따라 첫 번째 숫자부터 다섯 번째 숫자까지를 나타낸 것입니다. 여섯 번째, 일곱 번째, 여덟 번째 숫자를 나타내는 그림을 이어서 그려 보세요.

02 다음 표는 피보나치수열을 열 번째 숫자까지 나타낸 것입니다. 표의 노란색 빈칸을 채워 보세요.

1	1	2						55

03 피보나치수열과 나선 모양의 관계를 설명해 보세요.

확장하기

01 나만의 규칙이 담긴 수열을 만들어 보세요. 내가 만든 수열을 가족에게 보여주고, 규칙을 함께 찾아 보세요.
예시) 수열: 1, 4, 7, 10, 13, 16….
　　　수열의 규칙: 앞의 숫자에 3을 더하면 뒤의 숫자가 됩니다.

- 수열:

- 수열의 규칙:

02 가족이 만든 수열을 보고, 규칙을 함께 찾아 보세요.

- 수열:

- 수열의 규칙:

03 주변의 자연환경 속에서 피보나치수열과 나선의 예시를 찾아 적어 보세요.
피보나치수열의 예시) 우리 집 화분에 있는 꽃의 잎이 5장입니다.
나선의 예시) 달팽이 등껍질에 나선 모양이 있습니다.

- 피보나치수열:

- 나선:

04 피보나치수열과 나선의 예시를 조사해 적어 보세요.

이렇게도 해 보세요!

피보나치수열과 황금비 조사하기

황금비에 대해서 들어본 적이 있나요? 황금비는 사람들이 보기에 가장 조화롭고 아름답다고 느끼는 비율이에요. 그 비율은 1 : 1.618로 건축, 미술, 자연 등에서 다양하게 찾아볼 수 있답니다. 황금비의 대표적인 예시로는 레오나르도 다빈치의 그림 〈모나리자〉가 있어요. 그림 속 인물의 이목구비 비율, 얼굴과 몸의 비율이 황금비와 비슷하지요.

그렇다면 피보나치수열과 황금비에는 어떤 관계가 있는지, 그림과 숫자를 통해 살펴볼까요?

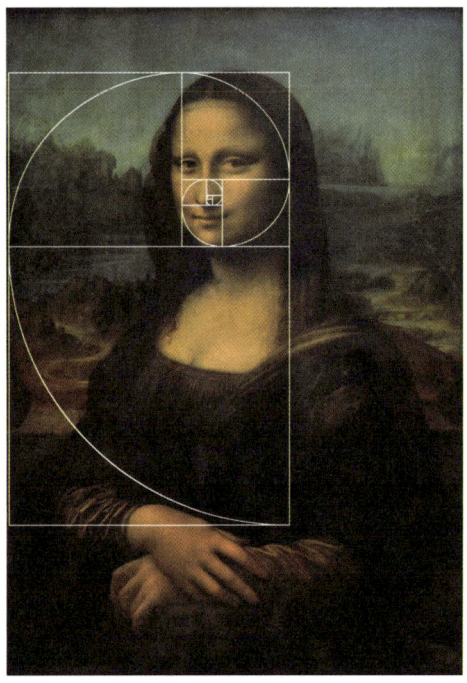
〈모나리자와 황금비〉

〈피보나치 나선〉

왼쪽 그림은 〈모나리자〉에서 확인할 수 있는 황금비를 나타낸 것입니다. 오른쪽 그림은 한 변의 길이가 피보나치수열을 따라 증가하는 정사각형들을 반시계 방향으로 이어 붙인 다음, 정사각형의 꼭짓점을 이어 나선을 그린 것입니다. 〈모나리자〉의 황금비를 나타내는 나선과 비슷하지요.

이번에는 숫자로 피보나치수열과 황금비의 관계를 알아볼까요? 피보나치수열의 숫자는 1, 1, 2, 3, 5, 8, 13, 21, 34, 55…로 이어져요. 뒤의 숫자를 앞의 숫자로 나누어 보겠습니다.

$$1 \div 1 = 1$$
$$2 \div 1 = 2$$
$$3 \div 2 = 1.5$$
$$5 \div 3 = 1.6666$$
$$8 \div 5 = 1.6$$
$$13 \div 8 = 1.625$$
$$21 \div 13 = 1.615$$
$$34 \div 21 = 1.619$$
$$55 \div 34 = 1.617$$
$$\vdots$$

이처럼 나눈 값이 점점 황금비인 1.618에 가까워지는 것을 확인할 수 있어요. 피보나치수열과 닮아 있는 황금비에 대한 호기심이 잔뜩 생기지 않나요? 스마트폰을 사용해서 황금비의 다양한 사례를 조사해 보세요. 세상 곳곳에 숨겨진 비율의 비밀에 푹 빠질 수 있답니다.

14 프랙털
: 평면과 입체 프랙털 만들기

난이도 ★★★★☆

영역
영역 간 통합

수학적 개념
규칙성

수학적 원리
프랙털

 **수학 원리 탐구하기**

프랙털

프랙털은 하나의 모양이 비슷하게 반복되면서 만드는 특별한 형태를 가리켜요. 시어핀스키 삼각형은 프랙털 도형의 대표적인 예시로, 서로 닮은 작은 삼각형 여러 개가 모여서 큰 삼각형을 만드는 도형이예요.

〈2단계 시어핀스키 삼각형〉

〈3단계 시어핀스키 삼각형〉

〈입체 3단계 시어핀스키 삼각형〉

생활 속 예시

자연 속의 프랙털

자연 속에서도 다양한 프랙털의 형태를 찾아볼 수 있어요. 나뭇가지, 눈의 결정, 번개를 자세히 살펴보면 크고 작은 비슷한 모양의 선들이 반복되며 뻗어 나가는 모습이 보인답니다.

이렇게 도와주세요

- 책에 제시된 다양한 프랙털 제작 활동을 통해 규칙성을 탐색하는 경험을 아이와 함께해 주세요. 무한히 반복되는 프랙털 도형을 만들어 보는 과정에서 아이가 끈기와 집중력을 가질 수 있도록 격려해 주세요.
- 창의적인 프랙털 도형을 만들 때는 '틀렸다', '잘못 그렸다' 같은 표현을 쓰기보다는 아이가 열린 사고를 할 수 있도록 허용적인 분위기를 조성해 주세요.

 활동하기

활동 1 - 시어핀스키 삼각형 그리기

규칙에 따라 1단계 시어핀스키 삼각형과 2단계 시어핀스키 삼각형을 차례로 완성해 보세요.

준비물: 자, 색연필

이렇게 도와주세요

- 아이가 시어핀스키 삼각형 그리기에 흥미를 보인다면 종이컵을 쌓아서 시어핀스키 삼각형과 비슷한 입체 형태를 만들어 보아도 좋습니다.

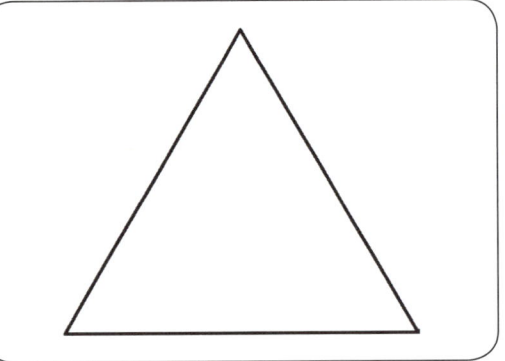

01 큰 정삼각형 1개를 그리세요.

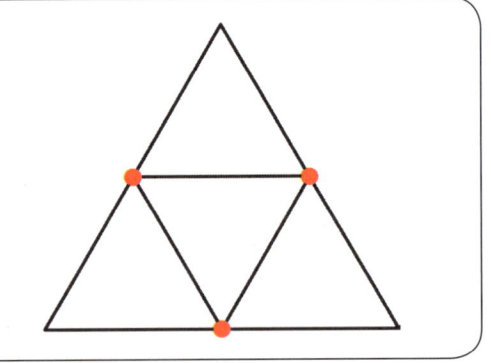

02 큰 정삼각형의 각 변 가운데에 점을 찍고, 점 3개를 이어서 중간 정삼각형 4개를 만드세요.

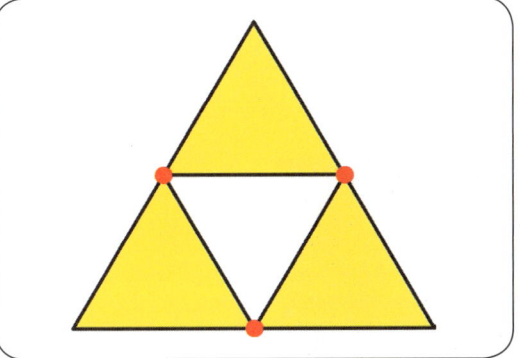

03 중간 정삼각형 중 가운데 정삼각형을 제외한 나머지 3개를 모두 칠하면 1단계 시어핀스키 삼각형이 완성돼요.

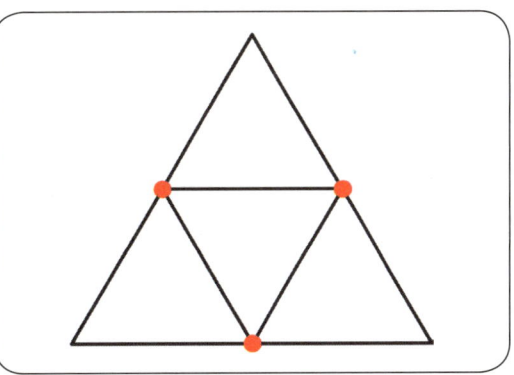

04 2단계 시어핀스키 삼각형을 만들기 위해, 02번 과정과 동일한 정삼각형을 새로 그리세요.

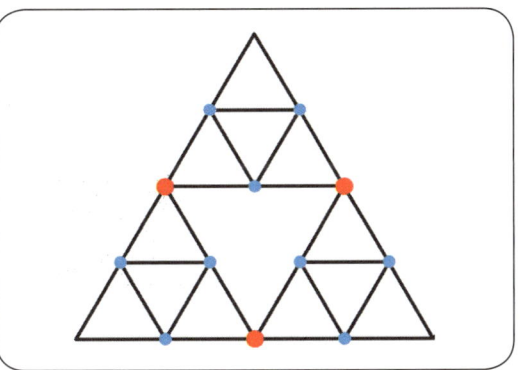

05 중간 정삼각형들의 각 변의 가운데에 점을 찍으세요. 점을 3개씩 이어서 작은 정삼각형 12개를 만드세요.

※ 이때 가운데 중간 정삼각형 안에는 작은 정삼각형을 만들지 말고 비워 두세요.

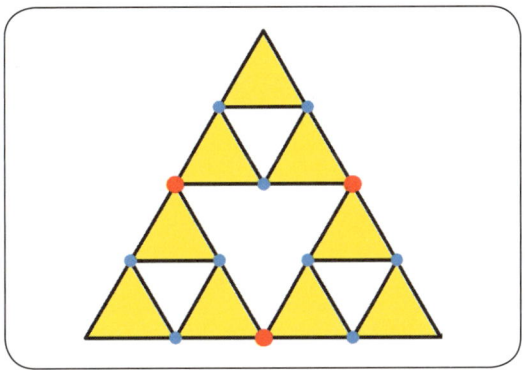

06 작은 정삼각형 중 가운데 정삼각형 3개를 제외한 나머지 9개를 모두 칠하면 2단계 시어핀스키 삼각형이 완성돼요.

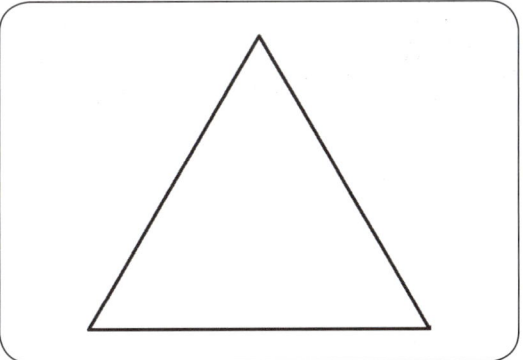

07 앞의 과정을 참고해서, 주어진 도안 위에 2단계 시어핀스키 삼각형을 다시 한 번 그려 완성해 보세요.

활동 II - 프랙털 카드 만들기

색종이를 자르고 접어서 나만의 프랙털 카드를 만들어 보아요.

준비물: 색종이, 가위

이렇게 도와주세요

- QR코드의 동영상을 참고하면 더 쉽게 만들 수 있습니다.

01 색종이를 반으로 접으세요. 가위를 이용해서 접은 선의 중간 지점에서 안쪽으로 절반을 오리세요.

02 오려진 위쪽 부분을 색종이의 선에 맞추어 접으세요.

※ 색종이를 접을 때는 꼭꼭 접어야 카드가 잘 만들어져요.

03 02번 과정에서 접은 부분을 살짝 펼쳐 안쪽으로 다시 접으세요.

04 03번 과정에서 접은 위쪽 부분의 중간 지점에서 안쪽으로 절반을 오리세요. 오려진 위쪽 부분을 색종이의 선에 맞추어 접으세요.

05 04번 과정에서 접은 부분을 살짝 펼쳐 안쪽으로 다시 접으세요.

06 색종이를 펼치면 프랙털 카드가 완성돼요.

정리하기

관찰 및 분석하기

01 프랙털이란 무엇인지 설명해 보세요.

02 우리 몸속에 있는 프랙털의 예시로는 어떤 것이 있을까요? 조사해서 적어 보세요.

03 다음 표는 나뭇가지 모양의 프랙털이 확장되는 과정입니다. 프랙털의 규칙을 생각하며 3번과 4번의 프랙털 나뭇가지를 완성해 보세요.

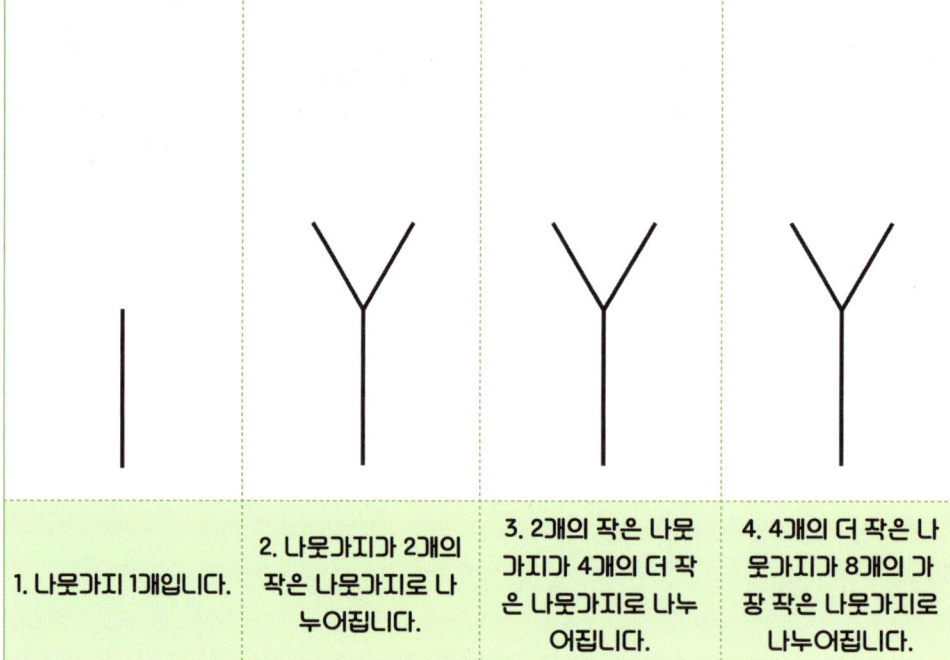

| 1. 나뭇가지 1개입니다. | 2. 나뭇가지가 2개의 작은 나뭇가지로 나누어집니다. | 3. 2개의 작은 나뭇가지가 4개의 더 작은 나뭇가지로 나누어집니다. | 4. 4개의 더 작은 나뭇가지가 8개의 가장 작은 나뭇가지로 나누어집니다. |

확장하기

01 나만의 프랙털을 만들어 보세요.

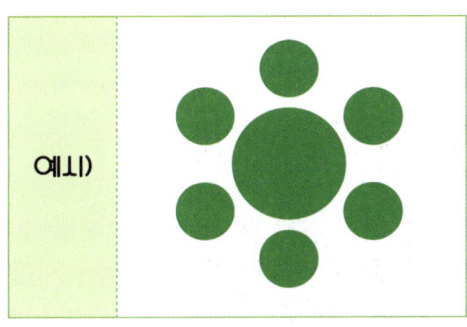

예시) / 나만의 프랙털

02 시어핀스키 삼각형은 삼각형이 반복되는 프랙털입니다. 이번에는 사각형이 반복되는 나만의 프랙털을 만들어 보세요. 만든 프랙털의 이름과 규칙도 적어 보세요.

나만의 사각형 프랙털	
이름	
규칙	

03 주변에서 볼 수 있는 프랙털은 어떤 것이 있는지 찾아서 적어 보세요.
예시) 우리 집 벽지의 반복되는 무늬, 공원의 나뭇가지

> 이렇게도 해 보세요!

입체 시어핀스키 삼각형 만들기

정사면체 4개를 연결해서 입체 시어핀스기 삼각형을 만들어 보아요.

준비물: 정사면체 도안 4개(부록 403~405p), 테이프, 풀, 가위

※ 부록의 도안을 잘라 사용하거나, 도안에 색종이를 대고 따라 그린 뒤 잘라 사용해도 돼요.

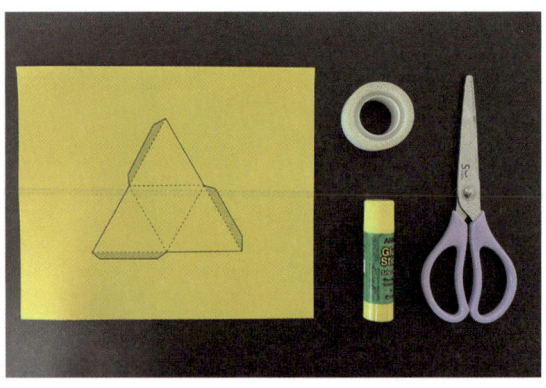

01 도안의 실선을 따라 오리세요.

02 도안의 점선을 따라 안쪽으로 접으세요. 날개의 뒤쪽 면에 풀칠해 붙여서 정사면체를 만드세요.

03 4개의 정사면체를 꼭짓점끼리 테이프로 이어 붙여 입체 1단계 시어핀스키 삼각형을 완성해 보세요.

15 한붓그리기
: 여러 가지 도형의 한붓그리기

난이도 ★★★★☆

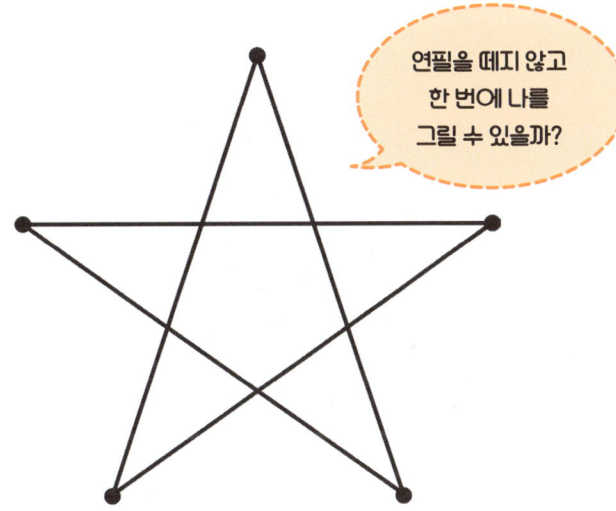

연필을 떼지 않고 한 번에 나를 그릴 수 있을까?

영역
영역 간 통합

수학적 개념
그래프 이론

수학적 원리
한붓그리기

 **수학 원리 탐구하기**

한붓그리기

그림을 그릴 때, 선을 한 번도 떼지 않고 같은 선을 반복해서 지나지 않으면서 완성하는 것을 '한붓그리기'라고 합니다. 다음의 별 그림을 한붓그리기로 그리는 방법을 생각해 볼까요? 표시된 번호의 순서대로 점을 이으면 선을 한 번도 떼지 않고 별을 그릴 수 있어요.

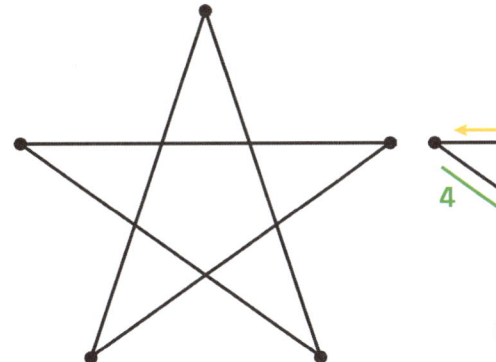
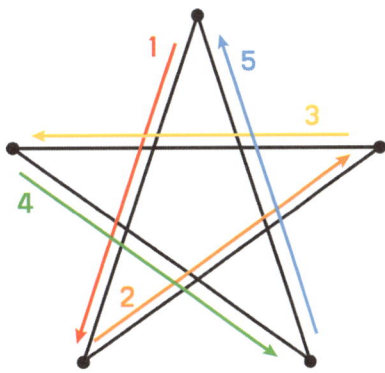

그렇다면 어떤 도형이 한붓그리기가 가능한지 확인하기 위해서는 어떻게 해야 할까요? 다음의 두 가지 규칙을 통해서 한붓그리기가 가능한 도형인지 확인할 수 있어요.

〈한붓그리기의 규칙〉
1. 하나의 점에서 이어진 선의 개수가 모두 짝수이면 한붓그리기가 가능해요.
2. 하나의 점에서 이어진 선의 개수가 홀수인 점이 2개이면 한붓그리기가 가능해요.

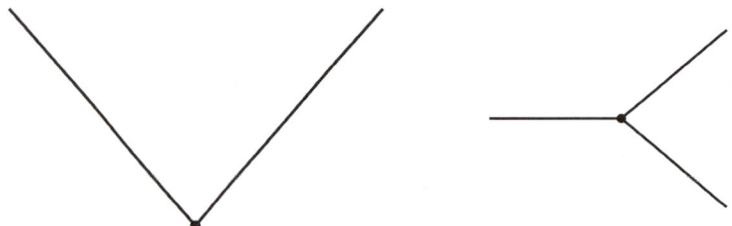

왼쪽 도형은 하나의 점에 선이 2개(짝수) 이어져 있으므로 한붓그리기가 가능해요. 오른쪽 도형은 하나의 점에 선이 3개(홀수) 이어져 있고, 홀수의 선과 이어진 점이 1개이므로 한붓그리기가 불가능해요.

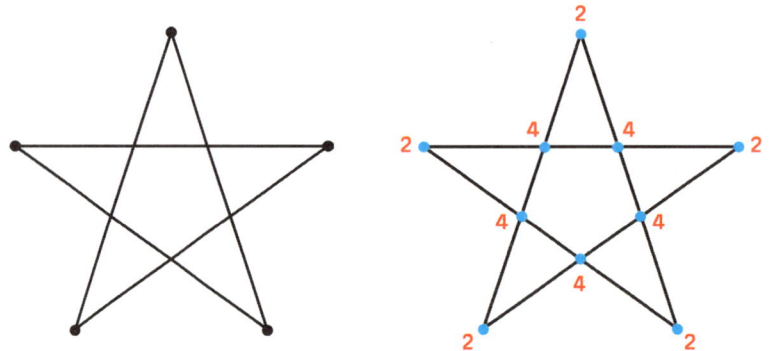

같은 방법으로 별의 한붓그리기가 가능한지 확인해 보아요. 선과 선이 만나는 지점마다 점을 찍은 다음, 각 점에 이어진 선의 개수를 확인해 보면 2개, 2개, 2개, 2개, 2개, 4개, 4개, 4개, 4개, 4개예요. 모두 짝수이므로 한붓그리기가 가능한 도형이지요.

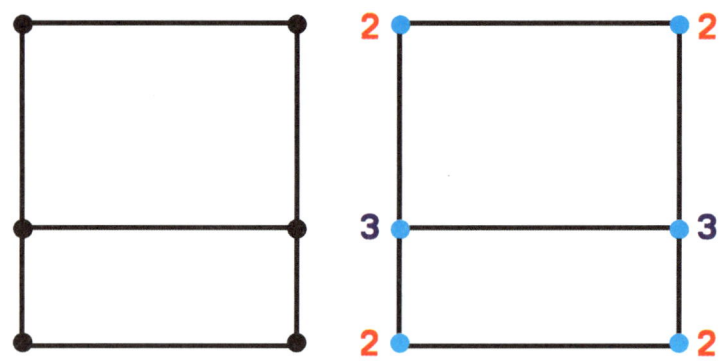

이 도형은 한붓그리기가 가능한지 확인해 볼까요? 선과 선이 만나는 지점마다 점을 찍은 다음, 각 점에 이어진 선의 개수를 확인해 보면 2개, 2개, 3개, 3개, 2개, 2개예요. 이 중 홀수의 선과 이어진 점은 2개이므로, 한붓그리기가 가능한 도형이라는 것을 알 수 있어요. 이제 여러 가지 모양의 도형을 보고 한붓그리기가 가능한지 확인해 볼 수 있겠지요?

쾨니히스베르크 마을의 다리 문제

한붓그리기는 어디에서 유래되었을까요? 옛날에 '쾨니히스베르크'라는 이름의 마을이 있었습니다. 마을에는 강이 하나 흐르고 있었고, 강을 지나는 7개의 다리가 있었어요. 마을 사람들은 궁금한 점이 생겼습니다. "우리 집에서 출발해서 7개의 다리를 한 번씩만 건너 다시 우리 집으로 돌아오는 방법이 있을까?"

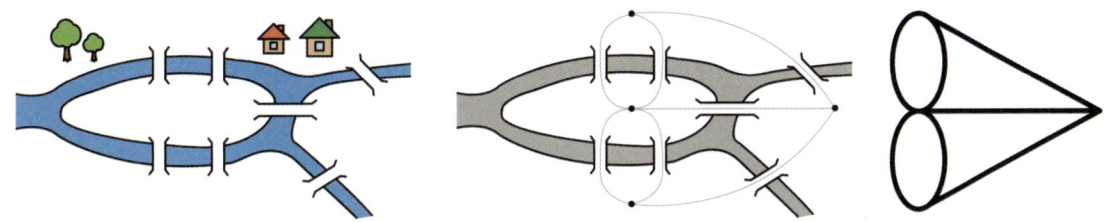

수학자 '오일러' 아저씨는 이 문제를 풀기 위해 그림을 그리기 시작했어요. 첫 번째 그림은 쾨니히스베르크 마을의 강과 다리를 나타낸 지도예요. 두 번째 그림은 오일러 아저씨가 점과 선을 활용해 다리를 한 번씩만 건너는 방법을 수학적으로 나타낸 거예요. 검은색 점은 사람들이 출발하는 지점을, 회색 선은 다리를 건너는 이동 경로를 나타내요. 세 번째 그림은 출발 지점과 이동 경로만 가장 단순화시킨 거예요.

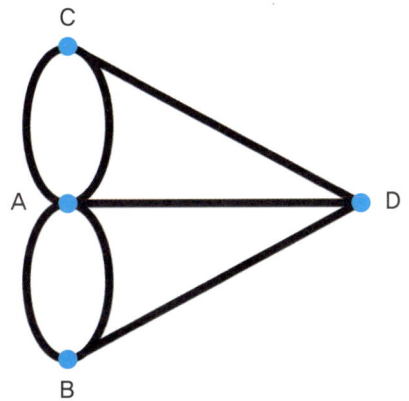

오일러 아저씨는 점과 점에서 이어진 선의 개수에 주목했어요. 그리고 점에서 나오는 선의 개수를 통해 이 문제를 풀 수 있는 규칙, 즉 한붓그리기의 규칙을 밝혀냈어요. 그림의 각 점에서 이어지는 선의 개수는 A에서 5개, B에서 3개, C에서 3개, D에서 3개예요. 홀수의 선과 이어진 점이 총 4개이므로, 규칙에 따라 7개의 다리를 한 번씩만 건너서 출발 지점으로 돌아오는 것은 불가능했던 것이지요.

이렇게 도와주세요

- 아이들이 한붓그리기 규칙을 익힌 후, 다양한 문제를 통해 응용할 기회를 제공해 주세요. 직접 여러 가지 방법으로 한붓그리기 연습을 하면 사고력 향상에도 큰 도움이 됩니다.

생활 속 예시

우편 배달 경로 찾기

택배나 우편물을 빠르게 배달하기 위해서는 한붓그리기의 원리가 꼭 필요해요. 가야 하는 장소들을 한 번씩만 거쳐서 물건을 운반해야 시간이 낭비되지 않기 때문이지요. 한붓그리기의 원리로 배달 경로를 계획하면 효율성을 높일 수 있어요.

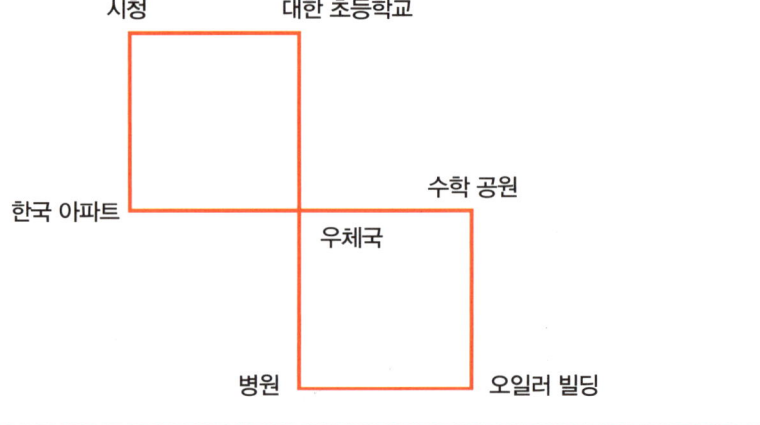

 **활동하기**

한붓그리기로 여러 가지 도형 그리기

다양한 문제를 직접 해결해 보면서 한붓그리기에 도전해 보겠습니다. 각 도형이 한붓그리기가 가능한 도형인지 먼저 확인하고, 그 이유를 적어 보세요. 한붓그리기가 가능한 도형이라면 회색 선을 따라 직접 그려 보세요.

이렇게 도와주세요

- 한붓그리기가 가능한 경로는 여러 가지일 수도 있습니다. 아이들이 직접 한붓그리기를 할 때 다양한 방법을 생각해 볼 수 있도록 유도해 주세요.
- 이번 활동에서는 한붓그리기의 세부적인 규칙(힌트)들이 제시됩니다. 아이들이 이 규칙들을 하나씩 익히면서 직접 그려보는 경험을 충분히 할 수 있도록 도와주세요.

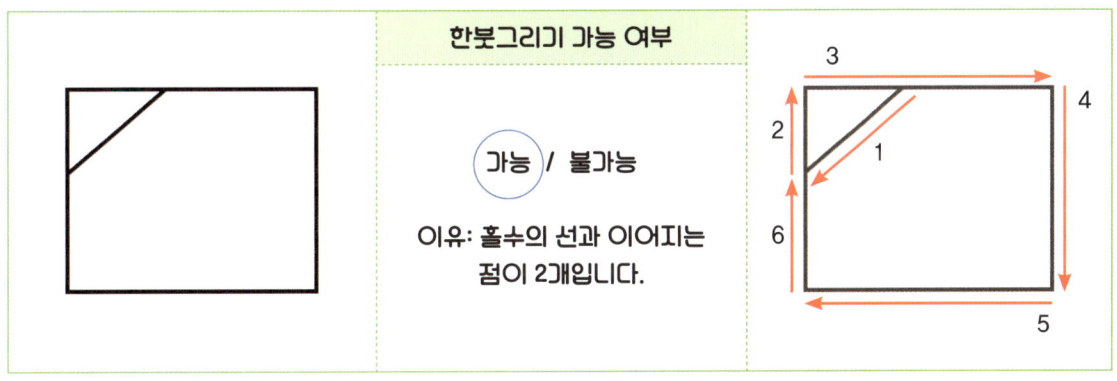

01 위의 도형은 한붓그리기가 가능합니다. 표시된 순서대로 회색 선을 따라 직접 그려 보세요.

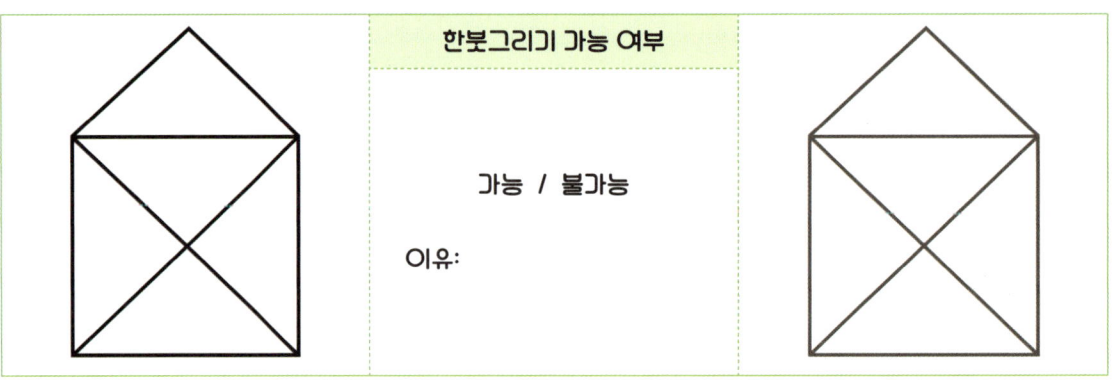

02 위의 도형은 한붓그리기가 가능할까요? 가능 여부를 표시하고, 그 이유를 적어 보세요. 한붓그리기가 가능한 도형이라면 회색 선을 따라 직접 그려 보세요.

※ 점은 중복해서 지나갈 수 있지만, 선은 중복해서 지나갈 수 없어요.
※ 하나의 점에서 이어진 선의 개수가 모두 짝수이면, 한붓그리기의 출발점과 도착점이 같아요.
※ 하나의 점에서 이어진 선의 개수가 홀수인 점이 2개이면, 이 2개가 각각 한붓그리기의 출발점과 도착점이 돼요.

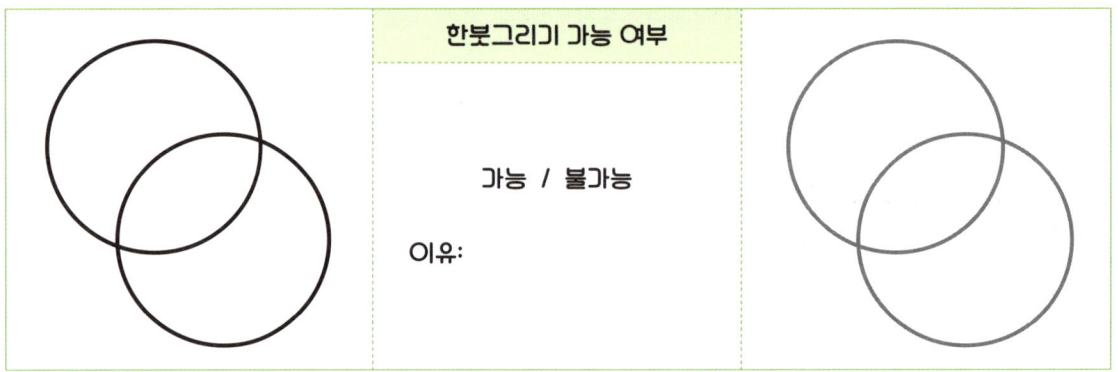

03 위의 도형은 한붓그리기가 가능할까요? 가능 여부를 표시하고, 그 이유를 적어 보세요. 한붓그리기가 가능한 도형이라면 회색 선을 따라 직접 그려 보세요.

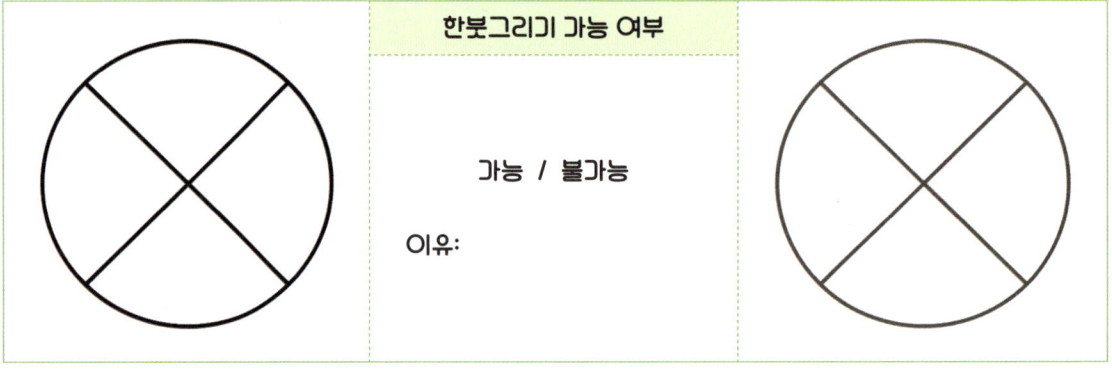

04 위의 도형은 한붓그리기가 가능할까요? 가능 여부를 표시하고, 그 이유를 적어 보세요. 한붓그리기가 가능한 도형이라면 회색 선을 따라 직접 그려 보세요.

정리하기

관찰 및 분석하기

01 한붓그리기가 가능한 도형인지 확인할 수 있는 규칙 2가지는 무엇인가요? 〈보기〉의 단어를 모두 포함해서 적어 보세요.

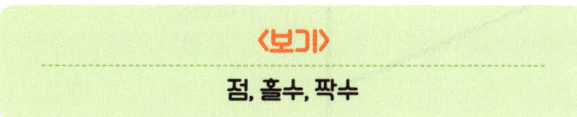

02 다음 그림 중 한붓그리기가 가능한 것을 모두 고르세요.

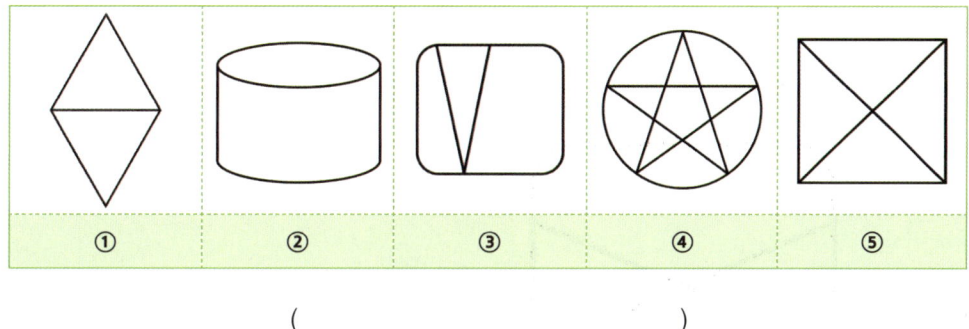

( )

03 다음은 수영이의 집과 수영이가 선물을 가져다 줄 친구 4명의 집이 그려진 지도입니다. 수영이가 집에서 출발해 모든 길을 한 번씩만 지나서 선물을 가져다 주고 다시 집으로 돌아오는 경로를 그려 보세요.
(단, 수영이의 집은 5곳 중 어느 곳이든 될 수 있습니다. 원하는 집 1곳을 골라 수영이의 집으로 정하세요.)

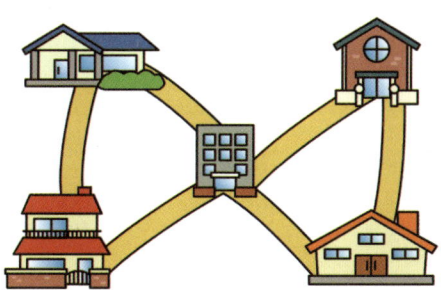

283

확장하기

01 한붓그리기가 가능한 나만의 도형을 만들어 보세요.

예시)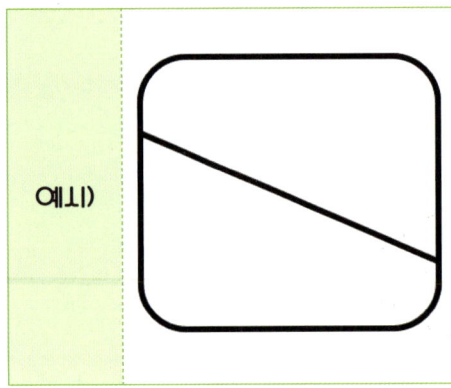

나만의 도형

02 한붓그리기가 불가능한 나만의 도형을 만들어 보세요.

예시)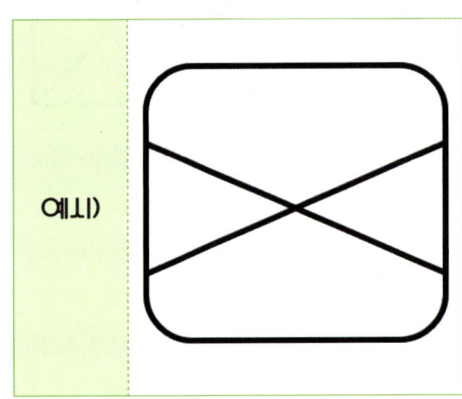

나만의 도형

03 한붓그리기가 생활 속에서 사용되는 예시를 조사해서 적어 보세요.

이렇게도 해 보세요!

쾨니히스베르크 마을의 다리 문제 새롭게 해결하기

앞에서 쾨니히스베르크 마을의 다리는 한 번씩만 건너서 출발 지점으로 돌아오는 것이 불가능하다는 것을 알아보았습니다. 이것이 가능하도록 하려면 어떻게 해야 할까요?

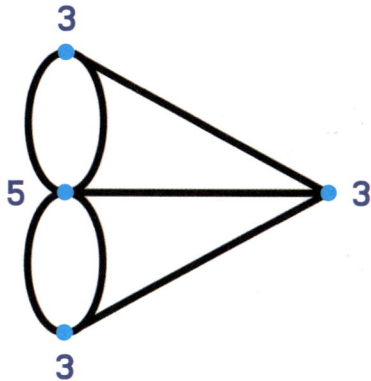

각 점에서 이어진 선의 개수가 모두 홀수였기 때문에 한붓그리기가 불가능하다는 것을 확인했습니다. 그렇다면 이 중 2개의 점만 홀수의 선과 이어지도록 그대로 두고, 나머지 2개의 점은 짝수의 선과 이어지도록 바꾸어 보겠습니다.

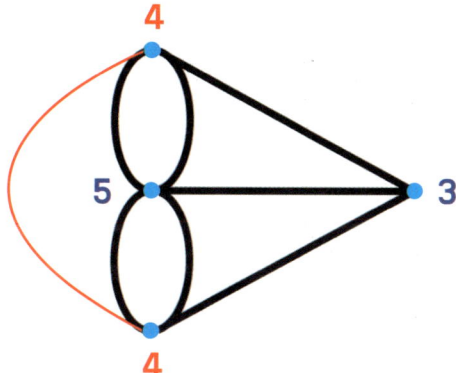

위의 그림처럼 2개의 점을 연결하는 빨간색 선을 하나 추가했더니, 2개의 점은 짝수의 선과 연결되고 2개의 점은 홀수의 선과 연결되어 한붓그리기가 가능하게 바뀌었습니다. 실제로 쾨니히스베르크 마을의 시장은 오일러 아저씨의 이야기를 듣고 이처럼 길을 하나 더 만들어서 다리 문제를 해결했다고 해요. 한붓그리기 규칙을 이용해서 실제로 사람들의 생활을 편리하게 만들었다니, 흥미롭지 않나요?

16 암호
난이도 ★★★☆☆
: 두 가지 암호로 비밀 메시지 보내기

영역
영역 간 통합

수학적 개념
암호

수학적 원리
암호 제작, 암호 해독

 **수학 원리 탐구하기**

암호

암호는 비밀을 지키기 위해서 정하는 특별한 약속이에요. 예를 들어 가족들에게 비밀 메시지를 전하고 싶은 상황이라면, 다른 사람들은 알아볼 수 없도록 우리 가족만의 암호를 이용할 수 있어요.

〈우리 가족의 암호〉
놀이 = 사랑

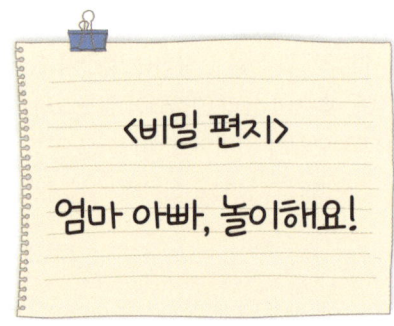

이렇게 '놀이'라는 단어가 실제로는 '사랑'을 뜻한다고 가족들과 미리 약속해 놓았다면, 가족들은 비밀 메시지에 담긴 뜻이 "엄마 아빠, 사랑해요!"라는 것을 알아볼 수 있지만 다른 사람들은 알 수 없겠지요?

시저 암호

고대 로마에는 시저 황제라는 인물이 있었어요. 그는 지혜롭고 용감했지만, 어느 날 큰 고민에 빠졌습니다. 바로 로마에 침입하려는 다른 나라들의 눈을 피해 비밀 편지를 보내는 방법을 찾는 것이었지요. 시저 황제는 고민 끝에 특별한 암호 체계를 고안해 냈는데, 그것이 바로 '시저 암호'입니다.

시저 암호는 글자를 정해진 칸만큼 이동시키는 방식으로 만들어져요. 3칸씩 이동하는 시저 암호를 만들었다면, 'A'는 3칸 옆으로 이동해 'D'가 되고, 'B'는 3칸 옆으로 이동해 'E'가 되는 거예요. 한글의 경우 'ㄱ'은 3칸 옆으로 이동해 'ㄹ'이 되고, 'ㄴ'은 3칸 옆으로 이동해 'ㅁ'이 됩니다. 단, 한글의 경우 모음은 이동하지 않고 그대로 유지됩니다.

'노래'라는 단어를 3칸씩 이동하는 시저 암호로 변환하면 어떻게 될까요? 'ㄴ'은 'ㅁ'이, 'ㄹ'은 'ㅅ'이 되고 모음은 그대로 유지돼요. 따라서 '노래'는 '모새'가 된답니다.

스키테일 암호

이번에는 고대 그리스에서 사용되었던 암호인 '스키테일 암호'에 대해 알아볼까요? '스키테일'은 그리스어로 '막대기'를 의미해요. 이 암호는 막대기에 종이를 감아서 글자를 적는 방식으로 만들어집니다. 막대기에 종이를 감아 종이에 원하는 메시지를 쓴 다음, 종이를 풀어 버리면 스키테일 암호의 비밀을 모르는 사람들은 메시지의 내용을 이해할 수 없게 되지요.

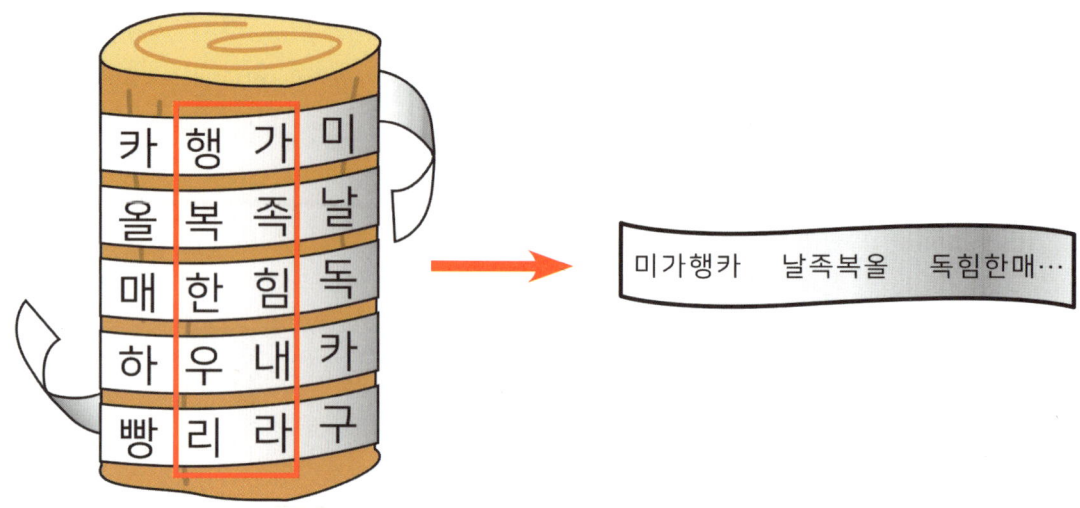

위의 그림은 스키테일 암호의 예시예요. 막대기에 종이를 감고, "행복한 우리 가족 힘내라"라는 메시지를 세로로 적어요. 메시지를 쓰고 남은 부분에는 무작위의 글자를 적어 더욱 헷갈리게 만들 수도 있어요. 그런 다음 종이를 풀어 버리면, 이것이 스키테일 암호라는 사실을 모르는 사람들에게는 "미가행카 날족복올 독힘한매…"처럼 이해할 수 없는 문장으로만 보이게 되지요.

생활 속 예시

암호로 보호되는 암호 화폐

옛날에는 물건을 사고팔 때 동전이나 지폐를 썼지만, 지금은 인터넷에서만 쓰는 특별한 돈인 '암호 화폐'도 사용되고 있어요. 암호 화폐는 누가 얼마를 가졌는지, 누가 누구에게 보냈는지와 같은 정보들을 암호로 잘 감추어 두어서 누군가 몰래 돈을 훔치거나 바꾸지 못하도록 한답니다.

이렇게 도와주세요

- 암호는 우리 생활 곳곳에서 사용됩니다. 암호 기술이 발전하면서, 지금은 단 하나의 암호만으로 신원을 인증하거나 물건을 사고팔 수도 있게 되었습니다. 지문·홍채와 같은 개인의 생체 정보를 암호화시켜 인증하는 생체 암호, 한때 큰 화제가 되었던 암호 화폐 등 생활 속에서 사용되는 암호의 예시를 통해 그 중요성을 설명해 주세요.

 **활동하기**

활동 1 - 알파벳 시저 암호 알아보기

앞에서 배운 내용을 바탕으로 알파벳 시저 암호를 더 자세히 알아보아요.

이렇게 도와주세요

- 알파벳을 모르는 아이들에게는 알파벳이 한글의 자음, 모음과 같은 것이라고 알려주세요.
- 집에 알파벳이 적힌 종이가 있다면 전체의 순서를 함께 살펴보며 활동을 진행하면 이해가 쉽습니다.

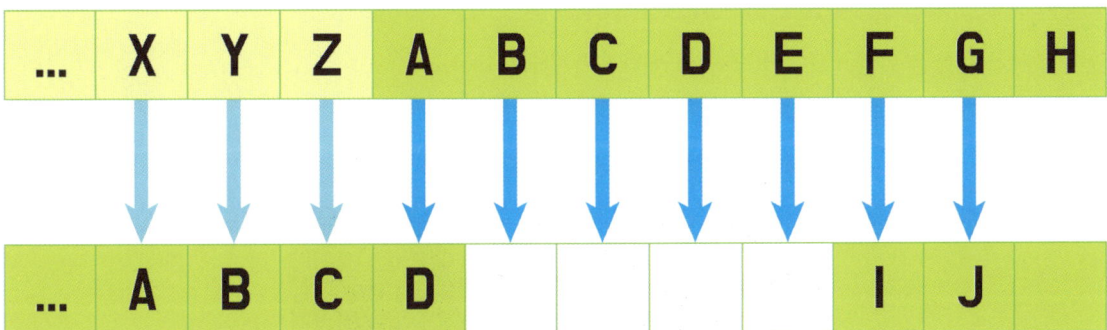

01 위의 표는 알파벳을 3칸씩 이동해 시저 암호를 만드는 과정을 나타낸 것입니다. 표의 빈칸을 채우세요.

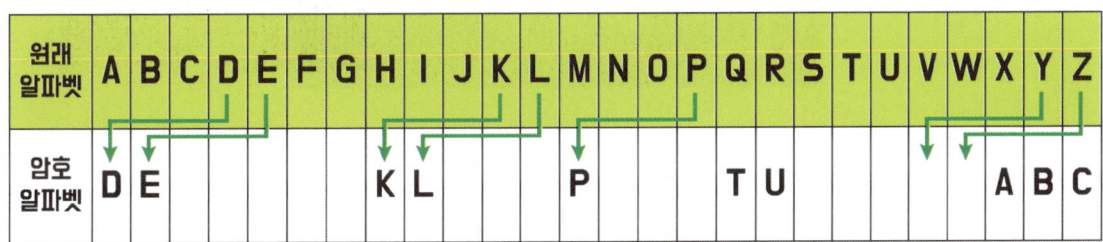

02 위의 표는 알파벳 전체를 시저 암호로 만드는 과정을 나타낸 것입니다. 화살표를 확인하며 빈칸을 채우세요.

실제 메시지	암호 메시지
M A T H (수학)	P D ☐ K
F A M I L Y (가족)	☐ D P ☐ ☐
I L O V E Y O U (사랑해요)	L ☐ ☐ ☐ B R ☐

03 02번 과정의 표를 참고해서 직접 암호를 만들어 보세요.
(예를 들어, "HI"라는 단어를 시저 암호로 바꾸면 "KL"이 됩니다.)

※ 내가 아는 다른 영어 단어를 시저 암호로 바꾸어서 가족들과 주고받아 보세요.

활동 II - 스키테일 암호로 메시지 전달하기

앞에서 배운 내용을 바탕으로 직접 스키테일 암호를 만들어 보아요.

준비물: 종이, 가위, 우드스틱 또는 아이스크림 막대 3개, 테이프, 펜

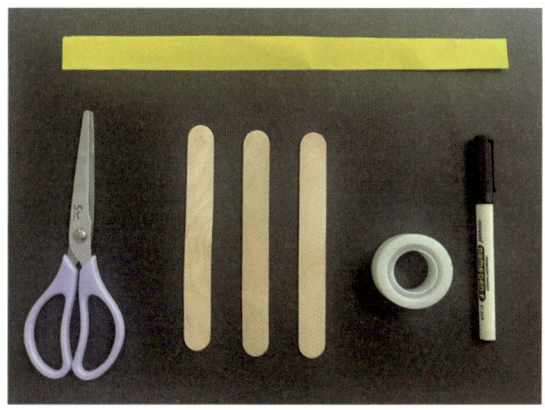

이렇게 도와주세요

- QR코드의 동영상을 참고하면 더 쉽게 만들 수 있습니다.

01 우드스틱 3개를 삼각형 모양으로 모아 테이프로 붙여서 스키테일 막대기를 만드세요. 종이는 가위로 길게 자르세요.

02 스키테일 막대기에 길게 자른 종이를 감으세요.

03 감은 종이의 왼쪽 면에서부터 위에서 아래로 '암호가'라고 적으세요.

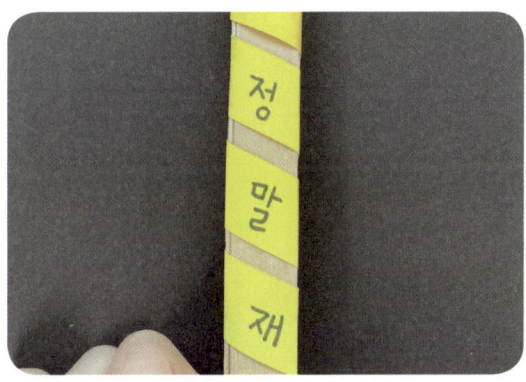

04 **03**번 과정에서 적은 종이의 오른쪽 면에 위에서 아래로 '정말재'라고 적으세요.

05 **04**번 과정에서 적은 종이의 오른쪽 면에 위에서 아래로 '밌어요'라고 적으세요.

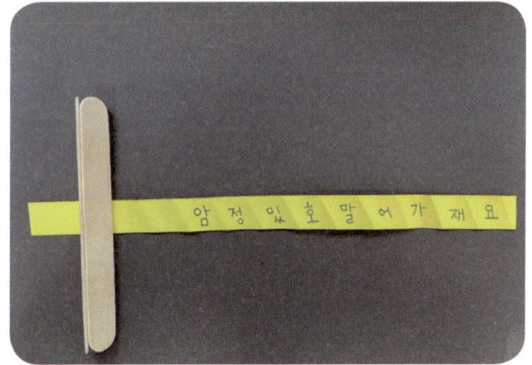

06 감았던 종이를 풀어서 '암정밌호말어가재요'라고 적힌 글자를 확인해 보세요.

정리하기

관찰 및 분석하기

01 [활동 II] 스키테일 암호를 만들 때는 다음과 같이 막대기에 종이를 감아 세로로 비밀 메시지를 적었고, 만든 암호를 읽을 때는 막대기에 감았던 종이를 풀어서 읽었습니다. 그런데 종이를 풀지 않고, 가로로 읽어도 똑같은 암호가 됩니다. 이 방법을 참고해서, 〈아빠의 암호〉를 풀고 빈칸을 채워 보세요.

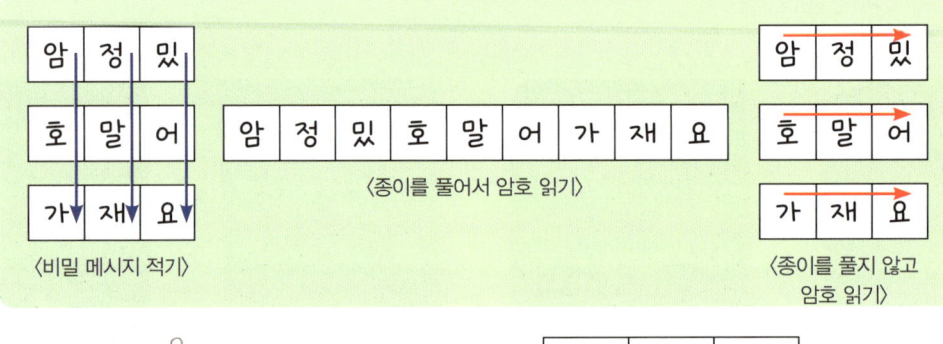

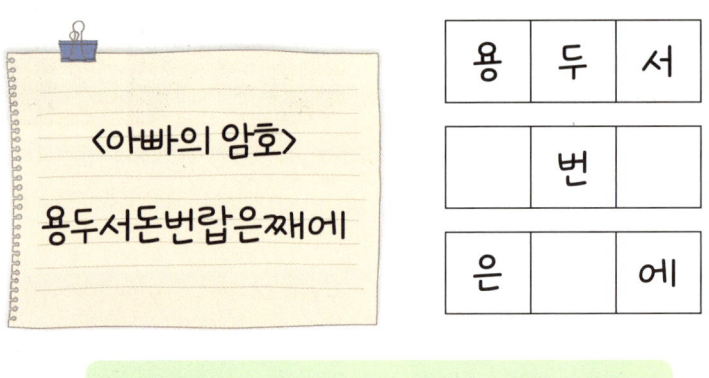

비밀 메시지: 용 ☐ 은 두 번 ☐ 서 ☐ 에

02 〈규칙〉에 따라 암호를 만들어 표의 빈칸을 채워 보세요.

〈규칙〉
자음을 옆으로(→) 4칸씩 이동시켜 암호를 만듭니다.

실제 글자	ㄱ	ㄴ	ㄷ	ㄹ	ㅁ	ㅂ
암호 글자	ㅁ	ㅂ				

03 다음은 02번의 〈규칙〉으로 만든 암호 글자입니다. 실제 글자는 무엇일까요? 빈칸을 채워 보세요.

실제 글자	
암호 글자	조파

확장하기

01 자음 또는 모음을 이동시켜 나만의 암호를 만들어 보세요. (암호로 바꾼 말은 존재하지 않는 말이거나, 맞춤법이 틀려도 됩니다.)

규칙	예시) 한글 모음을 1칸씩 옆으로 이동합니다. 'ㅏ'를 'ㅑ'로, 'ㅓ'를 'ㅕ'로, 'ㅗ'를 'ㅛ'로 바꿉니다.
보내고 싶은 말	피자
암호로 바꾼 말	파쟈

02 숫자나 도형, 기호를 활용한 나만의 암호를 만들어 보세요.

규칙	예시) 한글 모음을 원하는 기호로 바꿉니다. 'ㅏ'를 ○, 'ㅑ'를 ●, 'ㅓ'를 ◎, 'ㅣ'를 ◆로 바꿉니다.
보내고 싶은 말	피자
암호로 바꾼 말	ㅍ◆ㅈ○

이렇게도 해 보세요!

막대기 없이 스키테일 암호 만들기

막대기 없이 스키테일 암호를 만드는 방법을 연습해 볼까요? 먼저 다음의 예시를 참고해 9글자의 암호를 만들어 보세요.

보내고 싶은 메시지 (9글자)	예시) 엄 마 아 　 빠 사 랑 　 합 니 다
3×3 칸에 넣기	각 칸의 색깔에 맞추어 위에서 아래로 글자를 적으세요. | 엄	빠	합
마	사	니
아	랑	다	
암호로 바꾸기	암호로 바꿀 때는 가장 윗줄부터 왼쪽에서 오른쪽 방향으로 읽으세요. 암호: 엄빠합마사니아랑다
보내고 싶은 메시지 (9글자)	☐☐☐　☐☐☐　☐☐☐
3×3 칸에 넣기	각 칸의 색깔에 맞추어 위에서 아래로 글자를 적으세요. (빈 3×3 표)
암호로 바꾸기	암호로 바꿀 때는 가장 윗줄부터 왼쪽에서 오른쪽 방향으로 읽으세요. 암호:

이번에는 조금 더 복잡한 16글자의 암호를 만들어 보겠습니다. 만드는 방법은 9글자 암호와 동일해요. 먼저 다음 메시지를 읽고, 4 × 4 칸에 순서대로 넣어 보세요. 빈칸을 다 채운 다음, 가장 윗줄부터 왼쪽에서 오른쪽 방향으로 읽으면 암호가 완성됩니다.

메시지: 오늘의 간식은 맛있는 햄버거와 콜라야

오	식	는	
늘			콜
	맛	버	
간	있		야

암호: 오식는 ☐ 늘은 ☐ 콜의맛버 ☐ 간있 ☐ 야

이제 막대기 없이 스키테일 암호를 만드는 것이 조금 익숙해졌나요? 하고 싶은 말을 암호로 바꾸어서 가족들과 함께 우리만의 비밀 메시지를 주고받아 보세요!

MEMO

마치며

제 인생의 나침반이 되어준 두 가지 문장이 있습니다.

첫 번째 문장은 "아는 만큼 보인다."입니다.
대학교 시절, 친구들과 이탈리아로 여행을 떠난 적이 있습니다. 첫 해외여행이었기에 기대가 컸지만, 박물관과 미술관을 방문했을 때 가이드 투어를 예약하지 못해 자유 관람을 하게 되었습니다. 5~6시간 동안 걸어 다녔지만, 벽화와 조각상들을 보면서도 '이게 유명한 작품이구나.'라는 생각만 들었을 뿐, 그 작품의 의미나 역사적 배경을 전혀 이해하지 못했습니다. 지금 돌아보면, 값진 경험을 제대로 누리지 못한 아쉬운 순간이었습니다.
두 번째 여행에서는 사전에 공부를 하고, 가이드 투어를 신청한 후 관람했습니다. 같은 장소였지만 이번에는 모든 것이 새롭게 보였습니다. 작품이 탄생한 역사적 배경, 작가의 의도, 숨겨진 상징들을 알게 되면서 감탄이 절로 나왔고, 머릿속에서 지식이 맞물리며 새로운 경험으로 변환되는 것을 느꼈습니다. 이 단편적인 경험을 통해, 세상을 바라볼 때도 '아는 만큼 보인다.'라는 진리를 깨닫게 되었습니다.

두 번째 문장은 "To be, do now."입니다.
이 문장은 제 인생을 많이 변화시켰습니다. 저는 학창 시절에 공부를 그다지 잘하지 못했습니다. 운이 좋아 인문계 고등학교에 진학했지만, 학업 성취도는 여전히 낮았습니다. 지방 국립대에 입학하여 평범한 대학 생활을 보냈습니다. 그러던 어느 날, 우연히 봤던 책의 한 페이지에서 "To be, do now."라는 문장을 보았습니다.
　무언가 되고 싶다면, 지금 당장 행동하라.
　1분 뒤, 10분 뒤가 아닌 지금 당장 행동해야 한다.
이 문장을 떠올리며 미루던 공부를 시작했고, 군 복무 중에도 틈틈이 학습을 이어갔습니다. 휴가를 나와 다시 수능을 치렀고, 결국 교육대학교에 입학했습니다. 지금은 초등학교에서 아이들을 가르치며, 영재학급 강사로도 활동하고 있습니다.

인생에 정해진 답은 없습니다. 각자의 방향과 목적이 모두 다르지만, 『부모님과 함께 하는 초등 영재의 첫걸음: 과학·수학편』을 통해 부모님과 함께 경험한 배움의 과정은 아이들에게 값진 시작점이 될 것입니다. 부모님과 아이가 함께 배우고, 작은 성공을 차곡차곡 쌓아 가며 성장하는 순간이야말로 무엇보다 소중한 시간일 것입니다.

영재교육의 핵심은 단순한 선행학습이 아니라 자기 주도적인 학습 습관을 형성하고 논리적 사고력을 키우는 것입니다. 부모님께서 지속적으로 관심을 갖고 아이가 새로운 것에 도전할 수 있도록 응원해 주신다면, 아이는 자연스럽게 탐구하는 습관을 갖게 될 것입니다. 때로는 실험이 실패할 수도 있고, 아이가 활동에 흥미를 잃을 수도 있습니다. 하지만 중요한 것은 결과가 아니라 과정입니다. 부모님께서 완벽한 정답을 기대하기보다는 '어떤 점을 새롭게 배웠을까?'를 함께 고민하는 태도를 보여주신다면, 아이는 배우는 즐거움을 더욱 깊이 느끼게 될 것입니다.

이 책을 통해 아이와 함께 배움을 실천해 주신 부모님께 깊이 감사드립니다. 여러분의 관심과 사랑이야말로 아이들에게 가장 큰 교육입니다. 또한, 이 책을 집필하는 과정에서 피드백을 주시고, 실제 실험을 수행하며 의견을 나눠 주신 많은 학부모님과 교육자분들께도 감사의 인사를 전합니다.

이제 부모님과 아이는 배움의 여정을 끝낸 것이 아니라, 새로운 시작점에 서 있습니다. 앞으로도 아이와 함께 다양한 실험과 탐구를 이어나가며, 배움의 기쁨을 계속해서 경험하시길 바랍니다. 여러분의 무한한 가능성을 응원합니다!

― 저자 김학민 외 5인 일동 ―

답안과 부록

1장
과학

1 빛의 성질
: 레이저로 빛의 경로 관찰하기

관찰 및 분석하기

01 모범 답안
- 레이저 빛의 경로에 분무기로 물을 뿌려 관찰하기: 빛의 직진
  해설: 공기 중에서는 레이저 빛이 보이지 않지만, 물방울이 있는 곳에서는 빛이 직진하는 모습을 볼 수 있습니다.
- 거울에 레이저를 쏘고 반사된 빛 관찰하기: 빛의 반사
  해설: 레이저가 거울에 부딪혀 반대 방향으로 일정한 각도로 튕겨 나갑니다.
- 물과 우유를 넣은 반찬통에 레이저를 쏘고 빛이 꺾이는 모습 관찰하기: 빛의 굴절
  해설: 레이저가 물과 우유가 섞인 용액을 통과할 때 꺾이는 모습이 보입니다.

02 모범 답안
분무기로 물을 뿌리면 공기 중에 작은 물방울이 일시적으로 떠 있어서 레이저 빛의 경로를 더 잘 볼 수 있습니다. 반찬통의 물에 우유를 넣으면 빛이 여러 방향으로 흩어져 빛의 경로를 더욱 뚜렷하게 관찰할 수 있습니다.

03 모범 답안
레이저 빛이 공기 중에서는 직진하지만, 물 표면에 닿으면 방향이 꺾입니다. 이는 빛의 굴절 현상 때문으로, 공기에서 물로 빛이 이동할 때 빛의 속도가 느려지고 굴절이 발생합니다.

04 모범 답안
- 빛의 직진
  뜻: 빛이 장애물이 없는 한 곧게 나아가는 성질입니다.
  예시: 어두운 방에서 레이저 빛에 물을 뿌리면 빛이 곧게 나아가는 것이 보입니다.
- 빛의 반사
  뜻: 빛이 매끄러운 표면(거울 등)에 부딪혀 방향을 바꾸어 다시 튕겨 나가는 현상입니다.
  예시: 거울에 레이저를 쏘면 빛이 튕겨 나갑니다.
- 빛의 굴절
  뜻: 빛이 한 물질에서 다른 물질로 이동할 때 속도가 변하여 진행 방향이 꺾이는 현상입니다.
  예시: 물속에 손을 넣으면 손이 휘어 보입니다.

상상하기

01 예시 답안
- 사물의 모습이 왜곡되어 보일 것입니다.
- 그림자가 생기지 않거나 흐릿하게 퍼질 것입니다.
- 자동차의 헤드라이트나 손전등을 사용해도 빛이 원하는 방향으로 가지 않아 어두운 곳을 비추기 어려울 것입니다.
- 눈에 들어오는 빛이 불규칙하게 움직여서 우리가 세상을 또렷하게 보기 어려울 것입니다.

02 예시 답안
- 옛날 사람들이 자신의 모습을 보기 위해 사용한 방법:
  - 맑은 연못이나 강, 호수의 표면을 보면서 자신의 얼굴을 비춰 보았을 것입니다.
  - 금속판을 닦아서 거울처럼 반사해 보았을 것입니다.

- 오늘날 거울이 없다면 사용할 수 있는 물건:
  - 스마트폰의 카메라 화면
  - 물이 고인 웅덩이나 유리판
  - 숟가락 뒷면, 자동차 표면 등 광택이 있는 금속

03 예시 답안
두 레이저 빛은 서로 영향을 주지 않고, 각각의 방향으로 계속 나아갈 것입니다.

04 예시 답안
- 물속에 있는 물체가 실제보다 굽어 보이는 현상
- 안경, 돋보기
- 무지개
- 신기루
- 광섬유 케이블

해설: 무지개는 공기 중의 물방울에서 빛이 굴절되는 현상입니다. 신기루는 공기의 온도 차이로 인해 빛이 굴절되며 어떤 물체가 있는 것처럼 보이는 현상입니다. 광섬유 케이블은 빛이 내부에서 여러 번 굴절되며 전달되는 현상을 이용합니다.

2. 소리의 전달
: 컵 전화기 만들기

관찰 및 분석하기

01 모범 답안
- 종이컵 전화기의 실을 팽팽하게 한 후 소리 전달하기:
  - 소리가 잘 전달됩니다.
  - 실이 팽팽하면 진동이 효과적으로 전달되어 종이컵의 떨림이 상대방에게 전달됩니다.

- 종이컵 전화기의 실을 느슨하게 한 후 소리 전달하기:
  - 소리가 잘 전달되지 않습니다.
  - 실이 느슨하면 진동이 약해져서 소리의 전달이 어려워집니다.

02 모범 답안

낚싯줄처럼 탄성이 없는 실로 만들었을 때 소리가 더 잘 들립니다. 소리의 전달은 물질을 통해 일어나는데, 탄성이 높은 실보다 낮은 실이 더 효과적으로 진동을 전달하기 때문입니다.

03 모범 답안

보통 크기의 컵과 플라스틱처럼 단단한 컵이 소리가 더 잘 들립니다. 작은 컵은 높은음이 잘 들리고, 보통 크기의 컵은 소리가 더 풍부하며 저음도 잘 들립니다.

해설
- 컵이 단단할수록 진동을 더 잘 전달할 수 있습니다.
- 작은 컵은 공기의 양이 적어 높은음이 강조됩니다. 보통 크기의 컵은 소리를 더 풍부하게 전달하며 저음도 포함됩니다. 따라서 컵의 크기가 너무 작으면 소리가 약해질 수 있습니다.

04 모범 답안
- 소리의 진동
  뜻: 물체가 앞뒤로 떨리는 진동을 통해 소리가 발생하는 현상
  예시: 종이컵 전화기의 실이 팽팽할 때 떨려서 소리가 전달됩니다.
- 소리의 전달
  뜻: 소리가 물질을 통해 이동하는 과정
  예시: 공기 중에서는 느리게 전달되지만, 실이나 물 같은 고체나 액체에서는 빠르게 전달됩니다.
- 소리의 파동
  뜻: 진동이 공기, 액체, 고체를 통해 전달되는 현상
  예시: 소리가 공기를 통해 귀로 전달되거나, 실을 통해 상대방에게 전달됩니다.

상상하기

01 예시 답안
- 손짓, 몸짓, 수화
- 글자, 그림
- 빛이나 색을 활용한 신호 (손전등을 켜고 끄는 방식의 모스 부호 등)
- 진동을 이용한 소통 (바닥을 두드려 신호 보내기 등)

02 예시 답안
- 높은 소리: 밝고 선명한 색 (노란색, 주황색, 하늘색 등)
- 낮은 소리: 어둡고 깊은 색 (남색, 보라색, 검은색 등)
- 말할 때마다 공기 중에 색이 퍼진다면 생길 일:
  - 음악이 나올 때마다 다양한 색이 퍼져서 멋진 분위기가 만들어질 것입니다.
  - 사람들이 말할 때마다 색이 섞여서 아름다운 무늬를 만들 것입니다.
  - 너무 많은 소음이 있으면 색이 뒤섞여 혼란스러울 수 있습니다.
  - 도서관처럼 조용한 곳에는 색이 거의 없고, 운동장처럼 시끄러운 곳에는 다양한 색이 떠다닐 것입니다.

03 예시 답안
- 보청기: 소리의 진동을 증폭하여 작은 소리도 더 크게 들리게 해 줍니다.
- 진동 팔찌: 소리의 진동을 손목에서 느낄 수 있게 해 줍니다.
- 음성 인식 자막 장치: 소리의 파동을 문자로 변환하여 화면에 보여줍니다.

04 예시 답안
- 높은 소리는 가볍고 톡톡 튀는 느낌일 것입니다. (거품이 터지는 느낌, 바람이 스치는 느낌 등)
- 낮은 소리는 묵직한 느낌일 것입니다. (몸이 울리는 느낌, 물결이 넘실대는 느낌 등)
- 부드러운 소리는 솜털 같은 느낌일 것입니다. (가벼운 느낌, 조용히 속삭이는 느낌 등)
- 시끄러운 소리는 거칠고 따끔거리는 느낌일 것입니다. (전동 드릴의 진동 느낌, 귀가 아픈 소음의 느낌 등)

05 예시 답안
- 악기: 기타, 바이올린, 피아노, 드럼 등
- 기술: 스피커, 소리 감지 센서 등

해설: 스피커는 전기 신호를 진동으로 바꿔서 소리로 내보냅니다.

3. 작용과 반작용
: 풍선 로켓 날려 보내기

관찰 및 분석하기

01 모범 답안
풍선은 공기가 빠져나가는 방향과 반대 방향으로 움직였습니다.

02 모범 답안
풍선 입구에서는 공기가 빠르게 밖으로 빠져나갔습니다.
해설: 이 공기의 분출이 작용과 반작용의 원리에 의해 풍선을 앞으로 밀어 주는 힘을 만들어 냈습니다.

03 모범 답안
풍선이 멈춘 순간은 풍선 안의 공기가 모두 빠져나갔을 때입니다. 공기가 더 이상 빠져나가지 않으면, 추진력이 없어지기 때문에 멈춘 것입니다.

04 모범 답안
실제 로켓은 뜨거운 기체를 아래로 분출하며 추진력을 얻습니다. 실험에서 풍선이 공기를 내보내며 공기와 반대 방향으로 나아가는 것과 같습니다.

05 모범 답안
풍선 안의 공기가 빠져나가는 것은 '작용', 이때 공기가 빠져나간 반대 방향으로 풍선이 밀려 나아가는 것은 '반작용'입니다. 작용과 반작용의 힘은 크기가 같고 방향이 반대이기 때문에 풍선이 앞으로 움직일 수 있는 것입니다.

상상하기

01 모범 답안
풍선이 더 크다면 풍선 로켓은 더 멀리 나아갈 수 있습니다. 풍선이 커지면 내부에 더 많은 공기를 저장할 수 있기 때문에 공기가 빠져나가면서 더 오랫동안 추진력을 제공할 수 있습니다.

02 예시 답안
- 풍선의 입구 부분을 좁게 만들어 공기가 천천히 빠져나가게 하면, 추진력이 길게 지속되어 로켓이 더 멀리 날아갈 수 있습니다.
- 실을 더 길게 설치하면 풍선이 날아갈 수 있는 거리가 증가할 것입니다.
- 풍선의 개수를 늘려 여러 개의 추진력을 동시에 사용하면 더 강한 힘으로 멀리 이동할 수 있습니다.

03 예시 답안
- 비행기는 제트 엔진이 뜨거운 기체를 뒤쪽으로 분출하고, 그 반작용으로 앞으로 나아갑니다.
- 자동차는 엔진의 힘으로 바퀴를 움직여 바퀴가 땅을 밀어내고, 그 반작용으로 앞으로 나아갑니다.
- 배는 프로펠러가 물을 뒤로 밀어내고, 그 반작용으로 앞으로 나아갑니다.

04 예시 답안
- 공기의 압력을 이용한 점프 놀이기구를 만들 수 있습니다. 바닥에 큰 공기 주머니를 두고 한 사람이 위에서 점프하면, 반작용으로 다른 쪽에서 공기가 빠져나가면서 다른 사람이 튕겨 올라가는 놀이기구를 만들 수 있습니다.
- 물을 분사하여 추진하는 물 로켓 놀이기구를 만들 수 있습니다. 물을 아래로 강하게 분출하면 위쪽으로 힘을 받아 공중으로 떠오를 수 있습니다.

05 예시 답안
- 우주에는 공기가 거의 없기 때문에 풍선 내부의 공기가 빠져나갈 때 공기와의 마찰이 거의 없이 자유롭게 이동할 것입니다. 따라서 풍선 로켓은 방향만 잘 설정하면 멀리 계속해서 움직일 수 있습니다.
- 지구에서는 중력 때문에 풍선이 일정 거리까지만 이동하지만, 우주에서는 저항이 없으므로 공기가 모두 빠져나갈 때까지 계속 이동할 것입니다.

4 에너지 하베스팅
: 진동으로 빛을 내는 장난감 만들기

관찰 및 분석하기

01 모범 답안
압전소자가 진동으로 전기를 만들어 내고, 그 전기가 LED 전구를 켤 수 있는 에너지를 제공했기 때문입니다.

02 모범 답안
더 강한 진동이 가해지고 더 많은 전기가 생성되어 LED 전구가 더 밝아졌습니다.

03 예시 답안
- 지하철이 지나갈 때 생기는 진동
- 달리기할 때 생기는 몸의 열
- 운동할 때 생기는 진동
- 핸드폰에서 나오는 전파
- 냉장고에서 나오는 폐열
- 비가 내릴 때 생기는 낙하 에너지

04 모범 답안
태양광 패널처럼 빛을 전기로 바꾸는 에너지 변환장치로 전기를 만듭니다.

상상하기

01 예시 답안
피구공 안에 압전소자를 넣으면 공이 튕길 때 생기는 충격 에너지와 진동 에너지를 모아서 전기로 바꿀 수 있습니다. 만들어진 전기는 공 안의 작은 LED 전구를 켜거나, 피구 경기장의 전자 점수판을 켜는 데 활용할 수 있습니다.

02 예시 답안
더 많은 아이들과 가족들이 집에서 전기를 사용할 수 있습니다. 밤에도 전등을 켜서 공부를 하거나 집안일을 할 수 있습니다.

03 예시 답안
- 진동으로 충전되는 스마트폰 케이스: 스마트폰을 들고 다닐 때 생기는 미세한 진동을 모아 전기를 만들어 배터리를 충전하는 기능을 가진 스마트폰 케이스입니다.
- 소음과 진동으로 전기를 만드는 방음벽: 도로 옆 방음벽에 소리와 진동을 흡수하는 센서를 부착하여 차에서 나오는 소음과 진동을 전기로 변환할 수 있습니다.
- 발걸음으로 전기를 만드는 바닥: 사람이 걷거나 뛸 때 바닥에 가해지는 충격과 진동을 모아 전기로 변환하는 바닥입니다. 학교나 지하철 출입구에 설치하면 사람들이 지나갈 때마다 전기를 생산할 수 있습니다.

04 예시 답안
- 환경보호에 도움이 됩니다. 기존의 화석 연료 사용을 줄이고, 버려지는 에너지를 재활용하여 탄소 배출을 줄일 수 있습니다.
- 작은 센서나 가전제품에서 필요한 전력을 직접 생산할 수 있어 전기 사용량을 줄이고 전기 요금을 절약할 수 있습니다.
- 도로, 건물, 공공시설에 에너지 하베스팅 기술을 적용하면 스마트 센서나 신호등을 배터리 교체 없이 계속 작동하게 할 수 있어 도시가 더욱 효율적으로 운영됩니다.

05 예시 답안
- 놀이터에 내리쬐는 햇빛을 이용한 태양광 그늘막: 놀이터에 태양광 패널이 설치된 그늘막을 만들어 햇빛을 전기로 변환합니다. 낮 동안 모은 전기로 야간 조명을 켜거나 스마트 벤치에서 휴대폰을 충전할 수 있습니다.
- 미끄럼틀에서의 마찰을 이용한 발전기: 아이들이 미끄럼틀을 타면서 몸과 미끄럼틀 사이에 발생하는 마찰 에너지를 모아 전기로 변환합니다.
- 뛰어다니는 에너지로 충전되는 바닥: 놀이터 바닥에서 아이들이 뛰거나 점프할 때 발생하는 압력과 진동 에너지를 이용해 전기를 만듭니다.

이렇게도 해 보세요!

01 모범 답안
프로펠러가 빠르게 돌면 LED 전구가 더 밝게 켜지고, 느리게 돌면 약하게 켜지거나 아예 켜지지 않습니다.

02 예시 답안
실험에서 바람이 프로펠러를 돌려 전기를 발생시키듯이, 풍력 발전소에서는 거대한 바람개비(풍력 터빈)가 바람에 의해 돌면서 전기를 만들어냅니다.

5 전기와 자기
: 간이 전동기 만들기

관찰 및 분석하기

01 모범 답안
- (에나멜선의 균형이 맞는 경우) 원형 모양으로 만든 에나멜선이 한 방향으로 지속적으로 회전합니다.
- (에나멜선의 균형이 맞지 않는 경우) 원형 모양으로 만든 에나멜선이 흔들리다가 멈춥니다.

02 모범 답안
- 도체
  뜻: 전기나 열을 잘 전달하는 물질
  예시: 구리, 철, 금, 알루미늄 등
  해설: 도체는 전기나 열에 대한 저항이 매우 작아 전기나 열을 잘 전달합니다.

- 부도체
  뜻: 전기나 열을 잘 전달하지 않는 물질
  예시: 고무, 유리, 플라스틱 등

03 모범 답안
에나멜선은 도체인 구리선에 부도체인 에나멜을 얇게 코팅한 선입니다.

04 모범 답안
| 전 | 기 | 에 | 너 | 지 |

05 모범 답안
| 전 | 자 | 기 | 력 |

상상하기

01 모범 답안
일반적으로 에나멜선의 회전이 더 빨라집니다.

02 모범 답안
- 원형 모양을 만들 때 에나멜선을 여러 번 감아 줍니다.
- 강한 자석을 사용합니다.
- 높은 전압의 건전지를 사용합니다.
- 원형 모양으로 만든 에나멜선의 균형을 잘 맞춥니다.

03 예시 답안
선풍기, 전기자동차, 세탁기, 환기팬, 펌프, 컨베이어 벨트 등

04 예시 답안
전동기의 회전하는 힘을 이용하여 공을 발사시키는 휴대용 피칭머신을 만들고 싶습니다.

05 예시 답안
- 초기 전기자동차는 배터리 기술이 부족하여 주행 거리가 짧고, 충전 시간이 지금보다 오래 걸렸습니다.
- 전기 충전소가 부족하여 소비자들이 전기자동차를 선택하기가 쉽지 않았습니다.

이렇게도 해 보세요!

01 예시 답안
- 내 예상: 에나멜선의 회전 속도가 더 빨라질 것입니다.
- 실험한 결과:
  - 에나멜선의 회전 속도가 더 빨라졌습니다.
  - 에나멜선의 회전 속도가 더 느려졌습니다.

해설: 에나멜선을 더 많이 감으면 에나멜선에 전류가 흐를 때 발생하는 자기장이 강해져 회전 속도가 증가할 수 있습니다. 하지만 에나멜선의 균형, 무게, 흐르는 전류의 양 등 다른 요인들에 의해 회전 속도가 감소할 수도 있습니다.

6 전기회로
: 전도성 잉크펜으로 전기회로 그리기

관찰 및 분석하기

01 모범 답안

(−)극 (+)극

02 모범 답안

(−)극 (+)극

03 예시 답안

집 안 조명, 차량 조명, 신호등, 건물 외관 조명, 야외 경기장 조명 등

04 모범 답안

전기가 잘 통하는 전도성 잉크가 들어간 펜입니다.

05 모범 답안

전기회로의 시작점과 끝점이 완전히 연결된 닫힌회로여야 합니다.

상상하기

01 모범 답안
- 전선을 너무 얇게 그리면 전기 에너지가 잘 전달되지 않아 LED의 밝기가 어둡거나 켜지지 않습니다.
- 전선을 충분히 두껍게 그리면 LED의 밝기가 밝아집니다. 그러나 전선의 두께가 일정 수준을 넘으면 더 두껍게 그려도 더 이상 밝아지지 않습니다.

02 모범 답안
- 전압이 높은 건전지를 사용합니다.
- 전기 에너지 손실이 적도록 전기회로를 짧게 만듭니다.

해설: 전선의 길이가 길면 이동하는 동안 전선의 저항으로 인해 전기 에너지 손실이 발생하여 LED의 밝기가 어두워집니다.
- 더 밝은 빛을 낼 수 있는 LED를 사용합니다.

03 예시 답안
전도성 실을 이용하여, 접으면 떨어져 있던 전선이 연결되면서 불이 켜지는 지갑을 만들 수 있습니다.

7 물질의 구성
: 원자와 분자 모형 만들기

관찰 및 분석하기

01 예시 답안
빨간색— 산소(O), 파란색— 헬륨(He), 노란색— 질소(N), 초록색— 나트륨(Na)

02 모범 답안
- 물(H_2O): 산소 1개가 가운데 있고, 양쪽에 수소 2개가 연결되어 있습니다.
- 이산화탄소(CO_2): 탄소 1개가 가운데 있고, 양쪽에 산소 2개가 연결되어 있습니다.

03 모범 답안
- 이산화탄소: 3개
- 오존: 3개
- 과산화수소: 4개
- 탄산: 6개
- 질소: 2개
- 암모니아: 4개

해설
- 이산화탄소(CO_2): 탄소 1개 + 산소 2개 = 총 3개
- 오존(O_3): 산소 3개 = 총 3개
- 과산화수소(H_2O_2): 수소 2개 + 산소 2개 = 총 4개
- 탄산(H_2CO_3): 수소 2개 + 탄소 1개 + 산소 3개 = 총 6개
- 질소(N_2): 질소 2개 = 총 2개
- 암모니아(NH_3): 질소 1개 + 수소 3개 = 총 4개

04 모범 답안
- 혼자 돈 것은 작은 입자인 원자가 혼자 움직이는 것과 같습니다.
- 가족과 손을 잡고 돈 것은 원자들이 서로 결합해 분자를 형성하여 함께 움직이는 것과 같습니다. 예를 들면, 산소 원자(O)는 혼자 있을 수 있지만 두 개가 결합하면 산소 분자(O_2)가 되어 함께 움직입니다.

05 모범 답안
- 원자
  뜻: 물질을 이루는 아주 작은 기본 단위입니다.
  예시: 수소 원자, 탄소 원자 등
- 분자
  뜻: 두 개 이상의 원자가 결합하여 이루어진 입자입니다.
  예시: 물 분자 (H_2O), 이산화탄소 분자 (CO_2) 등
- 원소
  뜻: 원자의 이름입니다.
  예시: 산소(원소 기호 O), 수소(원소 기호 H), 질소 (원소 기호 N) 등

상상하기

01 예시 답안
- 공기 중에 떠다니는 산소(O_2) 분자가 보이면, 우리가 숨을 쉴 때 작은 공기 방울이 떠다니는 것처럼 보일 것입니다.
- 모든 물질이 원자로 이루어져 있기 때문에, 책상이나 손바닥을 보면 작은 원자들이 움직이는 모습을 볼 수도 있습니다.

02 예시 답안
- 젤리: 색별로 원자를 표현하기 쉽고, 붙이기 쉽습니다.
- 마시멜로: 가벼운 구조로 원자 모형을 만들기 쉽습니다.
- 찰흙(클레이): 다양한 크기와 색으로 원자의 종류를 표현할 수 있습니다.
- 자석 공(자석 블록): 원자들이 결합하는 느낌을 실제로 실험해 볼 수 있습니다.

03 모범 답안
- 우주선에 있는 수소(H_2)와 산소(O_2)를 활용하여 화학반응을 일으키면 물(H_2O)을 만들 수 있습니다.
- 원소 준비: 우주선에 있는 장비를 사용하여 수소(H_2)와 산소(O_2)에서 각각 순수한 수소 기체와 순수한 산소 기체를 분리합니다.
- 화학반응 유도: 점화 장치(불꽃) 또는 촉매를 사용해 수소와 산소를 반응시킵니다. 반응이 일어나면 강한 폭발과 함께 수증기가 생성됩니다.
- 물 수집: 생성된 수증기를 모아, 냉각 장치로 액체 상태의 물로 변환하여 저장합니다.
- 주의할 점: 수소는 폭발성이 강한 기체이므로, 산소와 반응할 때 조절된 환경에서 안전하게 반응을 일으켜야 합니다.

8 혼합물의 분리
: 소금물과 잉크 속 물질 분리하기

관찰 및 분석하기

01 모범 답안
물은 증발하여 사라지고, 접시 표면에 소금 결정이 남았습니다.

02 모범 답안
소금물은 혼합물로, 물과 소금이 섞여 있는 상태입니다. 시간이 지나거나 열을 가하면 물은 증발하지만, 소금은 증발하지 않고 남아 있기 때문에 소금과 물을 분리할 수 있습니다.

03 모범 답안
처음에는 잉크의 색 1가지만 보이지만, 시간이 지나 물이 종이를 따라 올라가면서 다양한 색으로 분리됩니다.

04 모범 답안
잉크는 혼합물로, 여러 가지 색소가 섞여 있는 상태입니다. 물이 종이를 따라 올라갈 때, 각 색소는 물에 녹아 서로 다른 속도로 이동합니다. 속도가 빠른 색소는 위쪽까지 이동하고, 속도가 느린 색소는 아래쪽에 남아 색이 분리되는 현상이 나타납니다.

상상하기

01 예시 답안

소금물처럼 설탕물도 물이 증발하지만, 설탕은 소금과 다르게 결정이 잘 남지 않고 캐러멜처럼 변할 수 있습니다.

해설: 소금은 자연 그대로 존재하는 무기물로, 가열해도 결정이 그대로 남습니다. 설탕은 생물에서 얻어진 유기물로, 가열하면 쉽게 변형됩니다.

02 모범 답안

- 더 넓은 접시를 사용하거나, 소금물을 더 얇게 펼칩니다.

해설: 액체의 표면적이 넓을수록 증발 속도가 빨라집니다.

- 접시를 햇빛이 강한 곳이나 따뜻한 곳에 둡니다.

해설: 기온이 높을수록 증발 속도가 빨라집니다.

- 선풍기를 틀거나 바람이 잘 통하는 곳에 접시를 둡니다.

해설: 바람을 이용하면 증발 속도가 빨라집니다.

03 모범 답안

잘 분리되지 않을 것입니다. 잉크의 색이 분리되려면 물이 종이 속을 잘 이동해야 하는데, A4용지나 도화지는 흡수력이 낮거나 코팅되어 있어서 물이 잘 퍼지지 않기 때문입니다.

04 예시 답안

- 범죄 수사(법과학): 범죄 현장에서 발견된 혈흔을 분석하여 용의자를 찾는 데 활용됩니다.
- 음식 품질 검사: 식품 속에 들어 있는 색소나 방부제 성분을 분석하고, 적합한지 확인하는 데 활용됩니다.
- 의료: 혈액 속 특정 물질(약물, 단백질 등)을 분석하는 데 활용됩니다.
- 제약: 신약 개발 과정에서 약물의 성분을 분리하고 확인하는 데 활용됩니다.
- 환경 검사: 물, 공기, 토양 속의 오염 물질(중금속 등)을 분석하는 데 활용됩니다.

이렇게도 해 보세요!

소금의 결정화 알아보기 예시 답안

	자연 증발	프라이팬 가열
소금 결정의 모양	굵은 사각형 또는 육각형 모양의 결정이 생깁니다.	얇고 작은 결정이 생깁니다.

9 열의 방출과 흡수
: 손난로 만들기

관찰 및 분석하기

01 모범 답안
철가루가 공기 중의 산소와 반응하면서 화학반응이 일어나 열이 발생했기 때문입니다.

02 모범 답안
질석은 발생한 열을 지속시키는 역할을 합니다. 숯가루는 반응속도를 조절해 열이 한꺼번에 발생하지 않도록 돕습니다. 소금은 발열반응을 촉진하여 열이 더 잘 발생하도록 합니다.

03 모범 답안
냉찜질 팩은 흡열반응을 이용해 열을 흡수합니다. 손난로는 발열반응을 이용해 열을 방출합니다.

04 예시 답안
- 발열반응: 불꽃놀이, 손난로 등
- 흡열반응: 아이스 팩, 음료에 넣는 얼음 등

05 모범 답안
흡열반응은 열을 흡수하여 주변이 차가워지는 반응이고, 발열반응은 열을 방출하여 주변이 따뜻해지는 반응입니다.

상상하기

01 예시 답안
- 추운 겨울철 야외에서 버스를 기다릴 때나 스포츠 경기장에서 경기를 관람할 때 유용할 것입니다.
- 버튼을 누르면 발열반응이 시작되어 따뜻함을 유지할 수 있게 하면 편리할 것입니다.

02 예시 답안
아이스크림을 먹을 때 스푼이 열을 흡수해서 아이스크림이 빨리 녹지 않도록 합니다. 여름철에도 아이스크림이 천천히 녹아 오랫동안 즐길 수 있는 신기한 스푼이 될 것입니다.

03 예시 답안
- 벽에 발열반응을 이용한 난방 시스템을 설치해 따뜻한 공기가 계속 나오도록 합니다.
- 흡열반응을 이용한 벽을 만들면 집이 스스로 열을 흡수하여 시원하게 유지될 수 있습니다.

04 예시 답안
- 발열반응을 이용한 자전거 손잡이나 장갑을 만들면 추운 날에도 손이 시리지 않고 따뜻하게 자전거를 탈 수 있습니다.
- 캠핑용 텐트 바닥에 발열 패드를 넣으면 밤에도 따뜻하게 잘 수 있습니다.

05 예시 답안
- 흡열반응을 이용해 자동으로 시원해지는 베개를 만들면 더운 밤에도 편하게 잘 수 있습니다.
- 흡열반응을 이용한 헬멧을 만들어 자전거를 탈 때 머리가 덥지 않게 유지할 수 있습니다.

이렇게도 해 보세요!

01 예시 답안
소금을 넣기 전의 온도보다 소금을 넣은 후의 온도가 더 낮아졌습니다.

02 예시 답안
주스가 점점 차가워지면서 슬러시처럼 얼었습니다.

10 산과 염기
: 천연 지시약으로 산과 염기 구별하기

관찰 및 분석하기

01 모범 답안
보라색

02 모범 답안
식초에 넣었을 때는 붉은색으로 변했고, 베이킹 소다 용액에 넣었을 때는 초록색(노란색)으로 변했습니다.
해설: 양배추 지시약은 산성 용액에 넣으면 붉은색으로 변하고, 염기성 용액에 넣으면 초록색 또는 노란색으로 변합니다.

03 모범 답안
산성 용액은 신맛이 나고, 금속과 반응해 기체를 생성합니다. 염기성 용액은 쓴맛이 나고, 만졌을 때 미끌미끌한 느낌이 듭니다.

04 예시 답안
산성 물질에는 식초, 레몬즙, 탄산음료 등이 있습니다. 염기성 물질에는 비누, 베이킹 소다, 세정제 등이 있습니다.

05 모범 답안
붉은 양배추 지시약을 사용하면 산성 용액은 붉은색으로 변하고, 염기성 용액은 초록색이나 노란색으로 변합니다.

상상하기

01 예시 답안
산성 물질에 닿으면 붉은색, 염기성 물질에 닿으면 초록색이나 노란색으로 변할 것입니다. 이런 옷은 요리할 때나 실험할 때 사용하는 물질의 상태를 알려주는 신기한 옷이 될 수 있습니다.

02 예시 답안
– 산성비로 오염된 토양에 염기성 물질을 뿌려 중화시킬 수 있습니다.
– 하천의 산성을 조절하기 위해 염기성 석회를 사용해 물을 정화할 수 있습니다.

03 예시 답안
레몬즙(산성)으로 붉은색 장미꽃을 그리고, 비눗물(염기성)로 초록색 잎을 그려 멋진 꽃 그림을 그리고 싶습니다.

04 예시 답안
우산 표면에 붉은 양배추 지시약을 코팅하면, 산성비가 내릴 때 우산의 색이 붉은색으로 변할 것입니다. 이렇게 하면 내리는 비가 산성비인지 바로 확인할 수 있습니다.

이렇게도 해 보세요!

01 예시 답안
붉은색

02 예시 답안
초록색 또는 노란색

03 예시 답안
레몬즙은 산성, 비눗물은 염기성 용액이기 때문입니다. 붉은 양배추 지시약은 반응하는 용액이 산성일 때는 붉은색 계열로, 염기성일 때는 초록색 또는 노란색 계열로 변하기 때문에 편지의 글자가 서로 다른 색으로 나타났습니다.

11 세포와 유전자
: 딸기의 DNA 추출하기

관찰 및 분석하기

01 모범 답안
주방 세제는 세포막을 분해해 DNA를 세포 밖으로 나오게 합니다. 소금은 DNA가 뭉칠 수 있도록 도와줍니다. 에탄올은 DNA가 물에서 분리되어 뭉쳐 보이게 도와줍니다.

02 모범 답안
딸기 DNA는 하얀 실 모양으로 보였으며, 층 사이에 떠 있는 것처럼 보였습니다.

03 모범 답안
DNA는 우리 몸의 설계도 같은 역할을 하며 키, 머리카락 색, 눈동자 색 같은 특징을 결정합니다.

04 모범 답안
DNA는 세포의 핵 안에 있는 이중나선 구조로, 유전자라는 단위를 가지고 있어 생물의 특성을 결정합니다.

상상하기

01 예시 답안
키가 더 클 수 있는 유전자를 가지고 싶습니다. 키가 크면 농구를 더 잘할 수 있고 높은 곳에 있는 물건도 쉽게 가져올 수 있기 때문입니다.

02 예시 답안
- 긍정적 영향:
  - 더 튼튼한 심장을 만들 수 있습니다.
  - 더 많은 식량을 생산하는 식물을 만들 수 있습니다.
- 부정적 영향:
  - 새로운 질병 등 예상하지 못한 문제가 생길 수 있습니다.
  - 동물이나 식물의 자연스러운 모습이 사라질 수 있습니다.

03 예시 답안
병에 강하고 가뭄에 잘 견디는 농작물을 만들어 식량 부족 문제를 해결할 수 있습니다.

04 예시 답안
DNA가 손상되면 세포가 제대로 기능하지 못하고 질병이 생길 수 있습니다. 이를 막으려면 DNA를 손상시킬 수 있는 햇빛이나 화학 물질로부터 몸을 보호하고 건강한 음식을 먹어야 합니다.

05 예시 답안
- 유전병이나 암 같은 질병을 미리 예측해 예방할 수 있을 것입니다.
- 사람마다 자신에게 맞는 건강 관리 방법을 찾아 더 건강하게 살 수 있을 것입니다.

12 인체의 소화 과정
: 음식물의 이동 과정 알아보기

관찰 및 분석하기

01 모범 답안
입, 식도, 위, 소장, 대장

02 모범 답안
음식물은 입에서는 씹혀 부드러워지고, 위에서는 소화효소와 섞이며 더 작은 조각이 됩니다. 소장에서는 영양소가 흡수되고, 대장에서는 남은 찌꺼기의 물이 흡수된 후 배출됩니다.

03 모범 답안
소장에서 작은 영양소로 분해된 음식물은 혈관을 통해 온몸으로 이동하여 흡수됩니다.

04 모범 답안
소화효소는 음식물을 더 작은 영양소로 빠르게 분해하는 데 도움을 줍니다. 입에서는 침 속의 아밀레이스가 녹말을 분해하고, 위에서는 펩신이 단백질을 분해합니다.

05 모범 답안
몸에 필요한 에너지를 얻지 못해 힘이 빠지고, 소화기관도 정상적으로 작동하지 않을 수 있습니다.

상상하기

01 모범 답안
음식물이 잘게 부서지지 않아 위에서 소화하기가 어렵고, 영양소를 제대로 흡수하지 못할 것입니다.

02 모범 답안
음식물을 제대로 분해하지 못하고, 영양소를 흡수하지 못해 몸이 약해지고 에너지가 부족해질 것입니다.

03 예시 답안
– "천천히 씹어 줘! 그래야 내가 더 쉽게 일을 할 수 있어."
– "물을 많이 마시면 내가 음식물을 이동시키는 데 도움이 돼!"

04 예시 답안
– 위가 제대로 작동하지 않는 사람을 위해 소화 보조 캡슐을 만들고 싶습니다. 이 캡슐은 위 안에서 소화효소를 분비해서 음식물을 부드럽게 만들어 줍니다. 위가 약해서 음식을 잘 소화하지 못하는 사람들에게 도움이 될 것입니다.
– 소장이 제대로 작동하지 않는 사람을 위해 영양소 흡수 벨트를 만들고 싶습니다. 이 벨트는 소장 바깥에 부착해서 몸에 필요한 영양소를 직접 혈액으로 흡수할 수 있게 합니다. 소장이 약해서 영양소를 제대로 흡수하지 못하는 사람들에게 도움이 될 것입니다.

13 식물의 성장을 위한 조건
: 조건에 따른 식물의 성장 비교하기

관찰 및 분석하기

01 모범 답안

	같게 한 조건	다르게 한 조건
실험 1	· 화분을 두는 장소 · 물의 양	· 햇빛의 양
실험 2	· 화분을 두는 장소 · 햇빛의 양	· 물의 양
실험 3	· 물의 양, 햇빛의 양	· 화분을 두는 장소

02 예시 답안

- [실험 1] 햇빛을 받은 모종과 상자 속 모종은 어떤 차이를 보였나요?
  – 햇빛을 받은 모종은 잎이 초록색이고 건강하게 자랐습니다.
  – 상자 속 모종은 잎이 연한 노란색이 되었습니다. 키가 비정상적으로 커졌습니다.
  해설: 식물이 빛을 충분히 받지 못하면 햇빛을 찾으며 자라서 키가 비정상적으로 커질 수 있습니다.

- [실험 2] 물을 준 모종과 물을 주지 않은 모종은 어떤 차이를 보였나요?
  – 물을 준 모종은 잎이 싱싱하고 줄기가 튼튼했습니다.
  – 물을 주지 않은 모종은 잎이 시들었습니다. 줄기가 마르고 꺾였습니다.

- [실험 3] 실온의 상자 속 모종과 냉장고 속 모종은 어떤 차이를 보였나요?
  – 실온의 상자 속에서 자란 모종은 잎이 연한 노란색이 되었습니다. 키가 비정상적으로 커졌습니다.
  – 냉장고에서 자란 모종은 성장이 멈추었습니다. 잎이 얼어서 변색되었습니다.

03 예시 답안

– 창가 근처: 햇빛이 잘 들어 광합성이 잘 일어납니다.
– 베란다: 신선한 공기가 잘 통해 식물의 성장에 도움을 줍니다.
– 거실: 온도가 너무 높거나 낮지 않습니다.
해설: 식물은 적절한 온도(20~25℃)에서 가장 잘 자랍니다.

04 모범 답안

햇빛, 물, 적절한 온도

상상하기

01 모범 답안
햇빛이 들지 않는 지하에서도 LED 조명(인공광)을 사용하면 식물을 키울 수 있습니다.

02 모범 답안
식물이 잘 자랄 수 있습니다.
해설: 적색, 청색 등 특정한 파장의 LED 조명을 사용하면 식물이 잘 자랄 수 있습니다. 자연광과 완전히 같지는 않기 때문에 빛의 강도와 비율을 조절하는 기술이 필요합니다.

03 예시 답안
- 비닐하우스 또는 온실을 만들어 따뜻한 환경을 조성해야 합니다.
- 극야로 빛이 부족한 경우 LED 조명, 형광등을 사용해 광합성을 도와야 합니다.
- 보일러, 가습기, 제습기 등 온도와 습도를 조절하는 시스템을 갖추어야 합니다.

04 예시 답안
- 물 절약 농법(스마트 농업)을 활용합니다.
  - 점적 관개: 물을 뿌리지 않고 뿌리 근처에 직접 물을 조금씩 공급합니다.
  - 수경 재배: 흙을 사용하지 않고 물을 순환시켜 사용량을 줄입니다.
  - 공중 재배(에어로포닉스): 안개 형태로 물을 뿌려서 물 사용을 최소화합니다.
- 건조한 환경에서도 잘 자라는 식물을 재배합니다.
  - 선인장, 다육식물 등 건조한 환경에서도 잘 자라는 내건성 식물을 재배합니다.
  - 유전자 변형을 통해 가뭄에 강한 품종을 개발합니다.
- 빗물이나 바닷물을 활용합니다.
  - 빗물을 저장하여 필요할 때 사용합니다.
  - 담수화 기술로 바닷물을 정화하여 사용합니다.

05 예시 답안
- 무중력 환경에서 뿌리를 스펀지나 특수한 구조물에 고정하는 기술을 활용합니다.
  해설: 지구에서는 중력으로 인해 뿌리가 아래로 자라지만, 우주에는 중력이 없으므로 뿌리가 떠다닐 수 있습니다.
- LED 조명(인공광)을 사용해 식물의 광합성을 돕습니다.
  해설: 우주에서는 햇빛을 자유롭게 조절할 수 없어서 LED 조명을 활용한 광합성이 필수적입니다.
- 수경재배 또는 공중 재배 방식을 활용합니다.
  해설: 우주에서는 흙을 사용하는 것이 어려우므로, 물에서 키우는 수경 재배나 뿌리에 직접 영양분을 분사하는 공중 재배 방식을 활용합니다.

14 생태계의 순환
: 테라리움 만들기

관찰 및 분석하기

01 모범 답안
- 자갈:
  - 물이 너무 많이 고이지 않도록 배수층 역할을 합니다.
  - 식물의 뿌리가 썩지 않게 합니다.
- 활성탄:
  - 불순물을 걸러 주고, 물을 깨끗하게 유지합니다.
  - 테라리움에서 나쁜 냄새가 나지 않게 합니다.
- 흙:
  - 식물이 뿌리를 내리고 영양분을 흡수할 수 있게 합니다.
  - 물과 공기를 저장하여 식물이 자랄 수 있게 합니다.

02 예시 답안
- 흙이 계속 촉촉하게 유지되었습니다. 시간이 지나면서 물이 위로 증발하고 다시 흙으로 흡수되면서 습도가 일정하게 유지되었습니다.
- 흙 표면에 이끼와 작은 곰팡이가 생겼습니다.
- 식물이 자라면서 뿌리가 흙을 더 단단하게 만들었습니다.

03 모범 답안
물이 순환하는 시스템(물의 순환)이 형성되었기 때문입니다.
해설: 흙 속의 물이 증발하고, 유리벽에 맺히고(응결), 다시 떨어져 흙으로 흡수되는 과정을 통해 물이 계속 재사용됩니다. 식물이 뿌리로 물을 빨아들이고, 잎으로 물을 내보내는 증산 작용을 통해 물이 순환되는 과정이 유지됩니다.

04 예시 답안
- 흙에 있던 물이 증발하여 공기 중으로 이동했습니다.
- 물이 유리벽에 맺혀(응결) 작은 물방울이 생겼습니다.
- 시간이 지나면서 물방울이 흙으로 다시 떨어져 뿌리가 물을 흡수했습니다.
- 식물이 물을 흡수한 후, 잎을 통해 물을 내보내는 증산 작용을 하면서 물이 순환했습니다.

05 모범 답안
- 생태계는 스스로 균형을 유지하는 순환 구조를 가지고 있습니다. 자연에서는 물이 순환하고, 식물과 공기가 서로 영향을 주면서 균형을 이룹니다. 테라리움은 작은 생태계처럼 물, 공기, 영양분이 순환하는 시스템을 보여줍니다.
  - 물의 순환: 땅 속에 있던 물이 증발하고, 공중에서 응결되고, 비가 내려 다시 땅으로 돌아갑니다.
  - 산소의 순환: 식물이 광합성을 통해 산소를 만들고, 동물이나 미생물이 산소를 사용하여 호흡합니다.
  - 영양분의 순환: 식물이 땅에서 영양분을 흡수하고, 죽은 식물이 분해되면서 다시 흙으로 돌아갑니다.

상상하기

01 예시 답안
- 시간이 지나면서 내부의 환경이 점점 변할 수 있습니다.
- 수분이 과다하거나 부족하여 식물이 썩거나 시들 수 있습니다.
- 잎이 떨어지고 분해되면서 흙이 변할 수 있습니다.
- 곰팡이나 미생물이 생겨 환경에 영향을 줄 수 있습니다.

02 예시 답안
- 빛이 부족하거나 과다했을 것입니다.

해설: 빛이 너무 적으면 광합성을 하지 못해 식물이 죽을 수 있습니다. 너무 강한 빛을 받으면 온도가 높아지고 과도한 증발이 발생해 식물이 마를 수 있습니다.

- 공기가 부족했을 것입니다. (산소와 이산화탄소 불균형)

해설: 테라리움 속에 산소가 부족하면 뿌리가 제대로 호흡하지 못해 식물이 시들 수 있습니다.

- 물이 부족하거나 과다했을 것입니다. (습도 불균형)

해설: 너무 많은 물이 순환하면 뿌리가 썩을 수 있습니다. 물이 부족하면 식물이 마를 수 있습니다.

- 흙 속의 영양분이 부족했을 것입니다.

해설: 시간이 지나면서 흙 속의 영양분이 줄어들어 식물이 자라기 어려워질 수 있습니다.

03 모범 답안
- 모래는 물을 저장하는 능력이 부족하기 때문입니다.

해설: 흙은 물을 적절히 머금고 있지만, 모래는 물이 빨리 빠져나가 식물의 뿌리가 물을 충분히 흡수하기 어렵습니다.

- 모래에는 영양분이 부족하기 때문입니다.

해설: 흙에는 식물이 성장하는 데 필요한 영양소(질소, 인, 칼륨 등)가 포함되어 있지만, 모래에는 거의 없습니다.

- 식물의 뿌리가 안정적으로 자리 잡기 어렵기 때문입니다.

해설: 모래는 알갱이가 크고 입자가 고정되지 않아, 식물의 뿌리가 단단히 자리 잡기 어렵습니다.

04
모범 답안

- 뚜껑을 닫은 테라리움
  - 내부에서 물과 공기가 순환하면서 습도가 유지될 것입니다.
  - 증발한 물이 다시 응결되어 식물에 공급되므로 물을 추가로 줄 필요가 없을 것입니다.
  - 시간이 지나면서 공기 순환이 부족하면 산소가 부족해져 식물이 시들 수 있습니다.
- 뚜껑을 연 테라리움
  - 외부 공기가 들어와 산소 공급은 원활하지만, 내부 습도 유지가 어려울 것입니다.
  - 증발한 물이 밖으로 빠져나가므로 식물이 마를 가능성이 높습니다.
  - 시간이 지나면 흙이 점점 건조해지고, 물을 자주 주어야 할 것입니다.

05
모범 답안

- 배수가 잘 되는 모래나 마른 흙을 사용합니다. 선인장은 물이 많은 환경을 싫어하기 때문입니다.
- 공기가 잘 통하도록 뚜껑을 열어 두거나 구멍이 있는 용기를 사용합니다. 습도가 너무 높으면 선인장이 썩을 수 있기 때문입니다.
- 물을 아주 적게 줍니다. 선인장은 건조한 환경에서 잘 자라기 때문입니다.
  해설: 기존의 테라리움은 물을 순환시켜 습도를 유지하는 방식이지만, 선인장은 건조한 환경에서 잘 자라므로 물을 자주 줄 필요가 없습니다. 한 달에 한 번 정도 소량의 물을 주는 것이 적절합니다.
- 밝은 창가 등 햇빛이 잘 드는 곳에 둡니다. 선인장은 햇빛이 강한 환경에서 잘 자라기 때문입니다.

이렇게도 해 보세요!

01
예시 답안

생물이 식물의 잎을 먹어서 줄기를 손상시켜 식물의 성장이 느려졌습니다.

02
예시 답안

기존의 잎이 빨리 시들었습니다.
해설: 생물의 활동이나 환경 변화로 인해 기존의 잎이 빨리 시들 수 있습니다.

03
예시 답안

어두운 돌 주변에서 주로 시간을 보냅니다.
해설: 곤충은 주로 습기가 많고 어두운 곳, 나뭇가지나 잎 뒷면 등 특정 장소에 머무는 경향이 있습니다.

04
예시 답안

- 물방울의 양이 늘어났습니다.
- 물방울의 양이 줄어들었습니다.
해설: 생물의 활동으로 인해 테라리움의 수분 순환에 변화가 생길 수 있습니다.

15 지층의 형성
: 지층 모형 만들기

관찰 및 분석하기

01 모범 답안
아래쪽 지층이 먼저 만들어졌습니다.

02 모범 답안
- 지층 모형은 실제 지층보다 훨씬 짧은 시간에 만들어졌습니다.
- 실제 지층에서는 화석이 발견되기도 합니다.
- 실제 지층이 지층 모형보다 더 단단합니다.

03 모범 답안

| 퇴 | 적 | 암 |

04 모범 답안
- 화석을 통해 지층이 만들어진 당시에 살았던 생물에 대해서 알 수 있습니다.
- 지층이 만들어진 시기를 알 수 있습니다.
- 과거에 있었던 지진과 화산 폭발에 대한 정보를 파악할 수 있습니다.

05 모범 답안
이암, 사암, 역암은 입자(알갱이)의 굵기가 다릅니다. 이암에서 사암, 역암으로 갈수록 입자의 크기가 커집니다. 이암은 입자가 매우 작고, 사암은 모래 크기의 입자로 이루어져 있고, 역암은 자갈 크기의 입자로 이루어져 있습니다.

상상하기

01 예시 답안
식빵, 햄, 토마토, 치즈를 이용하여 샌드위치를 만들고 반으로 자르면 지층 모형이 됩니다.

02 예시 답안
지층이 휘어지는 습곡이나 지층이 끊어지는 단층이 발생합니다.

03 예시 답안
지층이 강한 지진에 의하여 심하게 휘어져 위아래가 뒤바뀌면 위에 있는 지층이 더 오래된 지층이 됩니다.

04 모범 답안

해설: 암모나이트는 공룡이 살았던 중생대에 전 지구에 퍼져 살았던 바다 생물입니다. 암모나이트처럼 특정 시기에만 살았던 화석들은 지층이 생성된 시기를 알려주는 표준화석으로 이용됩니다.

16 풍속과 풍향
: 종이컵 풍속계 만들기

관찰 및 분석하기

01 모범 답안
- 바람이 약하게 불 때: 풍속계가 천천히 회전합니다.
- 바람이 강하게 불 때: 풍속계가 빠르게 회전합니다.

02 모범 답안
1초 동안 10미터 이동하는 것을 의미합니다.

03 모범 답안

| 서 | 풍 |

04 예시 답안
부채, 선풍기, 에어컨, 환기팬 등

05 모범 답안
바람은 공기가 움직이는 현상입니다.

상상하기

01 예시 답안
- 연날리기를 할 수 없을 것입니다.
- 바다에 파도가 치지 않아서 서핑을 할 수 없을 것입니다.
- 공기 중의 오염 물질이 퍼지지 않고 밀집되어 건강에 해로울 것입니다.
- 기온이 고르게 분포되지 않아 더운 지역은 더 더워지고, 추운 지역은 더 추워질 것입니다.

02 예시 답안

식물 중에는 바람에 의해 꽃가루받이(수분)를 해 번식하는 식물들이 있습니다. 바람은 이러한 식물들의 수술의 꽃가루(화분)를 암술머리에 옮겨 번식을 돕습니다.

03 예시 답안
- 항공기 조종사
해설: 풍속이 매우 강한 날에는 비행기 운항을 할 수 없습니다.
- 야외 스포츠 선수
해설: 골프공, 야구공 등이 날아갈 때 바람의 영향을 받습니다.
- 어부
해설: 풍속이 강한 날에는 파도가 심해 물고기를 잡으러 가기가 어렵습니다.

04 예시 답안
- 전기 에너지는 저장이 어려워, 풍력 발전에만 의존하면 바람이 불지 않을 때 전기 에너지 공급에 문제가 생길 수 있습니다.
- 크기가 커서 운반 및 설치가 어렵습니다.
- 크기가 커서 사람들이 시각적인 위압감을 느낄 수 있습니다.
- 소리가 커서 주변에 소음 공해를 일으킬 수 있습니다.

17 달의 운동
: 밤하늘에서 달 관찰하기

관찰 및 분석하기

01 모범 답안
달의 위치가 서쪽에서 동쪽으로 점점 이동했습니다.

02 모범 답안
- 초승달에서 왼쪽으로 점점 차올라 반달(오른쪽 반달, 상현달)이 되고, 계속 차올라 보름달이 되었습니다.
- 보름달에서 오른쪽이 점점 사라져 반달(왼쪽 반달, 하현달)이 되고, 더 사라져 그믐달이 되었습니다.

해설:

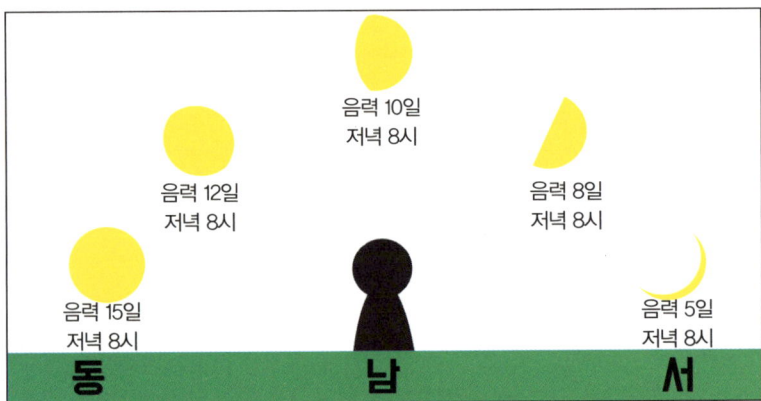

03 모범 답안
매일 같은 시각에 달을 관찰했을 때 달의 위치가 서쪽에서 동쪽으로 점점 이동하는 이유는 달이 지구 주위를 공전하기 때문입니다.

해설: 달은 지구 주위를 반시계 방향(서쪽에서 동쪽)으로 공전합니다.

04 모범 답안
달이 약 한 달에 한 바퀴씩 지구 주위를 회전하는 것이 달의 공전입니다.

05 예시 답안
- 양력 생일: 양력 5월 5일(2025년)
- 음력 생일: 음력 4월 8일(2025년)

상상하기

01 모범 답안
보름달

02 예시 답안
- 내가 정한 이름: 호빵달
- 이유: 옆으로 놓고 보면 겨울철에 즐겨 먹는 호빵처럼 생겼기 때문입니다.

03 예시 답안
바다와 관련된 일을 하는 사람들은 음력 달력의 날짜를 통해 바다의 조수 간만(밀물과 썰물)의 차이가 큰 날과 작은 날을 확인할 수 있습니다.

해설: 지구에서 본 달의 모양과 바다의 조수 간만(밀물과 썰물)의 차이는 모두 태양, 지구, 달의 상대적 위치에 따라 결정됩니다. 음력 달력은 달의 모양 변화를 기준으로 하기 때문에, 음력 달력의 날짜로 조수 간만의 차이를 예측할 수 있는 것입니다.

04 모범 답안
달이 서쪽에서 동쪽으로 이동하는 속도가 빨라질 것입니다.

해설: 여러 날 동안 매일 같은 시각 달을 관찰할 때, 달이 서쪽에서 동쪽으로 이동하는 것은 달이 지구 주위를 반시계 방향(서에서 동)으로 공전하기 때문입니다. 따라서 달의 공전 속도가 빨라진다면 달이 서쪽에서 동쪽으로 이동하는 속도도 빨라질 것입니다.

05 모범 답안
달은 자전 주기와 공전 주기가 같으므로 지구는 움직이지 않고 항상 같은 위치에서 보일 것입니다.

이렇게도 해 보세요!

하루 동안 달을 관찰하면 달은 (동)쪽에서 (남)쪽을 지나 (서)쪽으로 이동합니다.

18 별자리와 별의 운동
: 스마트폰으로 별자리 관찰하기

관찰 및 분석하기

01 모범 답안 ② 백조자리

02 모범 답안 동 쪽 → 서 쪽

03 예시 답안 사자자리(7월 23일~8월 22일)

04 모범 답안 88개

05 모범 답안 자 전

상상하기

01 모범 답안
별자리가 동쪽에서 서쪽으로 움직이는 속도가 빨라질 것입니다.
해설: 별자리가 하루 동안 동쪽에서 서쪽으로 이동하는 것은 지구가 서쪽에서 동쪽으로 자전하기 때문에 생기는 상대적인 현상으로, 지구의 자전 속도가 빨라진다면 별자리의 움직임도 빨라질 것입니다.

02 모범 답안
북극에서는 고개를 90°로 들고 하늘을 보아야 북극성이 보입니다.
해설: 북극성의 고도는 관측자가 있는 장소의 위도와 같습니다. 북극의 위도는 90°입니다.

03 모범 답안
밤하늘에서 북극성을 찾아서 북쪽 방향을 알아냅니다.
해설: 먼저 밤하늘에서 북두칠성이나 카시오페이아자리를 찾은 뒤, 그 사이에 있는 북극성을 찾으면 됩니다.

04 예시 답안
전사 자리, 고양이 자리 등

1 약수와 배수
: 약수와 배수 게임하기

활동하기 - 사탕 나누기

01 🍬🍬🍬🍬🍬🍬🍬🍬

02 🍬🍬🍬🍬

03 ✕

04 🍬🍬

05 ✕

06 ✕

07 ✕

08 🍬

관찰 및 분석하기

01 모범 답안

10개

해설: 1부터 100까지의 10의 배수는 10, 20, 30, 40, 50, 60, 70, 80, 90, 100으로 모두 10개입니다.

02 모범 답안

2

해설: 2, 3, 4, 5, 6, 7, 8, 9의 100 이하의 배수의 개수는 다음과 같습니다.
2의 배수: 50개, 3의 배수: 33개, 4의 배수: 25개, 5의 배수: 20개, 6의 배수: 16개, 7의 배수: 14개, 8의 배수: 12개, 9의 배수: 11개

03 모범 답안

21

해설: 7의 배수는 7, 14, 21, 28…입니다. 따라서 7의 배수 중에서 3번째로 작은 수는 21입니다.

04 모범 답안

- 15의 배수: 15, 30, 45, 60, 75, 90 (6개)
- 100의 약수: 1, 2, 4, 5, 10, 20, 25, 50, 100 (9개)
- 개수가 더 많은 수: 100의 약수

05 예시 답안

내가 빙고 판에 적은 숫자를 가장 많이 지울 수 있는 조건을 외쳐야 합니다 10, 20, 30, 40, 50, 60, 70, 80, 90, 100을 적었다면 "10의 배수!"라는 조건을 외칩니다.

확장하기

01 모범 답안
2의 배수이면서 3의 배수입니다. 1356의 일의 자리 숫자가 6(2의 배수)이기 때문에 2의 배수입니다. 1356의 각 자리 숫자를 모두 더하면 15(3의 배수)이기 때문에 3의 배수입니다. 1356의 끝자리는 5 또는 0이 아니기 때문에 5의 배수는 아닙니다.

02 모범 답안
- 2의 배수이면서 3의 배수인 수: 6, 12, 18, 24, 30, 36, 42, 48, 54, 60, 66, 72, 78, 84, 90, 96
- 빠르게 찾을 수 있는 규칙: 1부터 100까지의 수 중에서 2의 배수이면서 3의 배수인 수는 6의 배수입니다. 따라서 1부터 100까지 6씩 더하며 나열하면 빠르게 찾을 수 있습니다.

03 모범 답안
- 10의 배수는 5의 배수에 포함됩니다.
- 10의 배수는 5의 배수 중 짝수인 수입니다.

해설: 모든 10의 배수는 5의 배수이지만 5의 배수 중 일부는 10의 배수가 아닙니다. 예를 들어 10의 배수 10, 20, 30, 40…은 모두 5의 배수이지만, 5의 배수 5, 10, 15, 20, 25, 30 중 5, 15, 25는 10의 배수가 아닙니다.

04 모범 답안
어떤 수가 6의 배수라면 2의 배수이면서 3의 배수여야 합니다. 132는 짝수(2의 배수)이면서 각 자리 숫자의 합이 6(3의 배수)이므로 3의 배수입니다. 따라서 132는 6의 배수입니다.

05 모범 답안
60
해설:
- 12의 약수: 1, 2, 3, 4, 6, 12 (6개)
- 25의 약수: 1, 5, 25 (3개)
- 60의 약수: 1, 2, 3, 4, 5, 6, 10, 12, 15, 20, 30, 60 (12개)
- 80의 약수: 1, 2, 4, 5, 8, 10, 16, 20, 40, 80 (10개)
- 99의 약수: 1, 3, 9, 11, 33, 99 (6개)

따라서 약수가 가장 많은 수는 60입니다.

2. 소수와 합성수
: 에라토스테네스의 체로 소수 구하기

관찰 및 분석하기

01 모범 답안
소수는 1과 자기 자신으로만 나눌 수 있는 수입니다.

02 모범 답안
2, 3, 19

03 모범 답안
- 소수의 개수: 15개
- 구한 과정: 1은 소수가 아니므로 1을 지웁니다. 남은 수 중 2를 제외한 2의 배수(4, 6, 8…)를 모두 지웁니다. 남은 수 중 3을 제외한 3의 배수(9, 12, 15, 21…)를 모두 지웁니다. 남은 수 중 5를 제외한 5의 배수 (25, 35, 45…)를 모두 지웁니다. 남은 수 중 7을 제외한 7의 배수(49)를 지웁니다. 남은 수(소수)는 2, 3, 5, 7, 11, 13, 17, 19, 23, 29, 31, 37, 41, 43, 47로 총 15개입니다.

04 모범 답안
에라토스테네스의 체는 소수의 배수만 지우는 방식입니다. 4의 배수는 소수인 2의 배수에 모두 포함되므로, 2의 배수를 지우는 단계에서 이미 모두 지워졌기 때문에 다시 지울 필요가 없습니다.

05 모범 답안
1부터 어떤 수까지의 모든 수가 소수인지 하나씩 확인하려면 각 수의 모든 약수를 구해 보아야 하지만, 에라토스테네스의 체는 소수의 배수만 제거하는 방식이므로 훨씬 빠르게 소수를 구할 수 있습니다.

확장하기

01 모범 답안
5, 7

02 모범 답안
짝수는 항상 2를 약수로 가지기 때문에 2보다 큰 짝수는 소수가 될 수 없습니다. 2는 유일하게 자기 자신과 1로만 나눌 수 있는 짝수이므로 소수입니다.

03 모범 답안
23보다 작은 소수(2, 3, 5, 7…)로 나누어 봅니다. 23은 어떤 소수로도 나누어지지 않으므로 소수입니다.

04 모범 답안
소수를 곱하는 것은 쉽지만, 곱한 결과를 보고 원래의 소수를 찾는 것은 매우 어렵기 때문입니다.

05 모범 답안
작은 소수의 배수부터 시작하면 많은 수를 한 번에 지울 수 있어 효율적이기 때문입니다. 큰 소수의 배수부터 시작하면 작은 소수의 배수가 앞에서 지워지지 않았기 때문에 여러 번 작업해야 합니다.

3 사칙연산과 방정식
: 계산으로 문제 해결하기

활동하기- 방정식과 그림으로 사탕 문제 해결하기

	그림으로 나타내기	방정식으로 나타내기
01 모범 답안		$3 + \square = 12$, $\square = 9$
02 모범 답안		$12 - \square = 8$, $\square = 4$
03 모범 답안		$12 \div \square = 2$, $\square = 6$
04 모범 답안		$3 \times \square = 12$, $\square = 4$

관찰 및 분석하기

01 모범 답안

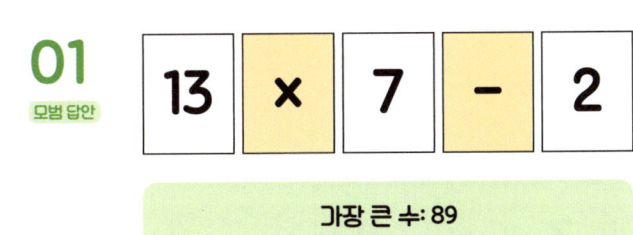

가장 큰 수: 89

02 모범 답안

곱하기(×), 나누기(÷)를 먼저 계산하고 더하기(+), 빼기(−)를 계산해야 합니다. 곱하기와 나누기, 더하기와 빼기 중에서는 왼쪽부터 순서대로 계산합니다.

03 모범 답안

- 방정식:
  □ × 5 = 75000, □ = 15000
  또는 75000 ÷ □ = 5, □ = 15000
- 티셔츠 1장의 가격: 15000원

04 모범 답안

6500원

해설: 20000 − 4000 × 2 − 2000 × 2 − 1500 = 6500

확장하기

01 모범 답안

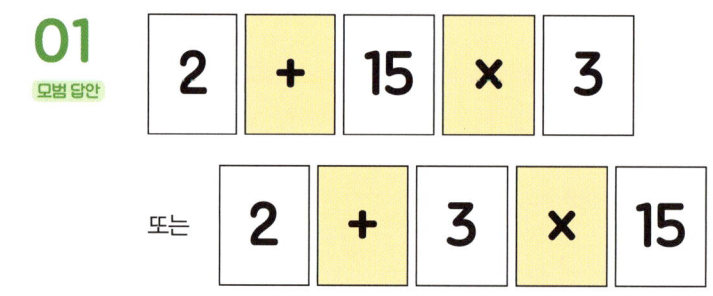

해설: 2 + 3 × 15 또는 2 + 15 × 3으로 배치하면 됩니다. 가장 작은 수를 더하기 앞에 두고 나머지 두 수를 곱하면 가장 큰 수를 만들 수 있습니다.

02 모범 답안

4

해설: (□ + 6) × 2 = 20, □ = 4

03 모범 답안

65

해설: 가장 큰 수를 만들려면 가장 큰 숫자인 9와 7을 곱하고, 세 번째로 큰 숫자인 5는 더하고, 가장 작은 숫자인 3은 빼야 합니다. 식을 세우면 9 × 7 + 5 − 3 = 65입니다.

04 모범 답안

49

해설: 9 × 5 + 7 − 3 = 49

05 모범 답안

□ = 10, ★ = 3

해설: 10 + 4(돼지의 다리 개수) = 14
　　　3 × 3(삼각형의 변의 개수) = 9

4 분수
: 이집트 분수로 초코파이 나누기

활동하기 - 단위분수 알아보기

01 $\frac{1}{2}$
모범 답안

02 $\frac{1}{3}$
모범 답안

03 $\frac{1}{4}$
모범 답안

04 $\frac{1}{8}$
모범 답안

관찰 및 분석하기

01 모범 답안
단위분수는 $\frac{1}{2}, \frac{1}{3}, \frac{1}{4}$ 과 같이 분자가 항상 1인 분수입니다.

02 모범 답안
$\frac{1}{2}, \frac{1}{5}$

03 모범 답안
30
해설: $\frac{1}{5}$ 과 $\frac{1}{6}$ 을 더하려면 두 분수의 분모 5와 6을 공통 배수로 바꾸어야 합니다. 5와 6의 공통 배수는 30입니다.

04 모범 답안
$\frac{10}{21}$
해설: $\frac{1}{3} + \frac{1}{7}$ 을 계산하려면 먼저 두 분수의 분모가 21이 되도록 통분해야 합니다. 두 분수를 $\frac{7}{21}, \frac{3}{21}$ 으로 통분하여 분자끼리 더하면 $\frac{7}{21} + \frac{3}{21} = \frac{10}{21}$ 입니다.

05 모범 답안
모든 분수의 분모를 공통 분모인 8로 바꾸어 계산하면 $\frac{7}{8} = \frac{4}{8} + \frac{2}{8} + \frac{1}{8}$ 입니다. 따라서 이 식은 올바릅니다.

확장하기

01 모범 답안

① $\frac{11}{12}$을 단위분수의 합으로 나타냈을 때 가장 큰 단위분수는 $\frac{1}{2} = \frac{6}{12}$ 입니다.

② $\frac{11}{12} - \frac{6}{12} = \frac{5}{12}$ 입니다.

③ $\frac{5}{12}$를 단위분수의 합으로 나타냈을 때 가장 큰 단위분수는 $\frac{1}{3} = \frac{4}{12}$ 입니다.

④ $\frac{5}{12} - \frac{4}{12} = \frac{1}{12}$ 입니다.

⑤ 따라서 $\frac{11}{12} = \frac{1}{2} + \frac{1}{3} + \frac{1}{12}$ 입니다.

02 모범 답안

① $\frac{1}{3} + \frac{1}{6} + \frac{1}{18} = \frac{10}{18}$

② $\frac{5}{9} = \frac{1}{2} + \frac{1}{18}$

해설: $\frac{1}{3} = \frac{6}{18}$, $\frac{1}{6} = \frac{3}{18}$ 이므로 $\frac{1}{3} + \frac{1}{6} + \frac{1}{18} = \frac{10}{18} = \frac{5}{9}$ 입니다.

$\frac{5}{9}$를 단위분수의 합으로 나타냈을 때 가장 큰 단위분수는 $\frac{1}{2}$ 입니다. $\frac{5}{9} - \frac{1}{2} = \frac{10}{18} - \frac{9}{18} = \frac{1}{18}$ 입니다.

따라서 $\frac{5}{9}$를 단위분수의 합으로 나타내면 $\frac{1}{2} + \frac{1}{18}$ 이 됩니다.

03 모범 답안

$\frac{1}{3} + \frac{1}{4} + \frac{1}{5} + \frac{1}{6}$

해설: $\frac{19}{20}$를 단위분수의 합으로 나타냈을 때 $\frac{1}{2}$ 다음으로 큰 단위분수는 $\frac{1}{3}$ 입니다. $\frac{19}{20} - \frac{1}{3} = \frac{57}{60} - \frac{20}{60} = \frac{37}{60}$ 입니다. $\frac{37}{60}$을 단위분수의 합으로 나타냈을 때 $\frac{1}{2}, \frac{1}{3}$ 다음으로 큰 단위분수는 $\frac{1}{4}$ 입니다. $\frac{37}{60} - \frac{1}{4} = \frac{37}{60} - \frac{15}{60} = \frac{22}{60}$ 입니다. $\frac{22}{60}$를 단위분수의 합으로 나타냈을 때 $\frac{1}{2}, \frac{1}{3}, \frac{1}{4}$ 다음으로 큰 단위분수는 $\frac{1}{5}$ 입니다. $\frac{22}{60} - \frac{1}{5} = \frac{22}{60} - \frac{12}{60} = \frac{10}{60} = \frac{1}{6}$ 입니다. 따라서 $\frac{19}{20} = \frac{1}{3} + \frac{1}{4} + \frac{1}{5} + \frac{1}{6}$ 입니다.

5 수리 퍼즐
: 여러 가지 스도쿠 풀기

관찰 및 분석하기

01 모범 답안
- 가로줄, 세로줄, 작은 상자 안에는 같은 숫자가 두 번 들어가지 않아야 합니다.
- 대각선에는 같은 숫자가 두 번 들어가도 됩니다.

02 모범 답안
가로줄, 세로줄, 작은 상자를 고려하여 주변의 숫자가 가장 많이 채워져 있는 칸을 먼저 채우는 것이 좋습니다.

03 모범 답안

1	3	2

04 예시 답안

2	3	1	4	5

해설: 숫자 2, 4, 5의 위치는 서로 바뀌어도 됩니다.

확장하기

01 모범 답안

3	1	4	2
2	4	1	3
4	3	2	1
1	2	3	4

2	4	1	3
1	3	2	4
4	1	3	2
3	2	4	1

02 모범 답안

1	3
4	2

해설: 숫자 1, 2의 위치는 서로 바뀌어도 됩니다.

03 모범 답안

8	1	6
3	5	7
4	9	2

04 모범 답안

13	3	2	16
8	10	11	5
12	6	7	9
1	15	14	4

이렇게도 해 보세요!

6×6 스도쿠 풀기 모범 답안

5	4	6	1	3	2
2	1	3	4	6	5
6	5	1	2	4	3
3	2	4	5	1	6
4	3	5	6	2	1
1	6	2	3	5	4

6 십진법과 이진법
: 이진법으로 암호 만들기

활동하기- 십진법 숫자를 이진법 숫자로 바꾸기

01 모범 답안

십진법 숫자: 7				
4	×	1	=	4
2	×	1	=	2
1	×	1	=	1
(1 , 1 , 1)			(4) + 2 + (1) = 7	
이진법 숫자	111		합계	7

02 모범 답안

십진법 숫자: 25				
16	×	1	=	16
8	×	1	=	8
4	×	0	=	0
2	×	0	=	0
1	×	1	=	1
(1 , 1 , 0 , 0 , 1)			16 + (8) + (0) + 0 + (1) = 25	
이진법 숫자	11001		합계	25

03 모범 답안

십진법 숫자: 30				
16	×	1	=	16
8	×	1	=	8
4	×	1	=	4
2	×	1	=	2
1	×	0	=	0
(1 , 1 , 1 , 1 , 0)			16 + (8) + (4) + (2) + (0) = 30	
이진법 숫자	11110		합계	30

04 모범 답안

십진법 숫자: **33**			
32	× 1	=	32
16	× 0	=	0
8	× 0	=	0
4	× 0	=	0
2	× 0	=	0
1	× 1	=	1
(1 , 0 , 0 , 0 , 0 , 1)		(32)+(0)+(0)+(0)+(0)+(1)= 33	
이진법 숫자	100001	합계	33

관찰 및 분석하기

01 모범 답안

100011

해설:

한글: ㅣ			
십진법 숫자: **35**			
32	× 1	=	32
16	× 0	=	0
8	× 0	=	0
4	× 0	=	0
2	× 1	=	2
1	× 1	=	1
(1 , 0 , 0 , 0 , 1 , 1)		32 + 0 + 0 + 0 + 2 + 1 = 35	
이진법 숫자	100011	합계	35

02 모범 답안

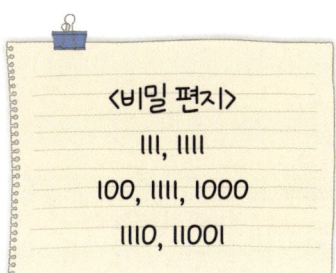

〈비밀 편지〉
111, 1111
100, 1111, 1000
1110, 11001

해설:

한글	십진법 숫자	이진법 숫자
사	7, 15	111, 1111
랑	4, 15, 8	100, 1111, 1000
해	14, 25	1110, 11001

03 모범 답안

1001

해설:

십진법 숫자: 9					
8	×	1	=	8	
4	×	0	=	0	
2	×	0	=	0	
1	×	1	=	1	
(1 , 0 , 0 , 1)			8 + 1 = 9		
이진법 숫자		1001	합계		9

04 모범 답안

1100011

해설:

십진법 숫자: 99					
64	×	1	=	64	
32	×	1	=	32	
16	×	0	=	0	
8	×	0	=	0	
4	×	0	=	0	
2	×	1	=	2	
1	×	1	=	1	
(1, 1, 0, 0, 0, 1, 1)			64 + 32 + 0 + 0 + 0 + 2 + 1 = 99		
이진법 숫자		1100011	합계		99

확장하기

01 모범 답안

1000

해설:

알파벳: h			
십진법 숫자: 8				
8	×	1	=	8
4	×	0	=	0
2	×	0	=	0
1	×	0	=	0
(1 , 0 , 0 , 0)		8 + 0 + 0 + 0 = 8	
이진법 숫자	1000	합계	8

02 모범 답안

1100, 1111, 10110, 101

해설:

알파벳	십진법 숫자	이진법 숫자
l	12	1100
o	15	1111
v	22	10110
e	5	101

03 모범 답안

hello

해설:

이진법 숫자	십진법 숫자	알파벳
1000	8	h
101	5	e
1100	12	l
1100	12	l
1111	15	o

04 모범 답안

보물이 있는 곳: 책상(desk)

해설:

이진법 숫자	십진법 숫자	알파벳
100	4	d
101	5	e
10011	19	s
1011	11	k

이렇게도 해 보세요!

이진법 손가락 식으로 큰 수 나타내기

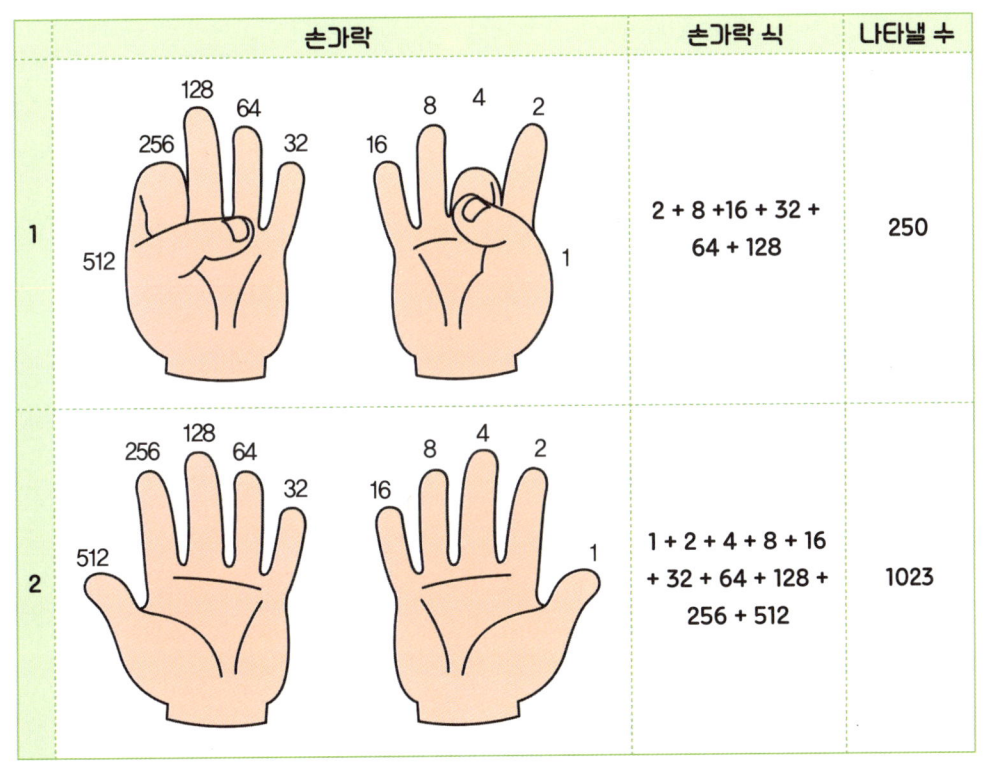

	손가락	손가락 식	나타낼 수
1		2 + 8 + 16 + 32 + 64 + 128	250
2		1 + 2 + 4 + 8 + 16 + 32 + 64 + 128 + 256 + 512	1023

7 평면도형
: 성냥개비로 평면도형의 성질 알아보기

관찰 및 분석하기

01 모범 답안
선이라고 할 수 있습니다. 성냥개비의 머리 부분, 즉 점들이 무수히 이어진 것이라고 생각할 수 있기 때문입니다.

02 모범 답안
성냥개비 3개로 삼각형을 만들거나, 4개로 사각형을 만들면 그 내부는 면이라고 할 수 있습니다.

해설: 성냥개비의 나무 부분이 이어져 놓인 모습은 선들이 무수히 이어진 것이라고 생각할 수 있습니다. 면은 선이 무수히 이어진 것, 또는 선으로 둘러싸인 안쪽 영역을 가리킵니다.

03 모범 답안
- 공통점: 도형의 모양, 도형의 크기, 변의 길이, 각의 크기 등
- 차이점: 도형의 위치

해설: 이 두 도형은 서로 합동입니다. 서로 합동인 도형은 위치는 다르지만 도형의 모양, 도형의 크기, 변의 길이, 각의 크기는 같습니다.

04 모범 답안
- 공통점: 변의 수, 각의 수, 각의 크기
- 차이점: 변의 길이

해설: 이 두 도형은 서로 닮음입니다. 서로 닮음인 도형은 변의 수, 각의 수, 각의 크기는 같지만 변의 길이는 일정 비율로 더 크거나 작습니다.

확장하기

01 모범 답안

성냥개비를 이용해 곡선으로 이루어진 평면도형을 만들 수 있습니다.

해설: 그림과 같이 성냥개비의 머리 부분을 곡선 모양으로 배열하면 곡선으로 이루어진 평면도형을 만들 수 있습니다.

02 모범 답안

또는

해설: 왼쪽 그림은 성냥개비 4개를 없애고, 오른쪽 그림은 성냥개비 8개를 없애 같은 크기의 정사각형 5개를 만들었습니다.

03 모범 답안

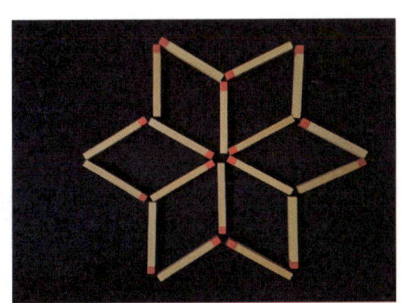

04
모범 답안

- 5개: 
- 4개: 
- 3개: 
- 2개:

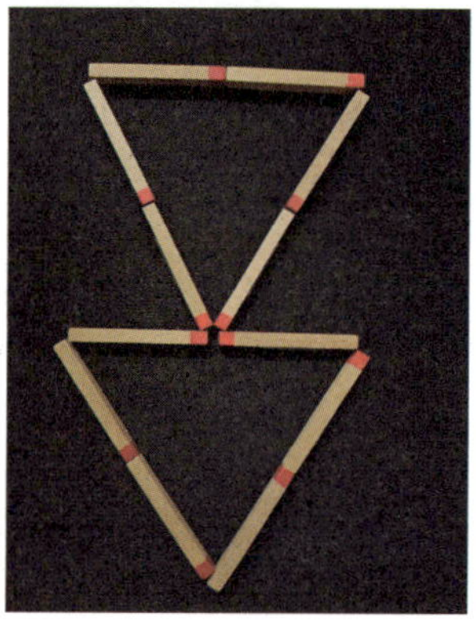

이렇게도 해 보세요!

성냥개비 문제 해결하기

8 다각형
: 테셀레이션 만들기

관찰 및 분석하기

01 모범 답안
상자 안을 휴지 심으로 빼곡하게 채울 수 없었습니다. 원을 최대한 붙여서 배열해도 곡선으로 된 부분은 서로 붙지 않아 빈틈이 생기기 때문입니다.

02 모범 답안
휴지 심으로 상자를 채울 때는 빈틈이 생겨 빼곡하게 채울 수 없었고, 비눗방울로 접시를 채울 때는 비눗방울이 육각형 모양으로 변하면서 빼곡하게 채울 수 있었습니다. 이처럼 각이 있는 도형을 사용해야 평면을 빼곡하게 채울 수 있습니다

03 모범 답안

정다각형	한 내각의 크기	모든 내각의 크기의 합	한 점에서 빈틈없이 모이는 내각의 크기의 합
정삼각형	60°	180°	360°
정사각형	90°	360°	360°
정육각형	120°	720°	360°

• 평면을 빼곡하게 채울 수 있는 정다각형의 특징: 한 점에서 빈틈없이 모이는 내각의 크기의 합이 360°입니다.

04 모범 답안
평면을 빼곡하게 채울 수 없는 정다각형은 정오각형입니다. 한 점에서 빈틈없이 모이는 내각의 크기의 합이 360°가 될 수 없기 때문입니다.
해설:

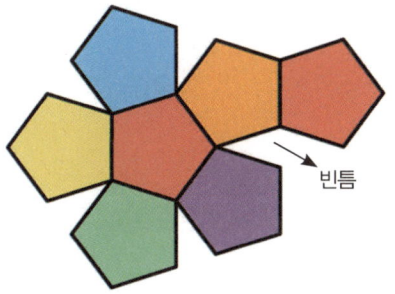
빈틈

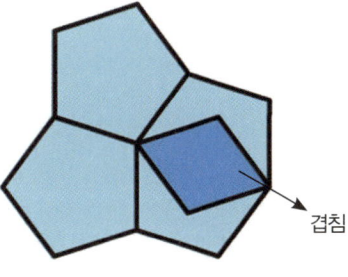
겹침

확장하기

01 모범답안
정삼각형은 6개, 정사각형은 4개 모였습니다. 한 점에 빈틈없이 모이려면 내각의 크기의 합이 360°가 되어야 하기 때문입니다.
해설: 정삼각형의 한 내각의 크기는 60°, 정사각형의 한 내각의 크기는 90°입니다.

02 예시답안

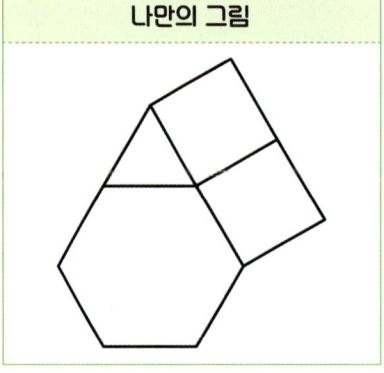

03 예시답안
테셀레이션은 모양들이 퍼즐처럼 서로 딱 맞게 이어져서 구멍 없이 평평한 공간을 꽉 채우는 것입니다.

9 입체도형
: 원근법으로 그림 그리기

관찰 및 분석하기

01 모범 답안
맨 앞에 있는 사물이 가장 크게 보였고, 맨 뒤에 있는 사물이 가장 작게 보였습니다.
해설: 원근법의 원리에 의해 가까이 있는 사물은 크게, 멀리 있는 사물은 작게 보입니다.

02 모범 답안

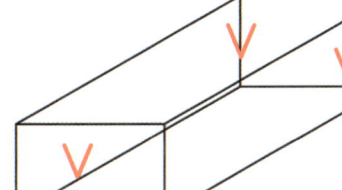

해설:

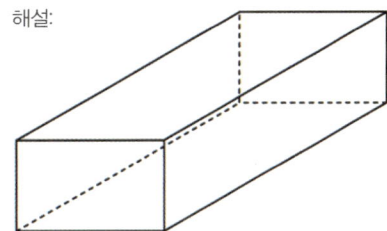

직육면체의 겨냥도를 그릴 때는 보이지 않는 선은 점선으로 그립니다.

03 모범 답안
칸이 안쪽에서 바깥쪽으로 갈수록 점점 커졌습니다.

04 모범 답안

| 소 | 실 | 점 |

05 모범 답안

확장하기

01 모범 답안

02 모범 답안

| 2 | 점 | 투 | 시 | 도 | 법 |

03 모범 답안

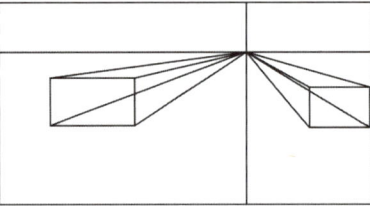 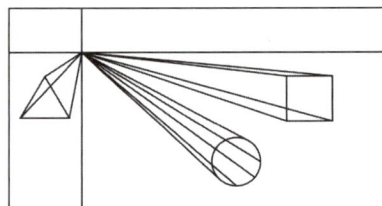

10 자료와 그래프
: 여러 가지 그래프 그리기

관찰 및 분석하기

01 모범 답안
| 꺾 | 은 | 선 | 그 | 래 | 프 |

02 모범 답안
| 막 | 대 | 그 | 래 | 프 |

03 모범 답안
| 원 | 그 | 래 | 프 |

04 모범 답안

원이 네 부분(25, 25, 25, 25)으로 나뉜 그림

확장하기

01 모범 답안
학년별 학생 수를 비교할 수도 있고, 학년별 여학생 수와 남학생 수를 따로따로 비교할 수도 있습니다. 또한 각 학년에서 여학생이 많은지, 남학생이 많은지도 쉽게 비교할 수 있습니다.

02 모범 답안
2015년부터 꾸준히 줄어드는 모습을 보였으므로, 2024년에도 출산율이 줄어들었을 것입니다.
해설: 꺾은선그래프는 변화하는 자료의 값을 보고 미래의 자료를 예측할 수 있습니다.

11 경우의 수
: 동전과 주사위로 경우의 수 알아보기

관찰 및 분석하기

01 모범 답안

1번	2번	3번
앞	앞	앞
앞	앞	뒤
앞	뒤	뒤
앞	뒤	앞
뒤	뒤	뒤
뒤	뒤	앞
뒤	앞	뒤
뒤	앞	앞

02 모범 답안
4
해설: (앞, 앞), (앞, 뒤), (뒤, 앞), (뒤, 뒤)

03 모범 답안
3
해설: (앞, 앞), (앞, 뒤), (뒤, 앞)

04 모범 답안
6
해설: 1, 2, 3, 4, 5, 6

05 모범 답안
3
해설: 2, 4, 6

확장하기

01 모범 답안

동전을 던진 횟수	경우의 수	규칙 (곱셈으로 표현)
1	2	2 × 1 = 2
2	4	2 × 2 = 4
3	8	2 × 2 × 2 = 8

해설: 동전을 던지는 횟수만큼 2를 반복해서 곱하면 경우의 수를 구할 수 있습니다.

02 모범 답안

16

해설: 2 × 2 × 2 × 2 = 16

03 모범 답안

36

해설: (1, 1), (1, 2), (1, 3), (1, 4), (1, 5), (1, 6) … (6, 1), (6, 2), (6, 3), (6, 4), (6, 5), (6, 6), 총 36가지입니다.

04 모범 답안

6

해설: (1, 1), (2, 2), (3, 3), (4, 4), (5, 5), (6, 6), 총 6가지입니다.

05 모범 답안

3

해설: (4, 6), (5, 5), (6, 4), 총 3가지입니다.

12 확률
: 가위바위보로 확률 이해하기

활동하기 - 가능성과 확률 나타내기

01 모범 답안

번호	문장	불가능하다	확률이 낮은 편이다	반반이다	확률이 높은 편이다	확실하다
1	예시) 내일 공룡과 함께 학교에 갈 것이다.	O				
2	주사위(1~6까지 쓰인)를 굴리면 1이 나올 것이다.		O			
3	500원짜리 동전을 던지면 숫자가 적힌 부분이 나올 것이다.			O		
4	주사위(1~6까지 쓰인)를 굴리면 1, 2, 3, 4, 5 중의 숫자가 나올 것이다.				O	
5	오늘은 화요일이다. 내일은 수요일일 것이다.					O

02 모범 답안

해설: 주사위에 쓰인 1부터 6까지의 숫자 중 1이 나오는 것은 여섯 개의 경우 중 한 번의 경우이기 때문에 확률이 낮습니다. 500원짜리 동전에는 앞면과 뒷면, 두 개의 경우가 있기 때문에 확률이 반반입니다. 주사위에 쓰인 1부터 6까지의 숫자 중 1, 2, 3, 4, 5가 나오는 것은 여섯 개의 경우 중 다섯 번의 경우이기 때문에 확률이 높습니다. 화요일 다음날이 수요일인 것은 확실합니다.

관찰 및 분석하기

01 모범 답안

문장	불가능하다	확률이 낮은 편이다	반반이다	확률이 높은 편이다	확실하다
주머니에 빨간 공 하나, 파란 공 하나가 있다. 공을 뽑았을 때 빨간 공이 나올 것이다.			O		
이번 달은 3월이다. 다음 달은 4월일 것이다.					O

해설: 빨간 공과 파란 공이 나오는 경우가 똑같이 1가지씩이므로 가능성이 반반입니다. 3월 다음 달이 4월인 것은 확실합니다.

02 모범 답안

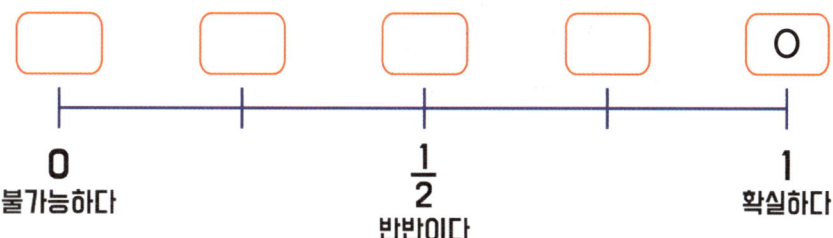

해설: 회전판 전체가 파란색이기 때문에 파란색에 멈출 가능성은 확실합니다.

03 모범 답안

	확률	백분율
예시) 10번 중 4번 이기는 경우	이긴 횟수 / 전체 놀이의 수 = 4/10	4/10 × 100 = 40%
10번 중 3번 이기는 경우	이긴 횟수 / 전체 놀이의 수 = 3/10	3/10 × 100 = 30 %

확장하기

01 예시 답안
- 주사위를 던져서 짝수가 나올 가능성은 반반이다.
- 수학 공부를 열심히 하면 공부를 잘하게 될 것이다.

해설: '가능성'이라는 단어를 사용하지 않고 '~하게 될 것이다.'와 같은 문장을 만들어도 됩니다.

02 모범 답안

가, 다, 나

해설: 파란색이 색칠된 면적이 넓을수록 화살표가 파란색에 멈출 가능성이 높습니다.

03 모범 답안

해설: 10개의 공 중 50%인 빨간 공은 5개이고, 20%인 파란 공은 2개입니다. 남은 공 3개는 초록색입니다.

13 피보나치수열
: 스티커로 피보나치수열 모양 만들기

활동하기- 피보나치수열에서 나선 찾기

02 모범 답안

관찰 및 분석하기

01 모범 답안

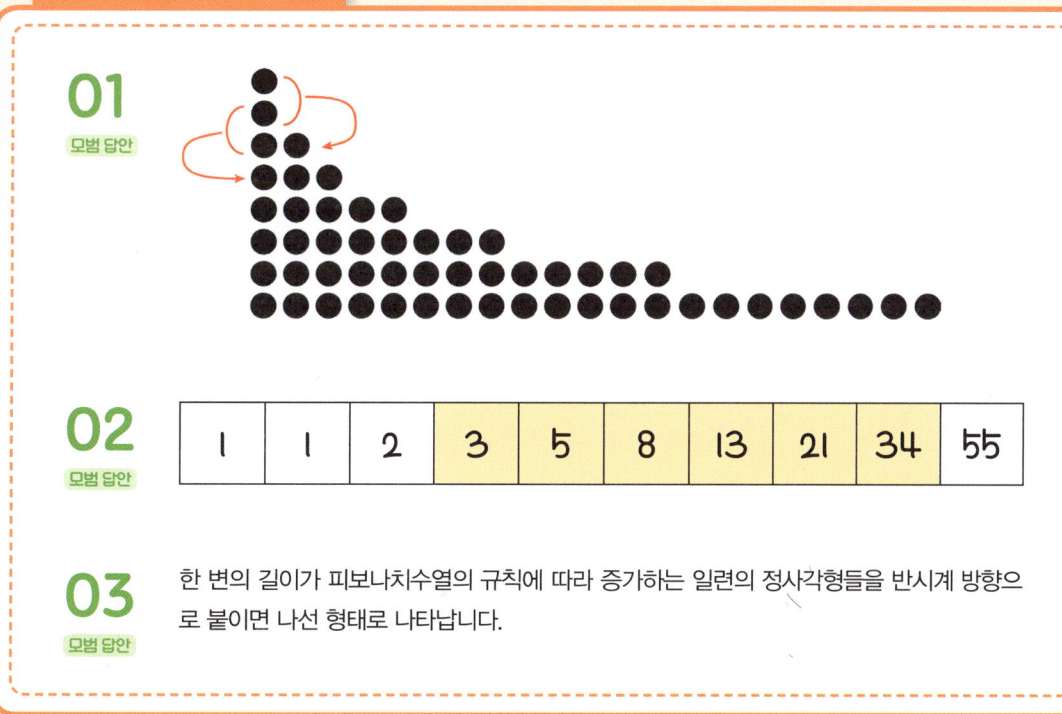

02 모범 답안

| 1 | 1 | 2 | 3 | 5 | 8 | 13 | 21 | 34 | 55 |

03 모범 답안

한 변의 길이가 피보나치수열의 규칙에 따라 증가하는 일련의 정사각형들을 반시계 방향으로 붙이면 나선 형태로 나타납니다.

확장하기

01 예시 답안
- 수열: 1, 3, 5, 7, 9, 11, 13 …
- 수열의 규칙: 앞의 숫자에 2를 더하면 뒤의 숫자가 됩니다.

02 예시 답안
- 수열: 1, 2, 5, 14 …
- 수열의 규칙: 앞의 숫자에 3을 곱한 다음 1을 빼면 뒤의 숫자가 됩니다.

03 예시 답안
- 피보나치수열: 공원에서 본 꽃의 잎이 3장이었습니다.
- 나선: 소라 껍데기에 나선 무늬가 있습니다.

04 예시 답안
- 피보나치수열: 피아노의 검정색 건반은 한 옥타브당 2개, 3개가 있고 합쳐서 5개가 되는 피보나치수열입니다.
- 나선: 우주에 나선 모양의 은하가 있습니다.

14 프랙털
: 평면과 입체 프랙털 만들기

관찰 및 분석하기

01 모범 답안
프랙털은 하나의 모양이 비슷하게 반복되면서 만들어지는 형태입니다.

02 예시 답안
우리 몸속의 폐와 뇌는 나뭇가지 같은 선들이 반복되는 프랙털 구조로 되어 있습니다.

03 모범 답안

3. 2개의 작은 나뭇가지가 4개의 더 작은 나뭇가지로 나누어집니다.	4. 4개의 더 작은 나뭇가지가 8개의 가장 작은 나뭇가지로 나누어집니다.

해설: 규칙에 따라 하나의 나뭇가지가 새로운 2개의 나뭇가지로 나누어집니다.

확장하기

01 예시 답안

| 나만의 프랙털 | 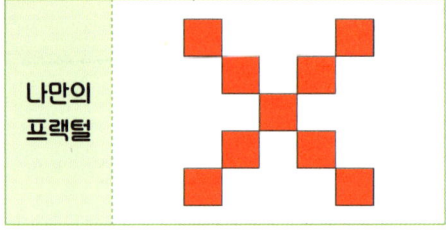 |

해설: 하나의 모양이 반복되는 형태이면 정답입니다.

02 예시 답안

나만의 사각형 프랙털	
이름	2단계 매직 스퀘어
규칙	큰 정사각형 1개를 그린 다음 9등분해서 작은 정사각형 9개를 만듭니다. 윗줄, 왼쪽 줄, 오른쪽 줄, 아랫줄의 가운데 정사각형을 제외하고 나머지 5개의 작은 정사각형을 칠하면 1단계 매직 스퀘어가 완성됩니다. 5개의 작은 정사각형에서 같은 과정을 한 번 더 반복하면 2단계 매직 스퀘어가 완성됩니다.

해설: 사각형이 반복되는 형태이면 정답입니다.

03 예시 답안

– 욕실 타일의 문양
– 비슷한 모양의 풀잎으로 가득한 잔디밭

해설: 비슷한 모양이 반복되는 것이면 모두 넓은 범위의 프랙털에 해당됩니다.

15 한붓그리기
: 여러 가지 도형의 한붓그리기

활동하기 - 한붓그리기로 여러 가지 도형 그리기

02 모범 답안

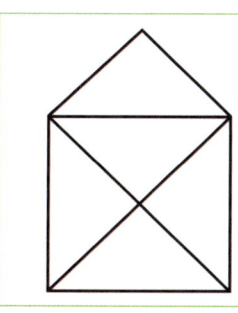

한붓그리기 가능 여부

(가능) / 불가능

이유: 홀수의 선과 이어지는 점이 2개입니다.

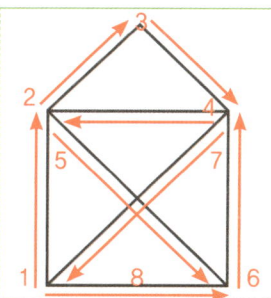

해설: 한붓그리기 방법은 제시된 것 외에도 다양하게 있을 수 있습니다. 선이 중복되지 않도록 그림을 완성했다면 모두 정답입니다.

03 모범 답안

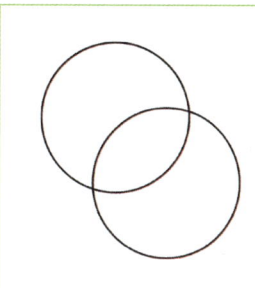

한붓그리기 가능 여부

(가능) / 불가능

이유: 모든 점이 짝수의 선과 이어집니다.

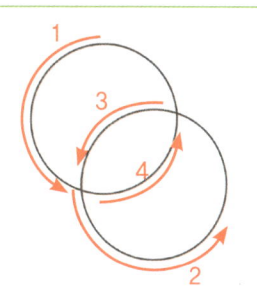

04 모범 답안

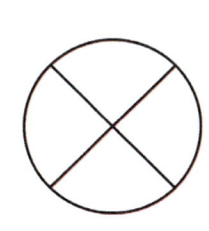

한붓그리기 가능 여부

가능 / (불가능)

이유: 홀수의 선과 이어지는 점이 4개입니다.

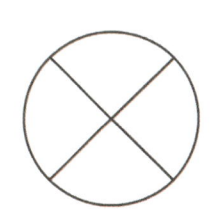

관찰 및 분석하기

01 모범 답안

하나의 점에서 이어진 선의 개수가 모두 짝수이면 한붓그리기가 가능합니다. 또는, 하나의 점에서 이어진 선의 개수가 홀수인 점이 2개이면 한붓그리기가 가능합니다.

02 모범 답안

①, ②, ③, ④

해설: ①, ②, ③은 홀수의 선과 이어지는 점이 2개이고, ④는 모든 점이 짝수의 선과 이어지므로 한붓그리기가 가능합니다.

03 예시 답안

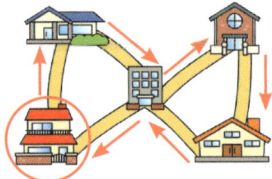 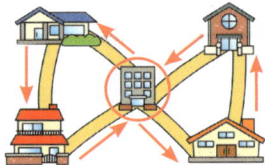 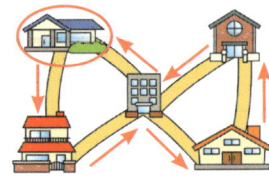

해설: 어느 지점에서 출발하더라도 한붓그리기가 가능하면 정답입니다. 길만 중복해서 지나지 않는다면 점은 중복해서 지나도 됩니다.

확장하기

01 예시 답안

| 나만의 도형 |  |

02 예시 답안

| 나만의 도형 | 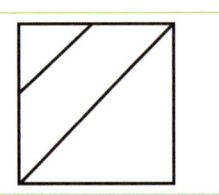 |

03 예시 답안

우편물을 배송할 때 한붓그리기를 활용해 효율적인 배송 계획을 세웁니다.

16 암호
: 두 가지 암호로 비밀 메시지 보내기

활동하기 - 알파벳 시저 암호 알아보기

01 모범 답안

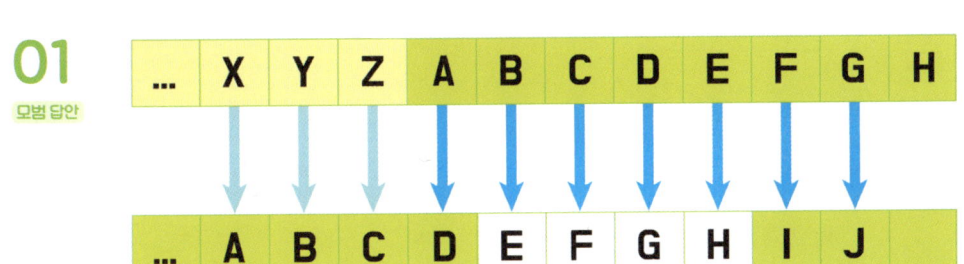

02 모범 답안

원래 알파벳	A	B	C	D	E	F	G	H	I	J	K	L	M	N	O	P	Q	R	S	T	U	V	W	X	Y	Z
암호 알파벳	D	E	F	G	H	I	J	K	L	M	N	O	P	Q	R	S	T	U	V	W	X	Y	Z	A	B	C

03 모범 답안

실제 메시지	암호 메시지
MATH (수학)	P D W K
FAMILY (가족)	I D P L O B
I LOVE YOU (사랑해요)	L O R Y H B R X

관찰 및 분석하기

01 모범 답안

용	두	서
돈	번	랍
은	째	에

비밀 메시지: 용 돈 은 두 번 째 서 랍 에

02 모범 답안

실제 글자	ㄱ	ㄴ	ㄷ	ㄹ	ㅁ	ㅂ
암호 글자	ㅁ	ㅂ	ㅅ	ㅇ	ㅈ	ㅊ

03 모범 답안

실제 글자	모자
암호 글자	조파

확장하기

01 예시 답안

규칙	한글 자음을 2칸씩 옆으로 이동합니다.
보내고 싶은 말	가구
암호로 바꾼 말	다두

02 예시 답안

규칙	한글 모음을 차례대로 숫자로 바꿉니다. 'ㅏ'를 1, 'ㅑ'를 2, 'ㅓ'를 3으로 바꿉니다.
보내고 싶은 말	자두
암호로 바꾼 말	ㅈ1ㄷ7

해설: 자음, 모음을 각각 대응시키지 않고 글자 1개를 대응시켜도 됩니다.

이렇게도 해 보세요!

예시 답안

보내고 싶은 메시지 (9글자)	오 늘 도 수 학 은 재 밌 어
3 × 3 칸에 넣기	각 칸의 색깔에 맞추어 위에서 아래로 글자를 적으세요. | 오	수	재 | | 늘 | 학 | 밌 | | 도 | 은 | 어 |
암호로 바꾸기	암호로 바꿀 때는 가장 윗줄부터 왼쪽에서 오른쪽 방향으로 읽으세요. 암호: 오수재늘학밌도은어

해설: 규칙에 맞는 아홉 글자의 메시지와 암호이면 모두 정답입니다.

모범 답안

오	식	는	와
늘	은	햄	콜
의	맛	버	라
간	있	거	야

암호: 오식는 와 늘은 햄 콜의맛버 라 간있 거 야

과학 12. 인체의 소화 과정: 음식물의 이동 과정 알아보기 > 실험하기 > 음식물의 이동과 소화 과정 알아보기(98p)

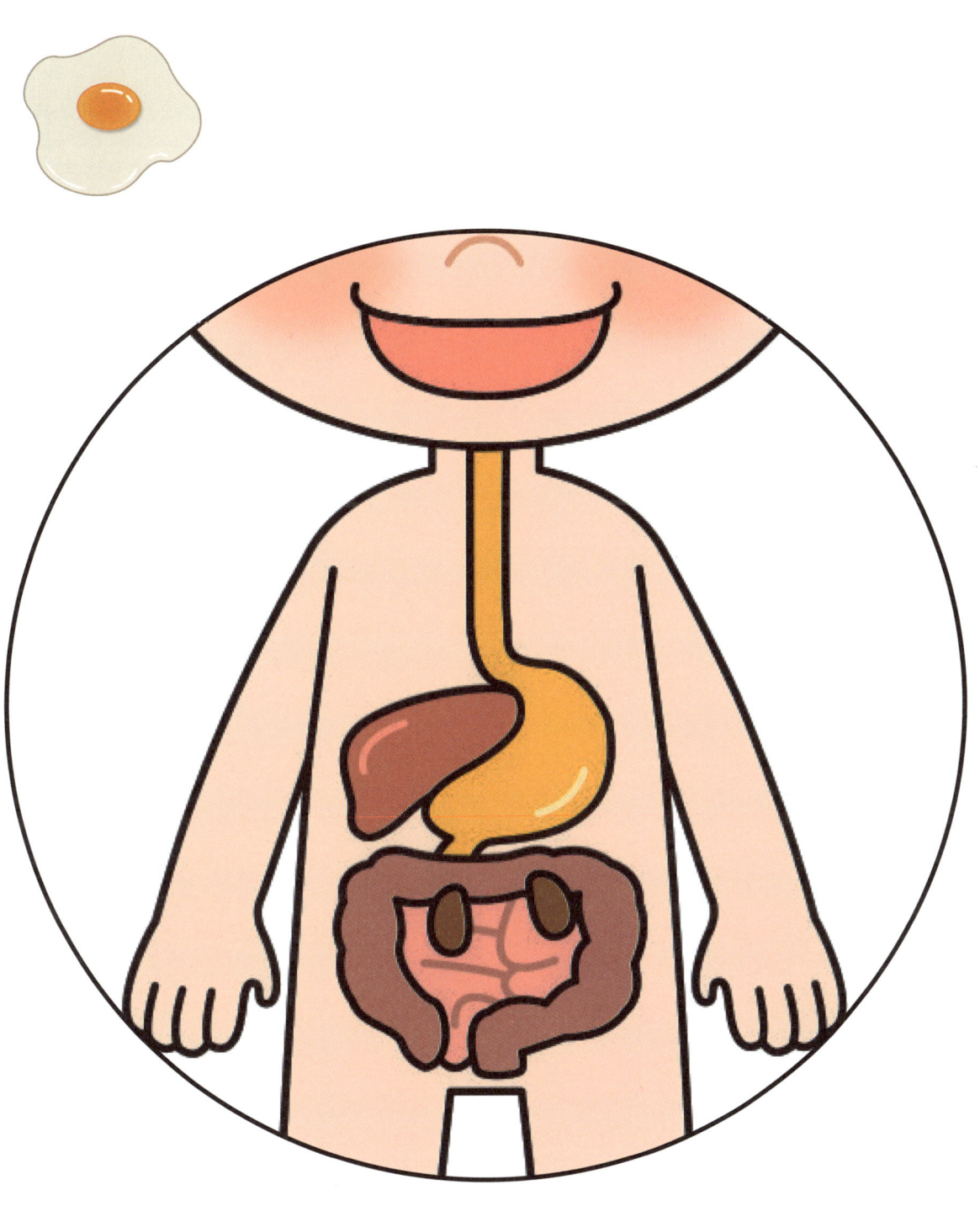

수학 1. 약수와 배수: 약수와 배수 게임하기 > 이렇게도 해 보세요! > 배수 판별 카드 놀이 (160p)

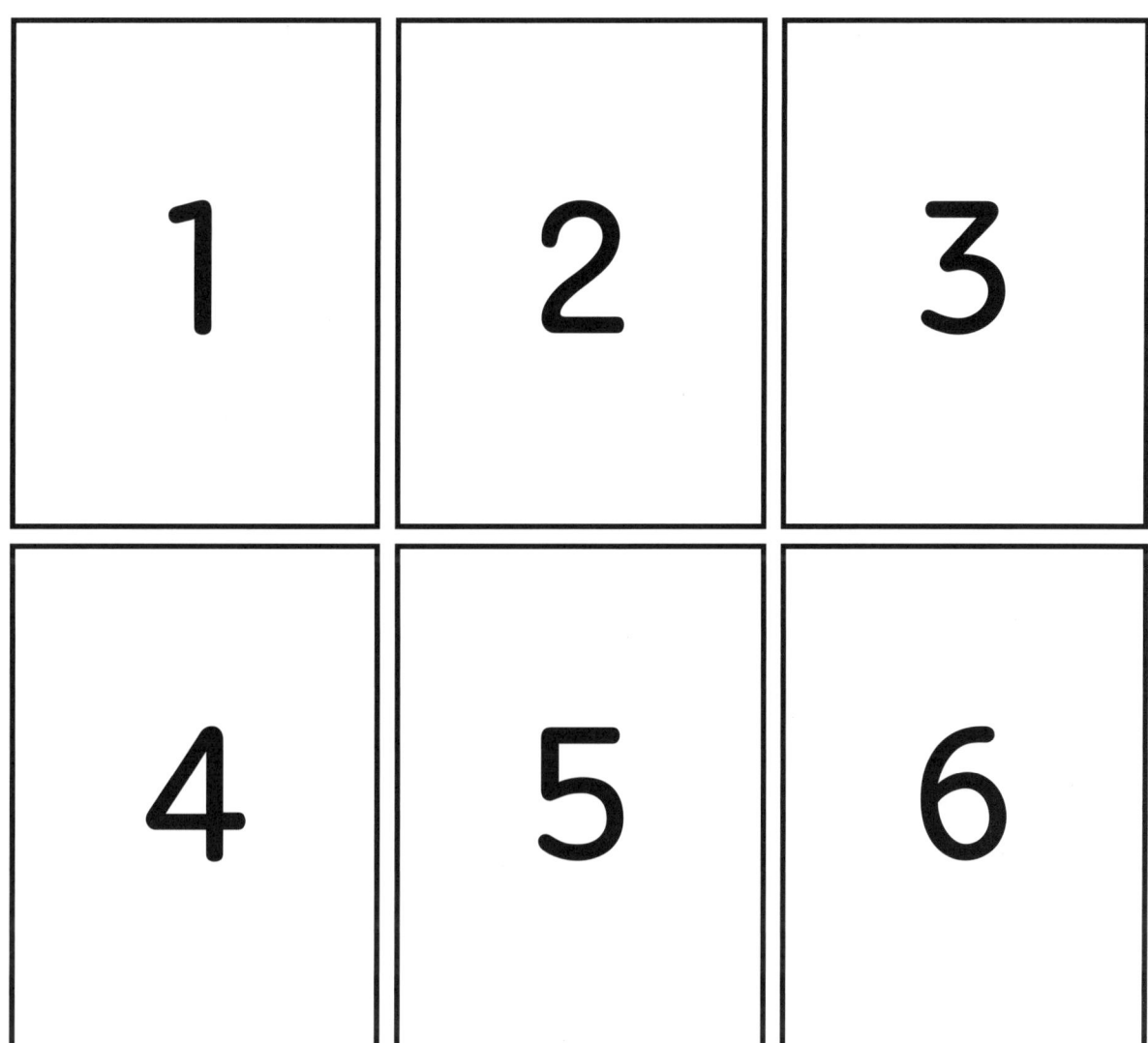

| 7 | 8 | 9 |

2
2의 배수가 될까요?

3
3의 배수가 될까요?

5
5의 배수가 될까요?

수학 2. 소수와 합성수: 에라토스테네스의 체로 소수 구하기 > 활동하기 > 에라토스테네스의 체로 소수 구하기(165p)

1	2	3	4	5	6	7	8	9	10
11	12	13	14	15	16	17	18	19	20
21	22	23	24	25	26	27	28	29	30
31	32	33	34	35	36	37	38	39	40
41	42	43	44	45	46	47	48	49	50
51	52	53	54	55	56	57	58	59	60
61	62	63	64	65	66	67	68	69	70
71	72	73	74	75	76	77	78	79	80
81	82	83	84	85	86	87	88	89	90
91	92	93	94	95	96	97	98	99	100

1	2	3	4	5	6	7	8	9	10
11	12	13	14	15	16	17	18	19	20
21	22	23	24	25	26	27	28	29	30
31	32	33	34	35	36	37	38	39	40
41	42	43	44	45	46	47	48	49	50
51	52	53	54	55	56	57	58	59	60
61	62	63	64	65	66	67	68	69	70
71	72	73	74	75	76	77	78	79	80
81	82	83	84	85	86	87	88	89	90
91	92	93	94	95	96	97	98	99	100

수학 3. 사칙연산과 방정식: 계산으로 문제 해결하기 > 활동하기 > 사칙연산으로 큰 수 만들기 게임(174p)

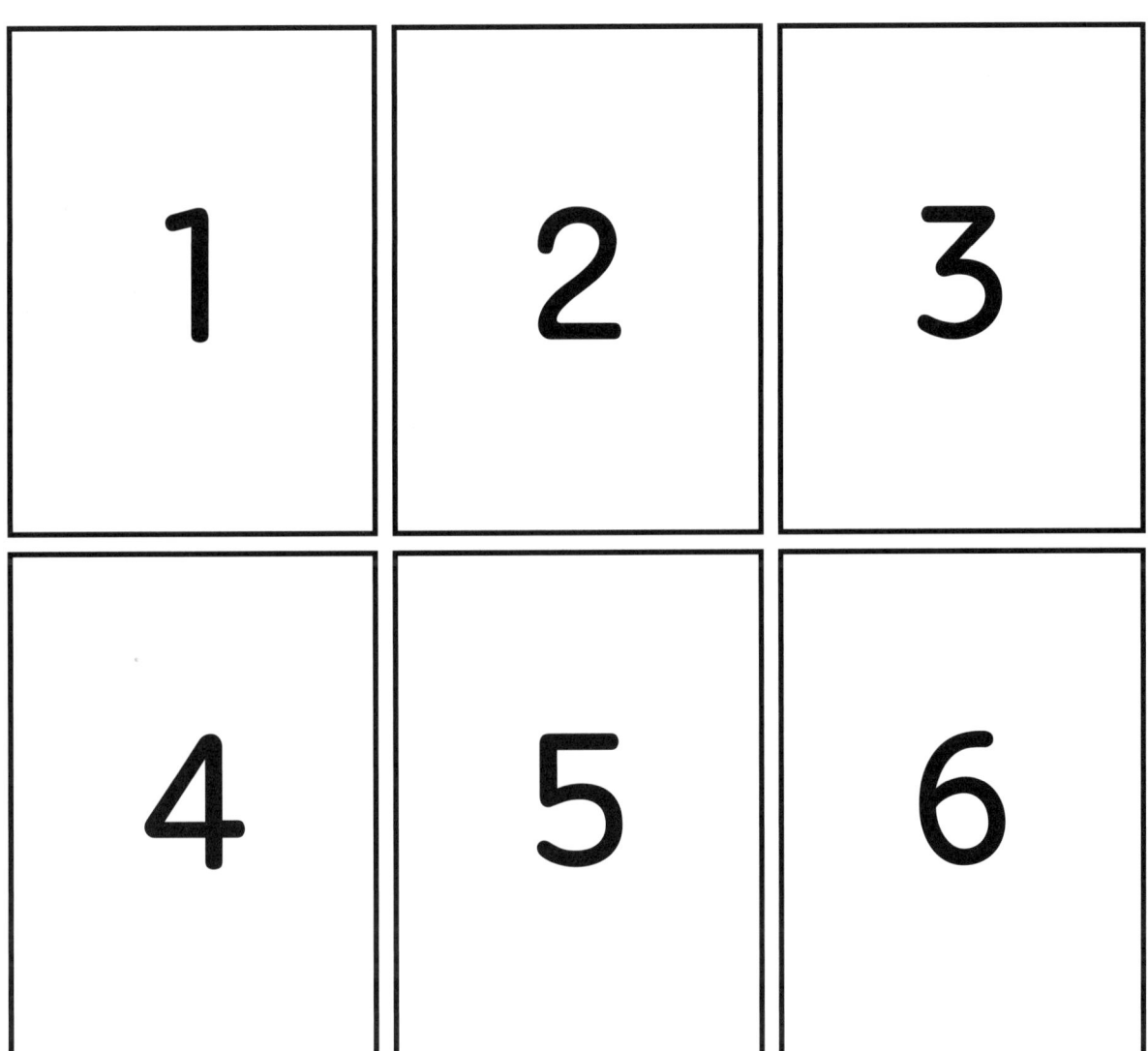

7	8	9
10	11	12
13	14	15

수학 3. 사칙연산과 방정식: 계산으로 문제 해결하기 > 이렇게도 해 보세요! > 거스름돈 계산하기(178p)

삼겹살 100g **2000원**	목살 100g **2500원**	돼지갈비 100g **2300원**
항정살 100g **2800원**	가브리살 100g **3000원**	

수학 4. 분수: 이집트 분수로 초코파이 나누기 > 이렇게도 해 보세요! > 분모가 다른 분수 더하기(187p)

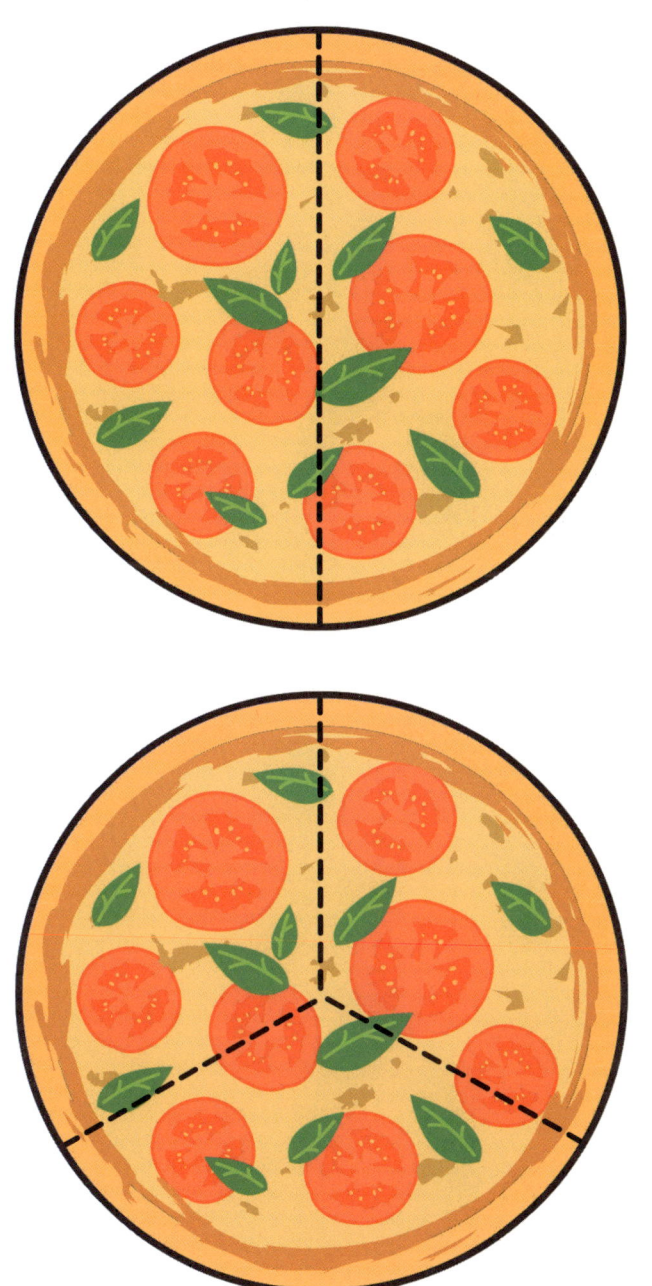

수학 14. 프랙털: 평면과 입체 프랙털 만들기 > 이렇게도 해 보세요! > 입체 시어핀스키 삼각형 만들기(276p)

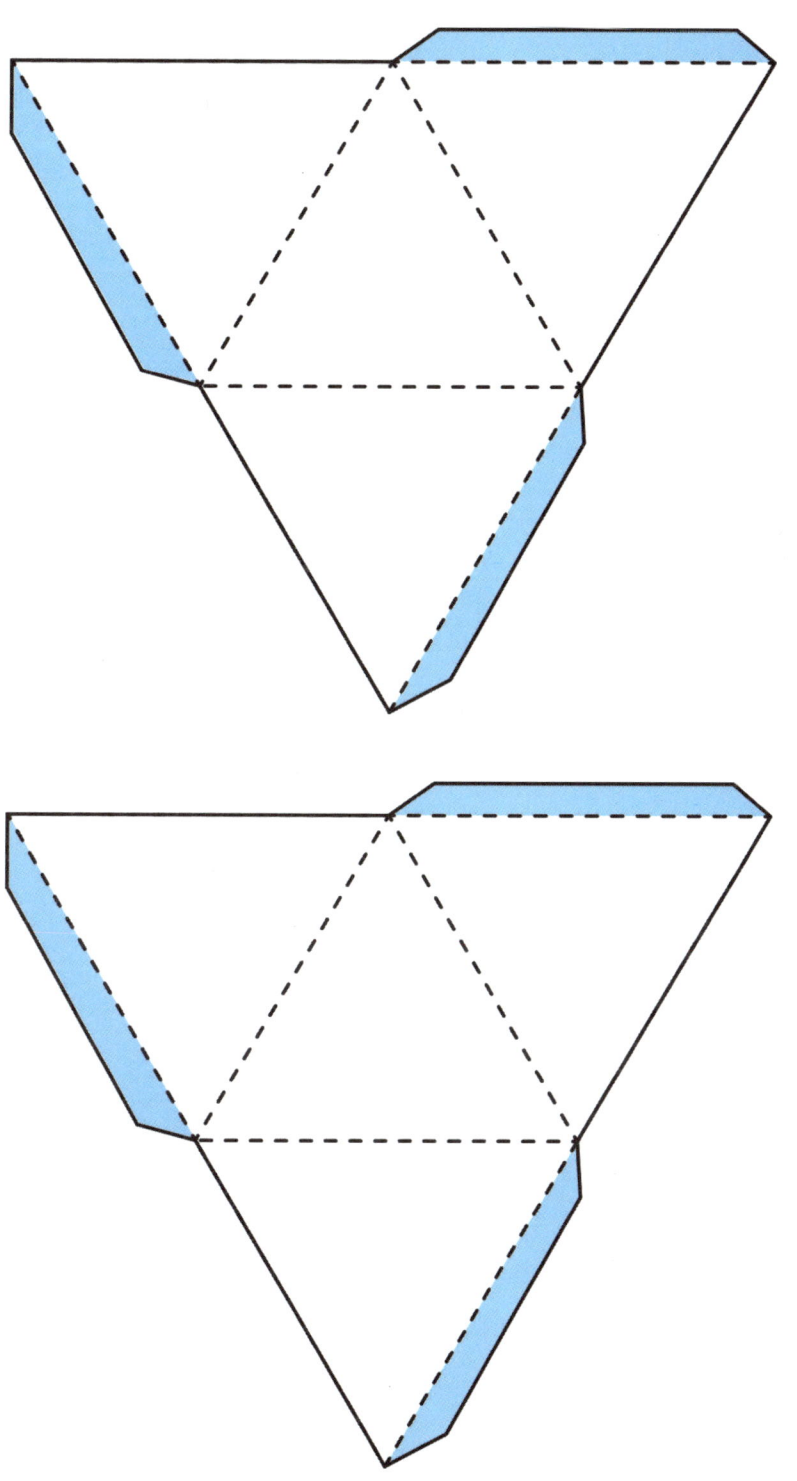

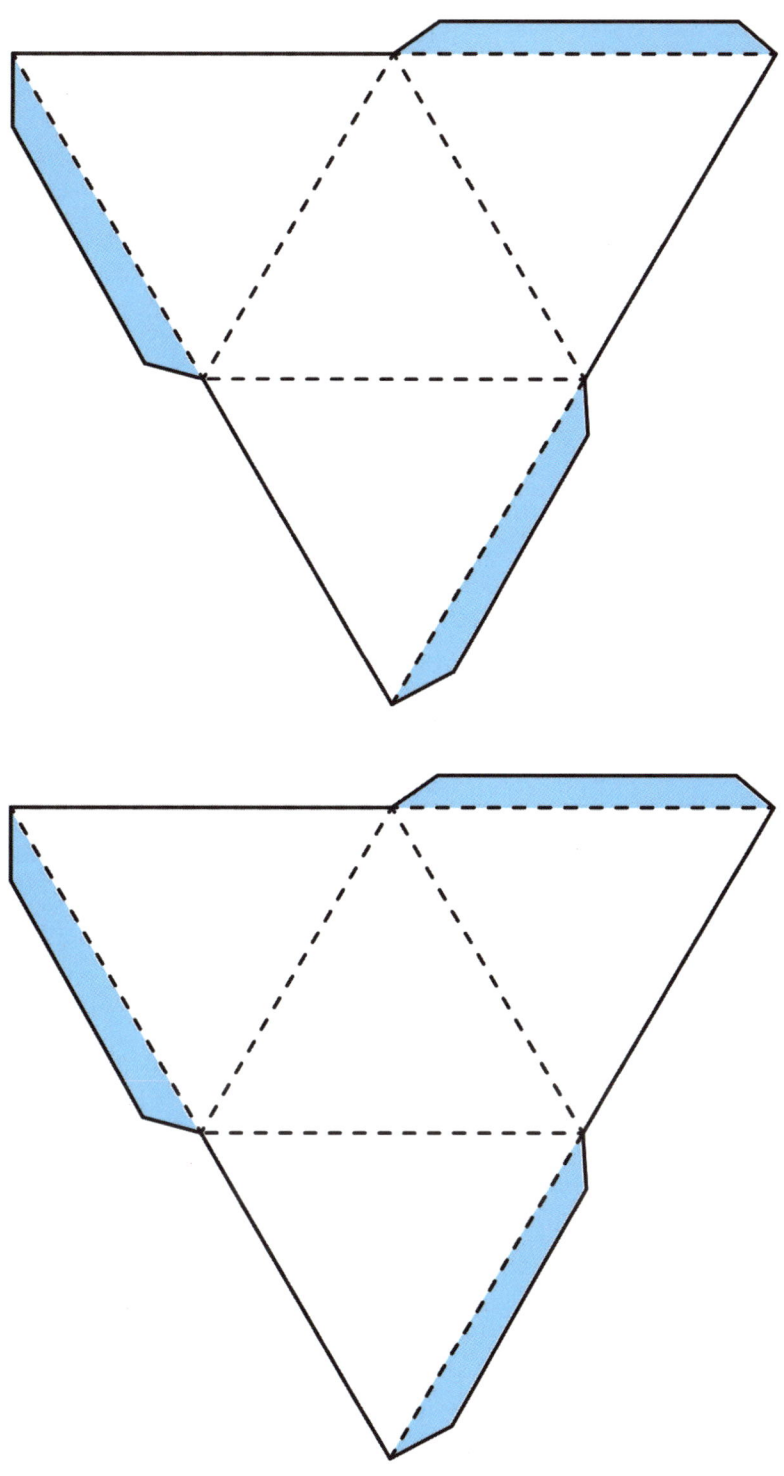

진도 점검표(8p) 진도 스티커

수학 13. 피보나치수열: 스티커로 피보나치수열 모양 만들기 > 활동하기 > 피보나치수열에서 나선 찾기(262p) 피보나치 스티커